《低碳发展论丛》编委会

本书的出版得到浙江省高校人文社科重点研究基地—浙江理工大学应用经济学基地的资助

低碳发展论丛

沈满洪 / 主编

低碳农业论

陈旭峰 / 著

THE STUDIES OF LOW CARBON AGRICULTURE

中国环境出版社 · 北京

图书在版编目（CIP）数据

低碳农业论/陈旭峰著. —北京：中国环境出版社，
2015.2
（低碳发展论丛）
ISBN 978-7-5111-2240-7

Ⅰ. ①低… Ⅱ. ①陈… Ⅲ. ①节能—农业经济
发展—研究—中国 Ⅳ. ①F323

中国版本图书馆 CIP 数据核字（2015）第 018552 号

出 版 人 王新程
责任编辑 陈金华
助理编辑 宾银平
责任校对 尹 芳
封面设计 陈 莹

出版发行 中国环境出版社
（100062 北京市东城区广渠门内大街 16 号）
网 址：http://www.cesp.com.cn
电子邮箱：bjgl@cesp.com.cn
联系电话：010-67112765（编辑管理部）
010-67113412（教材图书出版中心）
发行热线：010-67125803，010-67113405（传真）
印 刷 北京中科印刷有限公司
经 销 各地新华书店
版 次 2015 年 5 月第 1 版
印 次 2015 年 5 月第 1 次印刷
开 本 787×960 1/16
印 张 14
字 数 255 千字
定 价 45.00 元

前言

近几年“低碳”是一个非常时髦的用词，备受学术界和整个社会的广泛关注。随着低碳概念深入千家万户，低碳农业也越来越盛行，特别是在强调生态文明建设的今天，发展低碳农业变得日益紧迫。那么低碳农业的研究何以可能？何以可行呢？这首先要解决一个选择学科视角的问题，就是决定用什么学科视角来研究低碳农业？关于学科之间的差异可以做一个形象的比较。一个社会热点事件发生之后，首先是新闻学者会在第一时间进入现场进行研究，因为新闻学强调的是“社会热点热说”。等新闻学者研究结束之后，社会学者就开始进入现场进行研究了，因为社会学强调的是“社会热点冷说”。等社会学者研究结束之后，历史学者开始进入现场进行研究了，因为历史学强调的是“社会冷点冷说”。可以说，不同的学科对低碳农业的关注点和研究方式都是有差异的。从浙大的本科到北大的硕士、博士，再到中国社会科学院的博士后，我的专业一直都是社会学，专业具有高度一致性。正是因为本人浓厚的社会学学科背景，决定了《低碳农业论》这本著作带有浓厚的社会学色彩，更为注重的是“社会热点冷说”。

确定了学科视角之后，还需要解决一个研究视角的问题，就是从怎样的价值理念来研究低碳农业问题。有学者曾指出，每门学科都有自己的“学科之眼”，政治学的学科之眼是“权力”，经济学的学科之眼是“利润”，哲学的学科之眼是“人类幸福”，而社会学的学科之眼是“社会平等”。“社会平等”这个社会学的学科之眼注定了从事社会学研究必须要保持一种“价值中立”的态度，也正是“价值中立”的学科态度培养了自己研究问题的辩证角度，体察表象背后的实质是一个社会学研究者所应该具备的素质。因此，研究低碳农业问题要构建一个“价值中立”的分析框架，从各个角度分析低碳农业的发展状况，在探讨其优点的同时，抓住诟病，寻找方法，向政府有关部门提出意见。这样的意见才是更有价值的，更有实际意义的。同时，对社会学这门学科来说，只有理论与实践的有效结合才能更好地做到“价值中立”。实际经验上升凝练成理论，而理论又指导着进一步的实践，并渗透到为人处事的方方面面，我想，这才是一个社会学学者为人称道的睿智，也是在见识广博的种种涛动中屹立不倒的成熟。

学科视角和研究视角这两个问题解决之后，就可以进行具体的研究了。当前国内外关于低碳农业的研究已经初步形成了一个多视角、多层次的研究体系，为本研究奠定了很好的基础。但该领域还存在新的拓展空间，原因在于：第一，已有研究缺乏对低碳农业发展影响因素进行衡量的具体指标体系。为了更好地对低碳农业发展影响因素进行动态测度，应该将低碳农业发展影响因素落实到操作层面，因此，建立衡量低碳农业发展影响因素的具体指标体系已变得越来越紧迫。第二，如何在低碳农业研究中更好地把宏观与微观分析结合起来需要更多探讨。宏观研究需要微观分析加以检验，微观研究需要宏观探讨来解释，两者缺一不可。第三，低碳农业研究需要综合考虑时间和空间因素。低碳农业发展是因时而异、因地而异的。不同历史时期、不同地区低碳农业发展都存在明显不同，非常有必要研究不同时空条件下的低碳农业发展问题。第四，现有研究对低碳农业的主体——农民的研究还是比较缺乏的，特别是农民对低碳农业态度与行动方面的研究更是欠缺。因此，非常有必要对农民低碳农业态度与行动进行微观层面的深入分析和探讨。正是基于以上的考虑，本研究通过采用问卷、访谈、观察等社会学研究方法，将农民作为研究对象，以社会学的学科视角和“价值中立”的研究视角来对低碳农业问题进行深入研究，以期对我国低碳农业的发展有所帮助。

著者

2015 年 5 月

目　录

第 1 章

导 论

1.1 选题背景与研究意义

1.1.1 选题背景

自从人类步入工业社会之后，人类对环境的影响越来越大，工业化进程的推进总是伴随着人类对环境污染的加剧。随着各国经济的快速发展，特别是很多国家过于强调 GDP 的增长，忽视了在经济发展过程中对环境的保护，致使我们居住的环境越来越恶劣，外界环境对我们来说变得越来越不适宜居住。2009 年 12 月 7 日—18 日在丹麦首都哥本哈根召开的联合国气候会议，表达了世界各国对人类生存环境的忧虑和加大环境保护力度的共同愿望。这次会议的召开使“低碳”（Low-carbon）的概念风靡全球，人们开始意识到对于一个国家来说，应该发展一种“低碳经济”（Low-carbon Economy），对于个人来说，应该倡导一种“低碳生活”（Low-carbon Life）。低碳经济是指以低能耗、低污染、低排放为基础的经济模式，其实质是能源效率和清洁结构问题，核心是能源技术和减排技术创新、产业结构和制度创新，以及人类生存发展观念的根本性转变。①

随着低碳概念的风靡全球，低碳农业也随之盛行。与常规农业相比，低碳农业的外延和内涵更加丰富：首先，从外延来看，低碳农业不仅仅是指农田生产，而是包括种植、养殖、运输、加工、废弃物处理等诸多子系统组成的系统农业。其次，从低碳本身来看，“碳排放”不仅仅是指 CO_2，而是包括 CH_4、N_2O 等在内的所有温室气体，不仅仅指农业土壤的直接排放，还包括传统农业生产“上游”诸如化肥、农药等农资生产和运输的间接排放，也包括“下游”如农产品包装、运输、使用在内的排放，即所谓“从摇篮到坟墓（Cradle to Grave）”或者“从摇

① 单宝. 解读低碳经济[J]. 内蒙古社会科学，2009（6）：75-78.

篮到摇篮（Cradle to Cradle）的全生命周期排放。再次，从内涵来看，低碳农业以降低整体能耗、减少温室气体为核心，同时也考虑农业生态系统的碳汇效应，力图实现“碳中和”和“负排放”，另外还涉及由减排引发的减缓环境酸化、富营养化等众多生态要素在内的环境影响。[①]完整的低碳农业应该具有以下特征：① 它是一个自然生态系统光热资源利用最大化、外源性投入最优化、资源循环高效利用的开放性系统；② 它是一个高固碳、高中和、低能耗、低污染、低排放的“两高三低”的高技术集成系统；③ 它是一个从原料开采、农资生产到农业生产，再到产品使用和废物处理的全生命周期过程；④ 它是安全型系统，必须采取多种措施，将农业产前、产中、产后全过程中可能对社会带来的不良影响降到最低限度。[②]

农业的特殊性在于：农业既是碳源，又是碳汇。联合国粮农组织的资料表明，工业化农业进程中全球耕地所释放出的温室气体超过了全球人为温室气体排放总量的 30%，相当于 150 亿 t CO_2，而低碳农业可抵消 80%的农业温室气体。因此，转变农业生产方式、大力发展低碳农业，有利于减少农业发展对环境的不利影响，应对全球气候的非常规变化，实现农业可持续发展与生态环境保护的有机统一。[③]以美国为例，2009 年美国环境保护局（EPA）报告显示：2007 年美国温室气体排放总量为 7 150.1 Tg CO_2 当量，其中农业排放为 413.1 Tg CO_2 当量，但整个农业系统固碳达到 1 062.6 Tg CO_2 当量，不但完全“抵消”了农业自身排放，而且使美国温室气体净排放降低为 6 087.5 Tg CO_2 当量，农业的碳汇效应已经成为美国政府“以工补农”和世界温室气体谈判的重要依据。[④]因此，大力发展低碳农业具有特殊的重要意义。世界银行在 2009 年 9 月发布的《2010 年世界发展报告：发展与气候变化》中称发展中国家在面对气候变化中将承受气候变化潜在影响的 75%～80%，这是由于发展中国家对农业的依赖性强。而农业生产过程中大量化学工业品的投入和生态环境恶化使自然资源的压力不断增大，增加了农业管理的复杂性。[⑤]由此可见，对于像中国这样的发展中国家来说，大力发展低碳农业就显得尤为重要了。笔者正是基于此背景对低碳农业进行深入研究，以期对我国低碳农业发展有所帮助。

---

① 梁龙，杜章留，吴文良，等. 北京现代都市低碳农业的前景与策略[J]. 中国人口·资源与环境，2011（2）：130-136.

② 赵其国，钱海燕. 低碳经济与农业发展思考[J]. 生态环境学报，2009，18（5）：1609-1614.

③ 郭鸿鹏，马成林，杨印生. 美国低碳农业实践之借鉴[J]. 环境保护，2011（21）：71-73.

④ EPA. Inventory of U. S. Greenhouse Gas Emissions and Sinks：1990-2007[R]. 2009，26-35.

⑤ 曾以禹，陈卫洪，李小军. 国外发展低碳农业的做法及其启示[J]. 世界农业，2010（10）：59-63.

1.1.2 研究意义

在建设社会主义新农村、大力发展生态文明的大背景下，对低碳农业进行深入研究无疑具有重要的理论意义和现实意义。

1.1.2.1 理论意义

（1）长期以来，学者们都试图通过研究寻找出一套适合中国国情的低碳农业发展理论，或者是找出一条与农村经济社会发展和农民需求相适应的低碳农业发展道路。进一步加强对低碳农业发展理论和道路的研究，对于正确认识低碳农业的重要地位和作用，在前人研究的基础上继续探索低碳农业发展的理论和道路无疑也具有重要的理论意义。

（2）通过问卷调查、深度访谈和文献研究收集的数据和资料作为基础，对低碳农业进行深入研究，能为中国低碳农业发展的理论研究提供有力的研究素材和数据参考，这些资料对于中国低碳农业的发展无疑具有重要的学术研究价值。

（3）对低碳农业发展进行研究是一种以问题为中心的跨学科课题，仅仅从一个学科视角并不能很好地说明和解释这一问题，而是应该由环境学、生态学、经济学、社会学等多学科共同研究。从国家、社会、市场和个人“四维度”分析框架出发，对低碳农业发展问题进行跨学科的理论研究与实证研究，能够很好地做到宏观与微观研究的融合，并充分考虑时间、空间等因素的影响，这是对已有研究非常必要而有益的补充，为该领域研究提供更多理论支撑和分析视角，推动该领域研究进一步深化和系统化。

1.1.2.2 现实意义

（1）低碳农业有着众多的发展模式，中国低碳农业发展处于模式选择的困境之中。本研究根据农村地区的特点和实际需要，理性地分析影响低碳农业发展的因素，这对低碳农业的发展无疑有着重要的现实意义，为解决当前低碳农业发展面临的困境提供帮助。

（2）低碳农业与国家、社会、市场和个人等层面的因素之间存在着千丝万缕的联系，综合分析国家、社会、市场和个人等层面对低碳农业发展的影响具有重要的现实意义，这有助于人们更加全面地看待低碳农业发展的问题，避免就农业而谈农业。

（3）对低碳农业发展进行深入研究，有利于政府部门能够认识到当前低碳农业发展面临的困境，在制定低碳农业发展路径时，综合考虑国家、社会、市场和个人等层面的因素，切实从低碳农业的长远发展出发，更加科学合理地规划低碳农业发展的道路，使低碳农业朝着正确的方向发展。

1.2 国内外研究现状述评

1.2.1 已有相关文献回顾

1.2.1.1 低碳农业概念界定研究

当前，国内学者对低碳农业概念的界定较多，这些概念界定既存在相似的一面，也存在相异的一面。国内最早提出低碳农业经济概念的学者是王昀，他认为低碳农业经济应该是低耗能、低污染、低排放的“三低”经济；是在农业生产和经营中排放最少的温室气体，同时获得整个社会最大收益的经济；其本质是节约型、效益型、安全型经济。[①]梁龙等认为，广义的低碳农业是一种通过技术改进、制度创新、产业转型、链条整合、新能源开发利用等多种手段，降低农业系统碳源影响，扩大碳汇效应，最终实现以温室气体减排为核心的农业生产发展和生态环境共赢的现代农业。[②]李晓燕等指出，低碳农业是为维护全球生态安全、改善全球气候条件而在农业领域推广节能节排技术、固碳技术、开发生物质能源和可再生能源的农业，是以“低能耗、低排放、低污染”为新特征，具备“农业生产、安全保障、气候调节、生态涵养、农村金融”多元功能的新型农业。[③]高文玲等认为，低碳农业是在保障社会需求和粮食安全的前提下，通过科技、政策、管理等措施节约资源、减少投入、降低排放、提高效率、增加效益和捕获储碳量，达到产前、产中和产后总过程中向大气直接和间接排放的温室气体最少化的新型现代农业体系。[④]

学者对低碳农业概念界定的差异往往表现在界定角度的差异上。杨启智从农业产业链的角度出发，把低碳农业概念界定为：以低碳理念为指导，以减少温室气体排放、保护环境为目标，在农业产业链各个环节，通过合理规划、政策和制度建立，以低碳技术和低碳农产品开发为核心，通过减少农业产前、产中、产后各个环节的碳当量，以“低排放、低污染、低能耗、高能效、高效益、高碳汇和可持续”为特征，兼顾农业生产、运输、加工、消费等农业整个产业链条上能源

① 王昀. 低碳农业经济概论[J]. 中国农业信息，2008（8）：34-38.

② 梁龙，杜章留，吴文良，等. 北京现代都市低碳农业的前景与策略[J]. 中国人口·资源与环境，2011（2）：130-136.

③ 李晓燕，王彬彬. 低碳农业：应对气候变化下的农业发展之路[J]. 农村经济，2003（3）：10-12.

④ 高文玲. 施盛高，徐丽，等. 低碳农业的概念及其价值体现[J]. 江苏农业科学，2011，39（2）：13-14.

使用低碳化、可循环与高效利用的农业生产活动。[①]刘玉琼等认为，低碳农业是在低碳经济背景下出现的新型农业发展形态，是通过采用低碳技术，减少各种资源的消耗和碳的排放，实现碳能源的低消耗、环境的低污染、温室气体的低排放，发展生态、安全、高效农业，获得环境、经济与社会多重效益，实现农业可持续发展的农业经济发展模式。[②]

刘静暖等认为，低碳农业是在全球气候变化与低碳经济发展背景下兴起的，以 CO_2 当量为基本度量指标，以低碳农产品为主导、以碳汇产品为支柱架构而成的低碳农业生产体系与产品结构，强调在生产链条中凸显 CO_2 低排放与高固化特质，旨在降低大气 CO_2 浓度、改善农业小气候环境、保障消费者健康，实现环境效益、经济效益与社会效益有机统一目标的全新的农业可持续发展范式。[③]张开华等将低碳农业定义为：低碳农业是以减缓全球气候变暖为目标，综合利用现代技术，在农、林、牧、渔等农业生产以及农村居民生活中，减少温室气体排放，以期改善农业和农村生态环境，实现农业的可持续发展和农村居民生活质量的不断提升。[④]郭鸿鹏等认为，低碳农业是在农业生产过程中以减缓温室气体排放为主要目标，以减少碳排放、增加碳汇和适应气候变化为主要技术手段，通过改变农作物生产方式、调整农业产业结构、提高土壤有机质、做好病虫害防治、发展农村可再生能源等农业生产和农民生活方式的转变来实现高效率、低能耗、低排放、高碳汇的现代农业。[⑤]由此可见，国内学者对低碳农业概念的界定维度是非常广的，但是其核心要义是一致的。

1.2.1.2 低碳农业重要性研究

国外对低碳农业发展重要性的相关研究还是比较丰富的。Smith 等指出，从全球范围来看，农业大概占全球温室气体排放总量的 13%，到 2030 年该比例将提高到 40%。[⑥]Kroodsma 指出，在普通的经营体系下，加州农业在 1980—2000 年总

---

① 杨启智. 产业链视角下的低碳农业发展研究[J]. 学术论坛，2012（6）：119-122.

② 刘玉琼，艾大宾，姜世中，等. 低碳农业发展实证研究——以四川省内江市为例[J]. 农业经济，2012（1）：118-121.

③ 刘静暖，于畅，孙亚南. 低碳农业经济理论与实现模式探索[J]. 经济纵横，2012（6）：64-67.

④ 张开华，陈胜涛. 试论低碳农业发展的支持机制[J]. 中南财经政法大学学报，2012（1）：110-114.

⑤ 郭鸿鹏，马成林，杨印生. 美国低碳农业实践之借鉴[J]. 环境保护，2011（21）：71-73.

⑥ Smith P，et al. Agriculture[J]//Metz B，et al. Climate Change 2007：Mitigation. Contribution of Working Group III to the Fourth Assessment Report of the Intergovernmental Panel on Climate Change. Cambridge and New York，Cambridge University Press，2007.

计减排了 14.5 Tg CO_2，相当于全州 0.7%的化石燃料排碳量。[①]Norse 通过碳减排量来分析低碳农业绩效。其研究发现，如果采用保护性耕作技术，改善对果园的修剪管理和藤叶利用技术等，会减排 33.1 Tg CO_2，可抵消 1.6%的化石燃料排碳。[②]Warrick 基于对 CO_2、气候变化与农业生产三者之间的关系分析，提出必须改变当前的农业生产方式，改为发展低碳农业。[③]Freibauer 研究了欧洲农业生产和土壤固碳能力的问题，认为农业对增加土壤碳库作用潜力很大，应全力促进现代农业向低碳农业的转型。[④]还有的学者表明了发展低碳农业对于发达国家和发展中国家的不同紧迫程度，如 Cramer 等的研究指出，由于在全球气候变化过程中，气候变化带来的农业利得将主要由高纬度的发达国家获得，而气候变化带来的损失将主要由低纬度地区的欠发达国家承担。[⑤]

国内关于低碳农业重要性的研究主要有：穆玲芝认为发展低碳农业非常有必要，主要体现在以下 3 个方面：① 发展低碳农业是减少温室气体排放的有效途径；② 发展低碳农业是解决农业危机、粮食危机的根本办法；③ 发展低碳农业是建设新农村、发展现代农业的需要。[⑥]马晓旭指出，发展低碳农业是我国发展低碳经济的必然诉求，是农业可持续发展的客观要求，也是提升国际农业竞争力的必然选择。[⑦]王耀兴和安炜姣提出，发展低碳农业的必要性在于以下 3 个方面：① 应对全球气候变化，减少温室气体排放的紧迫要求；② 调整农业生产结构、建设现代农业的紧迫任务；③ 改善农村环境、提高农民生活质量的紧迫需要。[⑧]何蒲明认为发展低碳农业的重要性体现在以下 5 个方面：① 发展低碳农业是落实科学发展观的需要；② 低碳农业是农业可持续发展的客观要求；③ 发展低碳农业是调整农业结构的必然要求；④ 人们的食品安全和环境意识迫切要求发展低碳农业；⑤ 发展低碳农业是提高农业生产综合效益的需要。[⑨]高文玲指出，低碳农业除了具备

---

① Kroodsma D A，Field C B. Carbon Sequestration in California Agriculrure 1980-2000 [J]. Ecotogical Applications，2006（5）：1975-1985.

② Norse D. Low Carbon Agriculture：Objectives and Policy Pathways [J]. Environmental Development，2012（1）：25-39.

③ Warrick R A. Carbon Dioxide，Climatic Change and Agriculture[J]. Geographical Journal，1988，154（2）.

④ Freibauer A，Rounsevell Mark D A，Smith P，et al. Carbon sequestration in the agricultural soils of Europe[J]. Geoderma，2004，122（1）：1-23.

⑤ Cramer W P，Solomon A M. Climatic Classification and Future Global Redistribution of Agriculture Land [J]. Climate Research，1993（3）：97-110.

⑥ 穆玲芝. 低碳农业的法律推进探索[J]. 农村经济，2012（1）：47-49.

⑦ 马晓旭. 我国低碳农业发展的困境及出路选择[J]. 经济体制改革，2011（5）：71-74.

⑧ 王耀兴. 安炜姣. 中国发展低碳农业的法律构建研究[J]. 中国农村小康科技，2010（6）：15-17.

⑨ 何蒲明. 我国发展低碳农业的必要性、前景与对策分析[J]. 农业经济，2012（1）：52-54.

低碳经济的共性价值以外，还具备其他一些特殊的价值：① 维持人类的生存；② 有利于促进农产品品质的提升；③ 有利于降低面源污染；④ 可以抵消或盈余温室气体排放。[①]柯福艳的研究指出，浙江省发展低碳农业的重要意义在于以下 3 个方面：① 转变农业发展方式实现农业转型升级的重要途径；② 建设高效生态农业强省与精品农业大省的必然要求；③ 建设生态文明改善农村环境的现实选择。[②]

国外不少学者对低碳农业发展问题进行了地域性的实证研究，John M. Antle 等结合肯尼亚、秘鲁、塞内加尔的 3 个案例，探讨了农业土壤碳收支对贫困农户和农业系统可持续发展的潜在影响；[③]Todd M. Johnson 等通过对墨西哥低碳农业发展的研究，提出燃料的利用是农业部门对低碳的最大贡献。[④]还有的国外学者对低碳农业发展问题进行了相关的定量研究，如 Asante 等利用动态规划方法对加拿大北部的森林最佳砍伐决策研究发现，尽管最优砍伐年龄对于碳存量来说并不是那么敏感，但是最初的碳存量水平的确对碳管理的经济收益产生显著影响。[⑤]

1.2.1.3 低碳农业发展现状研究

国内有不少学者对低碳农业的影响因素进行了探讨，如汪翔等依据江苏省无锡、南京和盐城农民的调查数据，采用结构方程模型分析影响农户低碳养殖认知的主要因素。结果表明，除养殖状况和农户的受教育程度对低碳养殖认知并不显著外，农户的培训情况、环境保护意识和农户的社会资本均不同程度地影响农户低碳养殖的认知。[⑥]陈昌洪以四川省农业标准化示范区农户典型调查数据为依据，运用 Logistic 模型对农户采用低碳农业标准化生产意愿及影响因素进行了分析。研究表明：农户收入水平、参加低碳农业标准化培训、售卖时价格有保证和政府支持等因素对农户采用低碳农业标准化生产有正向影响。[⑦]陈卫洪等利用我国

---

① 高文玲. 低碳农业的概念及其价值体现[C]. 发展低碳农业应对气候变化——低碳农业研讨会论文集. 北京：中国农业，2010：50-53.

② 柯福艳. 浙江低碳农业发展的现状、路径选择与政策建议[J]. 浙江农业科学，2013（2）：117-120.

③ Antle J M, Stoorvogel J J. Predicting the Supply of Ecosystem Services from Agriculture [J]. American Journal of Agricultural Economics，2006，88（5）：1174-1180.

④ Todd M. Johnson，Claudia Alatorre，Zayra Romo，et al. Low Carbon Development for Mexico[J]. World Bank Press，2009：179-183.

⑤ Patrick Asante，Glen W. Armstrong，Wiktor L. Adamowicz. Carbon Sequestration and the Optimal Forest Harvestdecision：A Dynamic Programming Approach Considering Biomass and Dead Organic Matter [J]. Journal of Forest Economics，2011（17）：3-17.

⑥ 汪翔，陆五一，周力. 基于结构方程模型的农户低碳养殖认知分析[J]. 江苏农业学报，2013（1）：189-194.

⑦ 陈昌洪. 农户选择低碳农业标准化的意愿及影响因素分析——基于四川省农户的调查[J]. 北京理工大学学报：社会科学版，2013（3）：21-25.

1990—2009年的土地利用变化数据，运用相关计量模型对农用地面积、建设用地面积和林业用地面积与农林牧渔等部门CO_2排放通量的关系进行分析。研究结果表明，农用地对CO_2排放通量的影响始终占据主要位置；建设用地对CO_2排放通量的贡献率为正；森林对吸收CO_2有着积极的作用，但破坏、砍伐或森林火灾等则会增加CO_2的排放。[①]代明慧等基于山东省低碳农业发展条件的分析，运用Eview5.0软件，对农业增加值与主要投入要素进行多元线性回归。研究结果表明，化肥使用量、农业机械总动力、农用柴油使用量等是影响低碳农业发展的重要因素。[②]

低碳农业发展问题已经越来越引起整个社会和学界的广泛关注，特别是在当前全球气候恶化、粮食安全问题突出、农业可持续发展面临严峻挑战的背景下更是如此。有的学者侧重于理论研究，如冉光和等在总结前人研究成果的基础上，对低碳农业的概念和内涵进行了归纳总结，梳理了我国发展低碳农业的战略意义与现实必然性，指出了低碳农业发展过程中存在的问题，并对合理有效地促进低碳农业的健康发展提出了相应的建议。[③]有的学者侧重于实证研究，如师帅以东北三省近15年农业产值与导致农业生产中温室气体排放的农业生产要素为对象，研究了低碳农业的影响因素。研究表明东北三省农业生产中化肥、农药、农膜等化学物质投入不一定会促进农业产值的增加，却会造成大量温室气体的排放。[④]曾大林等使用2000—2010年的面板数据，选用农业碳排放模型、包络数据分析法中的SBM模型和效率收敛性模型，通过三步法实证分析了中国低碳农业的发展状况。得出以下结论：中国大部分地区的农业碳排放总量逐年增多；农业发展与碳排放存在库兹涅茨倒“U”形曲线关系；化肥和农膜是农业碳排放的主要源头；中国各省区的低碳农业发展绩效满足“波特假说”且面板数据下的效率值存在收敛性。[⑤]田云等基于10个方面指标，运用主成分分析法对中国31个省（市、区）的农业低碳竞争力展开分析。研究表明：西藏、青海、贵州综合竞争力居于全国前三位；福建、上海、湖南则位于后三位。进一步，构建农业低碳综合竞争力评价矩阵，对31个省区进行聚类，结果显示，黑龙江、内蒙古等6地属于“低排放-高效益”地区；西藏、青海、贵州等9地属于“低排放-低效益”地区；浙江、河北、北京

---

① 陈卫洪，漆雁斌. 土地利用形式对发展低碳农业的影响分析[J]. 农业技术经济，2012（5）：86-96.

② 代明慧，张红丽. 山东省低碳农业发展影响因素的回归分析[J]. 武汉商业服务学院学报，2012（3）：10-13.

③ 冉光和，鲁钊阳，王建洪. 中国低碳农业发展的基本理论与可行路径[J]. 科技进步与对策，2011（20）.

④ 师帅，陈红. 东北三省发展低碳农业影响因素研究[J]. 商业研究，2013（5）：159-165.

⑤ 曾大林，纪凡荣，李山峰. 中国省际低碳农业发展的实证分析[J]. 中国人口·资源与环境，2013（11）：30-35.

等 9 地属于“高排放-高效益”地区；四川、广西等 7 地属于“高排放-低效益”地区。①

1.2.1.4　低碳农业发展模式研究

低碳农业有各种各样不同的发展模式，国内也有不少学者对低碳农业的发展模式进行了归纳总结。如廖媛红提出低碳农业的发展模式由 4 个部分组成：① 低碳农业的总目标是实现低排放、低污染和高效率的农业；② 这个总目标可以分解为投入低碳化和产出低碳化两个分目标；③ 上述两个分目标的实现路径分别为低碳生产方式和低碳生活方式，每个路径又有很多具体的实现方式；④ 整个低碳农业发展模式的理论基础包括可持续发展理论、循环经济理论和生态文明理论等。②刘静暖等提出了 3 种低碳农业的发展模式：① 以碳排放最小化为目标的产业链互动模式；② 以碳捕获为方向的碳汇农业模式；③ 以碳中和为要求的立体农业模式。③ 黄贤贵等提出低碳农业的模式有节约资源与有效替代模式、清洁生产与“三品”基地模式、循环利用与复合配套模式。④程克群等以安徽省为案例，提出农业种养结合模式、立体复合型发展模式、农业副产物再利用型发展模式、农村庭院型发展模式、休闲观光型发展模式。⑤

林梅等着重从区域循环发展的层次，分析总结了低碳农业发展模式，主要包括：农户庭院低碳小循环农业模式、乡村层次的低碳循环农业模式、园区层次的低碳循环农业模式、乡镇区域的低碳循环农业模式、城乡区域低碳循环农业模式。⑥骆旭添提出了农村庭院综合利用模式、丘陵山地牧草果菌沼模式、“上农下渔”基塘模式、有害投入品减量、替代模式、资源节约型模式、“三品基地”模式、清洁能源模式、农业废弃物再利用模式、生态低碳型池塘模式等低碳农业发展模式。⑦李晓燕从区域经济和产业经济学的视角，根据四川不同区域，以成都平原都市型农业、丘陵地区基地型农业、高原山区优势特色农业为研究对象，提出发展观光农业、循环农业、节能、清洁能源等低碳农业模式。⑧刘静暖等指出，我

---

① 田云，张俊飚，李波. 中国农业低碳竞争力区域差异与影响因素研究[J]. 干旱区资源与环境，2013（6）：1-6.

② 廖媛红. 低碳农业的发展模式研究[J]. 作物研究，2010（4）：228-231.

③ 刘静暖，于畅，孙亚南. 低碳农业经济理论与实现模式探索[J]. 经济纵横，2012（6）：64-67.

④ 黄贤贵，柯瑞清，翁伯琦. 低碳农业发展模式探讨[J]. 福建农业学报，2011（6）：1086-1090.

⑤ 程克群，马友华，栾敬东. 低碳经济背景下循环农业发展模式的创新应用——以安徽为例[J]. 科技进步与对策，2010（22）：52-54.

⑥ 林梅，蔡素星，陈奇榕. 低碳农业区域循环发展模式探讨[J]. 农学学报，2012（12）：26-30.

⑦ 骆旭添. 低碳农业发展理论与模式研究——以福建省为例[D]. 福州：福建农林大学，2011：71-86.

⑧ 李晓燕. 低碳农业发展研究——以四川为例[M]. 北京：经济科学出版社，2010：121-149.

国低碳农业发展较好的地区主要集中在南方经济发达地区。福建采取了福建省台湾农业研究中心主导模式，通过发展碳汇农业、有机种养农业、休闲观光农业等开展低碳农业实践。广西主要采取立体生态循环、绿色植保保护、免耕栽培、科学节肥减排、高效节水灌溉、废弃物综合利用以及可再生资源替代等模式发展低碳农业。江苏采用立体种养节地模式、废弃物循环利用模式、农用化学品替代与休闲观光农业等发展低碳农业。[①]许广月提出，我国低碳农业发展模式主要有 3 种：① 减源型农业发展模式，是指利用现代农业先进技术，最大限度地减少能源、化肥、农药等要素的投入并在农产品的整个生命周期内注入低碳发展理念的新型农业发展模式；② 增汇固碳型农业发展模式，是指利用耕地、林地、草地和湿地等进行固碳，大力发展增汇固碳型农业，增强农业在发展低碳经济中的作用；③ 低碳乡村建设模式，是指以低碳乡村重点工程为支点。[②]

国外低碳农业发展模式也是非常多样的。Hutchinson 基于对加拿大农业生产的调查研究，分析了农业碳汇的作用机理及其可行性，认为农业碳汇模式是应对气候变化的首选模式。[③]日本发展低碳农业的形式多种多样，主要有：① 再生利用型。即通过充分利用土地的有机资源，对农业废弃物进行再生利用，减少环境负荷。② 有机农业型。遵循自然规律，协调种植业和养殖业的平衡，采用一系列可持续发展的农业技术，维持农业生产过程的持续、稳定。③ 稻作—畜产—水产三位一体型。即在水田种植稻米、养鸭、养鱼和繁殖固氮蓝藻的同时，形成稻作畜产和水产的水田低碳循环可持续发展模式。④ 畜禽—稻作—沼气型。即农作物的秸秆经过加工用作家养畜禽的饲料，其与家养动物的粪便都可作为沼气的原料，沼气又可为大棚作物提供热源。[④]

1.2.1.5 低碳农业发展困境研究

当前低碳农业发展面临众多困境，国内很多学者对这一问题进行了深入探讨。虞洪指出，在低碳农业发展动力机制上存在一些问题，诸如缺乏健全的政策体系、缺乏有效的科技支撑、缺乏有力的社会推动、缺乏高效的市场手段等。[⑤]刘静暖等指出，我国低碳农业的发展还存在着一系列的障碍：① 存在生产习惯约束；② 存

---

① 刘静暖，刘宇，孙媛媛，等. 吉林省低碳农业发展理论与模式[J]. 经济视角，2013（3）：1-3.

② 许广月. 中国低碳农业发展研究[J]. 经济学家，2010（10）：72-78.

③ Hutchinson J J，Campbell C A，Desardins R L. Some perspectives on carbon sequestration in agriculture[J]. Agricultural and Forest Meteorology，142（2007）：288-302.

④ 孙桂娟，殷晓彦，孙相云. 低碳经济概论[M]. 济南：山东出版集团，2010：221- 223.

⑤ 虞洪. 低碳农业的利益驱动机制[J]. 农村经济，2012（6）：33-36.

在土地分散经营问题；③ 存在农业劳动力素质障碍；④ 存在低碳技术困境。[①]王青等认为我国低碳农业发展面临的问题主要有以下几个方面：① 资源禀赋和农业综合生产能力不适应人们需求的增长；② 粗放和传统的农业生产方式使得生态环境遭到破坏、环境污染严重；③ 低碳农业相关技术亟待发展；④ 分散的小农户经营，不利于低碳技术的宣传和推广；⑤ 农民的受教育程度不高，农民素质普遍较低，发展低碳农业的意识薄弱，农业生产率低下。[②]

学者们从不同的视角对低碳农业发展的困境进行了深入探讨。韦宁卫等从风险视角出发，总结了在低碳农业还处在起步阶段时，生产者将面临各种风险，包括低碳农产品认证的风险、价格风险、生产中的风险、低碳技术风险。[③]穆玲芝从法律角度研究了我国发展低碳农业中存在的问题，主要包括：现有法律法规执行难度大；我国农业方面的政策、法律规定，在新的历史条件下，已经难以适应新形势的需要；现行农业法律法规过于笼统，没有专门针对农业资源的节约利用、农业生产排放物等问题的立法；没有专门针对低碳农业的法律法规，不能突出低碳理念。[④]屈振辉指出，我国低碳农业立法还面临着一系列的障碍：① 思想意识水平。倘若人们对农业生产的认识不能提升到生态的高度，我国的农业立法也就无法实现低碳化。就是在立法上实现了低碳化，法律在实际中也难以被遵循。② 经济科技水平。我国农业在各产业中又处于较落后者，因此实现低碳化就更加困难了。③ 产业间的协调。我国农业立法的低碳化必须考虑与其他产业立法的低碳化相衔接的问题。[⑤]

薛小荣等的研究指出，目前陕西发展低碳农业面临着如下几个方面的主要障碍：① 生产模式不合理，循环经济难以推广；② 农民文化素质偏低，科技创新不够；③ 农业土壤环境恶化，生产力逐年下降。[⑥]陶正芳和邵永恩指出，金融支持低碳农业存在诸多制约因素，包括制度的缺乏、农业的高风险性、低碳农业的高成本性、农村金融创新能力较低、金融与低碳农业发展原则的非一致性。[⑦]魏博洋等的研究认为，虽然中国发展低碳农业的必要性和可行性已经得到了充分论证，

---

① 刘静暖，于畅，孙亚南. 低碳农业经济理论与实现模式探索[J]. 经济纵横，2012（6）：64-67.

② 王青，郑红勇，聂桢祯. 低碳农业理论分析与中国低碳农业发展思路[J]. 西北农林科技大学学报：社会科学版，2012（3）：1-7.

③ 韦宁卫，冯小倩. 发展低碳农业的政府扶持路径选择[J]. 中国财政，2012（8）：57-58.

④ 穆玲芝. 低碳农业的法律推进探索[J]. 农业经济，2012（1）：47-49.

⑤ 屈振辉. 论以低碳为导向的我国农业立法[J]. 作物研究，2010（4）：241-243.

⑥ 薛小荣，王静. 陕西省发展低碳农业的路径选择[J]. 再生资源与循环经济，2012（11）：16-19.

⑦ 陶正芳，邵永恩. 低碳农业：金融支农的新视角[N]. 金融时报，2010-06-07.

但是由于低碳经济在全国才刚刚起步，低碳农业更是处于探索阶段，中国低碳农业发展还存在一定的障碍，包括有：① 对低碳农业认识不足，理论研究和技术体系薄弱；② 基础设施建设落后，农业服务体系服务水平不高；③ 农业碳汇市场不完善，区域性碳交易机构和相应的交易机制缺乏；④ 现行农地制度影响低碳农业的生产经营，小农经济导致农户行为短视化。[①]由此可见，我国低碳农业发展的障碍因素众多。

1.2.1.6 低碳农业发展路径研究

国内很多学者在低碳农业发展路径研究中借鉴了国外低碳农业发展的先进经验和做法，这方面的研究对我国低碳农业的发展是有很大帮助的。如袁平红从低碳农业发展的国际实践经验入手，重点阐述了欧美等国家的森林碳汇、地质碳汇、碳税、自愿碳市场交易以及碳标签在发展低碳农业中的具体实践，并结合中国特有国情，从保护林业资源、湿地资源、发展有机农业和生态农业以及优化制度设计、降低涉农经济主体参与低碳农业发展的交易成本等方面提出针对性政策建议。[②]唐若菲对欧盟、美国、日本扶持低碳农业的政策进行了介绍，并探讨了其对中国发展低碳农业的借鉴意义。[③]朱丽娟等从法律法规、财税政策、科研与推广体系以及市场机制 4 个方面介绍了美国低碳农业发展的做法，并指出可供中国借鉴的经验与启示，包括制定并完善低碳农业相关的法律、法规；加大财政对低碳农业的支持力度；建立有效的农业科研与推广体系；形成以农民为主体、促进农民增收的市场机制；大力发展生态农业、有机农业。[④]吴志华的研究介绍了巴西在低碳农业上的先进经验：为减少农业生产中的碳排放，促进农业可持续发展，巴西政府于 2010 年制订了“低碳排放农业计划”，通过提供长期低息信贷方式，鼓励农业生产者采用有利于减少碳排放的农牧业生产方式，如免耕直播技术、农林牧一体化生产方式、农作物轮作、扩大生物固氮技术以及扩大人工造林和整治草场退化等。[⑤]

学者们从不同的视角出发提出了我国低碳农业发展的未来路径。如杨启智基于农业产业链视角，在分析了生产、运输、加工、消费环节 CO_2 来源的基础上，提出生产环节安全生产、合理规划、完善农产品物流体系建设、对农产品进行精

---

① 魏博洋，张严冰，王朝. 中国低碳农业的制约因素与发展策略研究[J]. 世界农业，2013（4）：129-132.

② 袁平红. 低碳农业发展的国际经验及对中国的启示[J]. 经济问题探索，2012（8）：158-164.

③ 唐若菲. 低碳农业的国际经验研究[J]. 世界农业，2013（1）：102-104.

④ 朱丽娟，刘青. 气候变化背景下美国发展低碳农业的经验借鉴[J]. 世界农业，2012（8）：1-3.

⑤ 吴志华. 巴西：低碳农业助推可持续发展[J]. 农村 • 农业 • 农民（A 版），2012（9）：51-52.

深加工、消费环节减排向生产环节转移等对策。[①]穆玲芝认为，应从以下几方面构建推进低碳农业发展的法律体系建设：制定专门的低碳农业法律法规体系；修订现有法律，增加低碳农业内容；设立环境污染责任保险；出台发展低碳农业的配套法律法规。[②]虞洪指出，如何构筑低碳农业的利益驱动机制，将政策、制度、产品市场等外部因素转化为内在的利益激励因素，增强企业和居民发展低碳农业的内在动力，成为促进低碳农业快速健康发展的关键所在；[③]陈文晴的研究结论表明，以国家财政和社会捐助为资金来源，建立支持低碳农业发展的风险补偿基金，引导更多金融资源流向研发和提供低碳农业生产技术的企业，激励金融机构向购置低碳农业生产作业设备的经营单位和农户提供低息贷款，是支持低碳农业发展的有效金融途径。[④]赵其国从农业技术角度，论述了实现低碳农业的措施，包括垄作免耕技术、灌溉节水技术、测土配方施肥技术、病虫害防治技术、新型农作物的育种技术、畜禽健康养殖技术、沼气工程的节能减排技术、秸秆资源化利用。[⑤]杜受祜认为，要以绿色经济、循环经济为载体，通过体制和机制的创新，建立健全统筹经济发展、环境治理保护、减少温室气体排放的联动机制和促进低碳农业发展的技术创新体系，以保障低碳农业发展。[⑥]李晓燕等认为，发展低碳农业，应更注重机制体制的建设，形成“企业—碳交易机构—农村专业合作组织—农户”的农业碳汇交易机制和依托低碳农业产业化的区域低碳农业品牌机制。[⑦]

对于如何推进低碳农业的发展，不同的学者也是有着不同的思路。如刘玉琼等认为，低碳农业未来的发展路径要从以下几个方面着手：统筹规划，指导低碳农业科学发展；协同推进，发挥各方力量在低碳农业发展中的作用；调整结构，增强农业碳汇功能；转变方式，提升农业碳汇能力；推广技术，提高农业固碳能力。[⑧]王青等指出我国发展低碳农业的对策应该从以下 4 个方面着手：减少间接减排，即减轻农业对工业的依赖，降低对化肥、农药以及机械等的使用；减少直接减排，主要是减少农业生产中动物排放和不合理生产方式产生的农业废弃物排放，

---

① 杨启智. 产业链视角下的低碳农业发展研究[J]. 学术论坛，2012（6）：119-122.

② 穆玲芝. 低碳农业的法律推进探索[J]. 农业经济，2012（1）：47-49.

③ 虞洪. 低碳农业的利益驱动机制[J]. 农村经济，2012（6）：33-36.

④ 陈文晴. 低碳农业发展的金融政策探析[J]. 科技进步与对策，2011（10）：62-64.

⑤ 赵其国，钱海燕. 低碳经济与农业发展思考[J]. 生态环境学报，2009（5）：1609-1614.

⑥ 杜受祜. 低碳农业：潜力巨大的低碳经济领域[J]. 农村经济，2010（4）：3-5.

⑦ 李晓燕，何晓玲. 四川发展低碳农业的基本思路——基于国内外经验借鉴与启示[J]. 农村经济，2012（11）：48-52.

⑧ 刘玉琼，艾大宾，姜世中，等. 低碳农业发展实证研究——以四川省内江市为例[J]. 农业经济，2012（1）：118-121.

以及薪柴、秸秆的焚烧等产生的排放；转变观念，加强思想道德教育，应该充分重视森林植被、植物和土壤等的碳汇减排作用；从技术上推进低碳农业的发展。[①]文再坤提出，建设低碳农业科技创新体系，要从5个方面入手：① 建立有利于低碳农业发展的科技创新体系建设的新机制；② 全面提高科技自主创新能力；③ 确立企业的技术创新主体地位；④ 充分发挥政府科技投入的引导作用；⑤ 为低碳农业科技创新体系建设提供法律和社会保障。[②]魏博洋等提出了我国低碳农业发展的四大策略，包括：① 加强宣传引导，在全社会形成低碳农业发展理念；② 健全低碳农业法律体系，落实财政补贴和管理制度；③ 完善各地环境交易所功能，逐步培育和发展农业碳汇市场；④ 加大农业科技推广工作，实现低碳农业良性发展。[③]

国内有的学者在实地调研基础上专门结合某一地域的特征提出了发展低碳农业的未来路径。如秦静等针对天津低碳农业发展的现状及问题，在调研的基础上，提出了天津低碳农业发展的对策建议，包括加大政府支持力度，完善相关法律法规保障体系；完善低碳农业技术体系，加强低碳技术自主创新能力；实施低碳科技人才开发机制，为低碳农业发展提供智力支撑；大力宣传低碳农业，推广低碳农产品。[④]柯福艳提出了浙江发展低碳农业的路径，包括以下 5 个方面：① 加强低碳农业技术支撑，发展石油制品投入节约型低碳农业；② 持续有序地推进土地流转，发展适度规模型低碳农业；③ 做好农业生产布局规划，发展区域内种养业能量循环型低碳农业；④ 大力拓展农业的多种功能，发展内涵式增长服务型低碳农业；⑤ 适当创新农业耕作制度，发展少免耕固碳型低碳农业。[⑤]还有的学者专门针对低碳农业园区建设提出了意见建议。范纯增等提出了低碳农业园区建设的五方面对策，包括加大技术创新与保障力度，调整优化能源结构，降低能源强度和排碳密度；优选农业结构，构造合理的低碳产业链；完善生态补偿机制，选择最合理的低碳经济方式；大力发展精品农业，提高产出水平，充分做足相对低碳的理念与低碳农业品牌；加强环境保护，加强宣传教育与管理政策的完善。[⑥]由此

---

① 王青，郑红勇，聂桢祯. 低碳农业理论分析与中国低碳农业发展思路[J]. 西北农林科技大学学报：社会科学版，2012（3）：1-7.

② 文再坤. 发展湖南低碳农业科技创新体系建设的思考[J]. 作物研究，2010（4）：244-245.

③ 魏博洋，张严冰，王朝. 中国低碳农业的制约因素与发展策略研究[J]. 世界农业，2013（4）：129-132.

④ 秦静，贾凤伶. 天津低碳农业发展路径与对策研究[J]. 天津农业科学，2013（1）：55-58.

⑤ 柯福艳. 浙江低碳农业发展的现状、路径选择与政策建议[J]. 浙江农业科学，2013（2）：117-120.

⑥ 范纯增，顾海英，许源. 低碳农业园区建设研究——以东滩低碳农业示范园区为例[J]. 生态经济，2013（3）：117-121.

可见，学者们关于我国低碳农业发展未来路径的探讨还是非常深入的。

1.2.2　对已有研究的述评

综上所述，国内外研究形成了一个多视角、多层次的研究体系，为本研究奠定了基础。但该领域还存在新的拓展空间，原因在于：① 已有研究缺乏对低碳农业发展影响因素进行衡量的具体指标体系。为了更好地对低碳农业发展影响因素进行动态测度，应该将低碳农业发展影响因素落实到操作层面，因此，建立衡量低碳农业发展影响因素的具体指标体系已变得越来越紧迫。② 现有研究未能很好地融合宏观与微观研究。现有研究不是缺乏宏观视角就是缺乏微观视角。宏观研究需要微观分析加以检验，微观研究需要宏观探讨来解释。因此，有效融合宏观与微观研究是不可或缺的。③ 已有研究没有很好地考虑低碳农业发展的差异性因素。低碳农业发展是因时而异、因地而异的。因此，在分析和解决低碳农业发展中存在的问题时必须充分考虑时间、空间因素。④ 现有研究对低碳农业的主体——农民的研究还是比较缺乏的，特别是农民对低碳农业态度与行动方面的研究更是欠缺。因此，非常有必要对农民低碳农业态度与行动进行微观层面的深入分析和探讨。

1.3　研究方法与研究创新

1.3.1　研究方法

根据低碳农业这一研究主题的需要，笔者在研究过程中采用的研究方法主要有以下 3 种：

（1）文献法。文献法是一项研究所不可或缺的。在研究开始之前，笔者阅读了大量关于低碳农业的相关文献，获得了丰富的第二手资料，为研究的开展做了充分的准备。一方面，笔者充分利用学校现有图书资料和数据资源，大量查阅低碳农业相关文献；另一方面，充分利用互联网，查阅与研究低碳农业相关的资料。力求在文献综述中详细阐述当前国内外的相关研究，为研究提供一个广阔的研究视角。

（2）问卷调查法。问卷调查法是本研究的主要研究方法，该方法是在社会科学研究中经常会用到的一种研究方法。美国社会学家艾尔・巴比（Earl Babbie）称“问卷是社会调查的支柱”，而英国社会学家莫泽（C.A.Moser）则说“十项社会调查中就有九项是采用问卷进行的”，可见社会研究者对问卷法的评价之高。[①]通过问卷可以收集分析本研究相关的核心数据与资料。为了更好地研究我国低碳农业发展问题，笔者设计了调查问卷，制定了相应的抽样方案。通过问卷调查收集的数据来更好地研究我国低碳农业发展问题。

笔者于 2014 年 1 月对农民进行了问卷调查，调查地点选择在 Y 市进行。Y 市位于山东省西南部，是古九州之一，全国百强县，现在 7 镇 3 个街道办事处和 3 个省级经济园区，面积 535 km^2，人口 54.3 万。Y 市资源丰富、地理位置优越，是鲁西南地区重要的粮食、能源和交通基地，先后被评为全国科技进步先进市、全国农业现代化示范市、全省基层党建工作先进市、省级文明城市等。从“六五”时期开始，Y 市就一直是全国商品粮生产基地，在工业化城镇化快速发展的同时，Y 市的科技兴粮、农业机械化、农业现代化一直在全国处于排头兵地位。Y 市按照统筹城乡经济发展的要求，围绕建设社会主义新农村，稳步实施高效生态农业发展战略，大力调整农业经济结构，逐步形成区域化布局、集约化生产、产业化经营、社会化服务的现代农业新格局。本次调查共发放调查问卷 400 份，回收调查问卷 356 份，剔除无效问卷后，得到有效调查问卷 325 份，问卷的有效回收率为 81.25%。通过对调查数据的分析，笔者发现：调查对象呈现出在性别上以女性略多一些，占到了 53.2%；在年龄上以 31～50 岁为主，这一年龄段占到了调查总体的 83.1%；在受教育程度上以初中居多，占到了调查总体的 60.3%；大部分调查对象没有当过村干部（80.3%）；大部分调查对象不是党员（83.4%）（表 1-1）。大部分调查对象都有外出务工，这一比例占到了调查总体的 62.8%。

表 1-1 样本基本情况

选项		样本数/人	比例/%
性别	男	152	46.8
	女	173	53.2
年龄	30 岁及以下	40	12.3
	31～40 岁	168	51.7
	41～50 岁	102	31.4
	50 岁以上	15	4.6
受教育程度	小学及以下	57	17.5
	初中	196	60.3
	高中	61	18.8
	大专及以上	11	3.4

① 袁方，王汉生. 社会研究方法教程[M]. 北京：北京大学出版社，1997：231.

选项		样本数/人	比例/%
村干部	没有当过	261	80.3
	当过	64	19.7
党员	不是	271	83.4
	是	54	16.6
外出务工	没有	121	37.2
	有	204	62.8

（3）深度访谈法。为了使研究更加深入，对问题了解得更加透彻，笔者在以量化研究方法为主的基础上也结合了质性研究方法。访谈法也是我们在社会科学的研究中经常会用到的一种质性研究方法，笔者采用深度访谈法开展研究，深度访谈法是一种半结构式访谈。在访谈开始之前笔者事先设计了访谈提纲，但是在访谈过程中笔者也不严格按照访谈提纲来进行访谈。这样既可以保证访谈是有重点的，不至于跑题，同时也能够充分发挥被访谈者的主观能动性，充分发表自己对问题的意见和看法。

为了更加深入地研究低碳农业问题，使研究资料更加充实，笔者选择了部分农民、农业组织负责人、政府工作人员进行深度访谈，本研究的访谈工作在 2014 年 1 月进行。访谈提纲是按照以下逻辑来设计的：① 根据研究主题的需要提出问题，也就是笔者在研究中想知道的问题；② 根据问题来确定访谈对象，也就是哪些人可能提供这些问题的答案；③ 根据访谈对象确定提问策略，也就是针对不同的访谈对象使用不同的提问方式。

1.3.2　研究创新

（1）理论视角创新。在理论分析基础上，本研究提出了更为综合的国家、社会、市场和个人“四维度”分析框架，综合考虑了宏观、中观、微观各个层次的影响因素，能够更加全面、深入地研究低碳农业问题。

（2）研究方法创新。本研究综合运用文献法、问卷调查法、深入访谈法和典型案例法等研究方法，通过坚持“结构-制度分析”与“过程-事件分析”相结合使静态和动态研究很好地融合在一起，能够使发展低碳农业问题研究更具解释力。

（3）对策建议创新。通过理论研究和实证分析，本研究在国家、社会、市场和个人“四维度”分析框架下提出的对策建议，与问题厘定、问题剖析逻辑一致，从而更具针对性、可操作性和有效性。

1.4 研究目的与研究内容

1.4.1 研究目的

本研究的主题是低碳农业发展研究，研究目的具体包括以下6个方面：① 从国家、社会、市场和个人“四维度”分析框架对低碳农业发展的理论基础进行深入探讨，以建立低碳农业发展的理论基础；② 从农民的微观视角出发，分析其对低碳农业发展的态度与行动，以建立低碳农业发展的现实基础；③ 从国家、社会、市场和个人“四维度”分析框架构建出低碳农业发展的影响因素，并对这些影响因素进行分析；④ 分析农民对低碳农业发展态度与行动差异的影响因素，以找出低碳农业发展的制约因素；⑤ 通过分析美国、英国、德国和日本等发达国家发展低碳农业的先进经验，寻找普适性做法；⑥ 对我国低碳农业发展的未来路径提出有价值的意见和建议。

1.4.2 研究内容

本研究的主要内容如下：

第1章 导论。提出本研究的选题背景、研究意义，在文献回顾的基础上，阐述本研究的研究思路、研究方法、研究内容、研究创新等内容。

第2章 低碳农业发展的理论基础。从国家、社会、市场和个人“四维度”分析框架对发展低碳农业的理论基础进行了探讨。具体来说，国家层面从国家-社会关系理论展开，社会层面从“场域-惯习”理论展开，市场层面从资本理论展开，个人层面从理性选择理论展开。

第3章 低碳农业发展的现实基础。以问卷调查数据为基础，从低碳农业认知、低碳农业需求、低碳农业意愿、低碳农业行动和低碳农业满意度5个方面研究农民对低碳农业的态度与行动。

第4章 低碳农业发展影响因素指标体系建构及测度。在理论研究和文献研究基础上从国家、社会、市场和个人“四维度”分析框架出发，构建衡量低碳农业发展影响因素的具体指标体系，并对国家、社会、市场和个人“四维度”指标体系进行动态测度，寻找出国家、社会、市场和个人“四维度”指标体系中与低碳农业发展不相适应的具体指标，并分析其中不相适应的原因所在。

第5章 农民对低碳农业的态度与行动差异影响因素的实证研究。通过建立Logistic回归分析模型，深入分析农民低碳农业可行性认知差异、低碳农业技术需求差异、参加低碳农业技术培训意愿差异、采用低碳农业技术行动差异、低碳农业满意度差异的影响因素。

第 6 章　国外低碳农业发展的经验与启示。深入探讨美国、英国、德国和日本等发达国家低碳农业发展的经验，分析其对我国低碳农业发展的启示意义。主要集中在以下 4 个方面：完善低碳农业法律法规体系；加大政府对低碳农业扶持力度；建立发达的低碳农业市场体系；实现低碳农业产学研有效结合。

第 7 章　低碳农业发展的未来路径。在前几章分析的基础上，从农业制度、社会参与、市场机制、农民地位和目标导向 5 个方面对我国低碳农业发展的未来路径进行探讨。具体来说，农业制度要实现从强制性制度向诱致性制度转变，社会参与要实现从弱社会向强社会转变，市场机制要实现从控制型向自治型转变，农民地位要实现从外局群体向内局群体转变，目标导向要实现从外生型向内生型转变。

第 2 章

低碳农业发展的理论基础

本章要解决的是低碳农业发展的理论基础问题，主要从国家、社会、市场和个人“四维度”分析框架出发来进行探讨，其中国家层面是基于国家-社会关系理论，社会层面基于“场域-惯习”理论，市场层面基于资本理论，个人层面基于理性选择理论。本书的内容主要侧重于探讨影响低碳农业发展的因素，而影响因素则是从国家、社会、市场和个人“四维度”分析框架出发的。因此，本章的工作更多的是在为国家、社会、市场和个人这四个层面的因素为什么会影响低碳农业发展提供一种理论解释视角，从而解决研究的理论基础问题。

2.1　国家层面：国家-社会关系理论

改革开放以来，随着全能主义政治的消退，“国家与社会”关系逐渐成为国内学界普遍采用的一个分析术语。①社会学者孙立平指出，如果说国家与社会的分离在城市中的社会结构变迁更多地表现出来，那么国家与社会的新的结合过程则更多地呈现在农村社会结构变迁之中。②普通农民眼中，国家是与“官”联系在一起的，他们在日常生活中大量接触到的“官”便是乡镇干部，而“社会”则是指村庄和村民，在概念上与国家对分。③因此，国家-社会关系学说不仅仅适用于都市社会的研究，也同样适用于乡村社会的研究，特别是对处于转型期的乡村社会来说尤为适用。低碳农业就是转型期乡村社会农业现代化发展的一个缩影。笔者认为，国家-社会关系理论对低碳农业发展来说是一种非常好的理论视角，低碳农业发展过程体现出了国家-社会关系的变化，这种变化受政治、经济、社会和文化因素的影响。也可以说，国家-社会关系对低碳农业发展存在直接的影响，不同的国

①、③景跃进. 党、国家与社会：三者维度的关系——从基层实践看中国政治的特点[J]. 华中师范大学学报：人文社会科学版，2005（2）：9-13，29.

② 孙立平. 转型与断裂——改革以来中国社会结构的变迁[M]. 北京：清华大学出版社，2004：160.

家-社会关系会产生不同的低碳农业发展模式。

那么国家-社会关系有哪几种模式呢？以国家为纵坐标、以社会为横坐标，可以将国家社会关系划分为 4 种模式：第一种是强国家-强社会模式，这是比较理想的国家社会模式，一方面国家具有较强的行动能力，另一方面社会具有较强的活力；第二种是强国家-弱社会模式，以改革前的中国为典型，后发展中国家在实现现代化过程中往往采取这种模式，国家具有超强的能力，社会缺乏自主性和活力；第三种是弱国家-弱社会模式，以新中国成立前的中国为典型，国家缺乏有效的权威，社会也较为凌乱；第四种是弱国家-强社会模式，以自由资本主义国家为典型，国家只是充当“守夜人”的角色，社会力量非常强大。[①]从当前中国所处的国家-社会关系来说，依然处于强国家-弱社会模式之下。

国家-社会关系理论为我们研究低碳农业提供了非常好的理论视角。笔者认为在低碳农业发展过程中以下 3 个方面是需要我们特别关注的：① 在不同的历史时期，国家-社会关系往往存在差异，由此导致低碳农业的发展模式是不同的，这种不同主要表现在低碳农业发展中发挥主导作用的主体不同，因此，低碳农业的发展模式要根据国家-社会关系的变化及时作出相应的调整。② 在不同的农村地区国家-社会关系往往也存在微妙的差异，如对于经济社会发展水平较高的农村地区来说，往往是社会力量对该地区的影响更大，而对于经济社会发展水平较低的农村地区来说，往往是国家力量对该地区的影响更大。因此，对于低碳农业发展来说，也不应该完全遵循同样的发展模式，而是应该充分考虑到不同农村地区条件的差异来选择低碳农业发展模式。③ 国家-社会关系在不同类型的农民身上有着不同的表现。例如，对于社会经济地位较高的农民来说，往往是社会力量对其影响更大，而对于社会经济地位较低的农民来说，往往是国家力量对其影响更大。因此，低碳农业的发展也需要切实考虑到不同类型农民的条件差异选择不同的模式。由此可见，国家-社会关系理论告诉我们：低碳农业的发展要做到因时而异、因地而异和因人而异。

对于低碳农业的发展来说，不仅需要国家力量的大力推进，同时也需要社会力量发挥强力推进作用。可以说，对于低碳农业的发展来说，国家力量和社会力量都是不可缺少的。只有在国家力量和社会力量的共同作用下，低碳农业才能实现快速健康发展。当然，国家力量和社会力量在低碳农业发展中所起的作用是存在差异的，这种差异主要表现在不同发展阶段上的差异：在低碳农业发展的起步阶段，国家力量的推动作用显得更为重要，而当低碳农业发展步入正轨之后，社

---

① 吴从环. 改革后的中国国家社会关系[J]. 安徽行政学院学报，2010（1）：72-76.

会力量的推动作用则显得更为重要。从国家-社会关系对低碳农业发展的影响来说，主要表现在对低碳农业发展动力来源的影响上。在低碳农业的起步阶段，国家力量起主导作用，这一阶段低碳农业的发展更多地表现为外生型发展模式；当低碳农业的发展步入正轨之后，社会力量起主导作用，这一阶段低碳农业的发展更多地表现为内生型发展模式。

2.2 社会层面："场域-惯习"理论

法国社会学家布迪厄提出了"场域"和"惯习"两个社会学当中的核心概念，这两个概念是布迪厄实践社会学的重要组成部分。布迪厄认为："在高度分化的社会里，社会世界是由具有相对自主性的社会小世界构成的，这些社会小世界就是具有自身逻辑和必然性的客观关系的空间，而这些小世界自身特有的逻辑和必然性也不可化约成支配其他场域运作的那些逻辑和必然性。"[①]在布迪厄看来，这些社会小世界就构成了一个个场域。从"场域"这个概念可以看出布迪厄独特的方法论倾向，他试图超越整体主义方法论和个体主义方法论之间的二元对立。布迪厄认为，迪尔凯姆（Emile Durkheim）开创的整体主义方法论过于强调社会的整体性而忽略了个人的存在，韦伯（Max Weber）开创的个体主义方法论则过于强调个体而忽略了社会对个人的制约性。布迪厄提出的"场域"就是介于社会和个体之间的一个中观概念，能够很好地解决宏观和微观之间的对立。

那么到底"场域"是什么呢？① 场域是一个相对独立的社会空间；② 场域是一个客观关系构成的系统；③ 场域是一个充满争斗的空间；④ 场域的边界是经验的，场域间的关联是复杂的。[②]在布迪厄看来，整个社会是一个"大场域"，而政治、经济、文化等都是处于"大场域"中的"小场域"。在笔者的研究当中，就有很多个场域，从领域上来划分，包括"政治场域""市场场域""社会场域""文化场域"等；从地域上来划分有"城市场域"和"乡村场域"。

布迪厄的"惯习"概念也很好地体现出了其方法论倾向，他提出"惯习"概念的目的在于超越客观主义和主观主义之间的二元对立。在布迪厄看来，客观主义方法论过于强调客观存在性而忽视了人的主观能动性，主观主义方法论则过于强调人的主观能动性而忽视了客观存在性。布迪厄提出的"惯习"就是介于客观主义和主观主义之间的一个中间概念，能够很好地解决客观和主观之间的对立。

---

① 皮埃尔．布迪厄，华康德．实践与反思——反思社会学导引[M]．北京：中央编译出版社，1998：134.

② 毕天云．布迪厄的"场域-惯习"论[J]．学术探索，2004（1）：32-35.

那么到底“惯习”是什么呢？① 惯习“是持久的可转移的禀性系统”；② 惯习是与客观结构紧密相连的主观性；③ 惯习既是个人的又是集体的；④ 惯习具有历史性、开放性和能动性。[①]布迪厄强调，“惯习这个概念，揭示的是社会行动者既不是受外在因素决定的一个个物质粒子，也不是只受内在理性引导的一些微小的单子（monad），实施某种按照完美理性设想的内在行动纲领。社会行动者是历史的产物，这个历史是整个社会场域的历史，是特定子场域中某个生活道路中积累经验的历史。”[①]在布迪厄看来，惯习是一种“外在性的内在化”，既有主观成分在内，也有客观成分在内。

综观布迪厄的论述，场域与惯习之间的关系可以从 4 个层面理解：① 场域和惯习相依相存。场域是具有惯习的场域，没有惯习的场域是不存在的；惯习是场域内的惯习，脱离场域的惯习也是不存在的。② 每一个场域制约着其内部的惯习，而惯习对制约其场域又具有认知建构意义。在布迪厄看来，讨论个体行动与社会结构的关系时，要同时考虑外在性的内在化和内在性的外在化的双重过程。③ 场域制约着惯习，惯习对场域具有能动的反作用。惯习与场域二者不是简单的决定与被决定的关系。④ 场域与场域间的惯习各不相同，有其自身的独特性。由于场域是分为不同类型或形式的，惯习也不例外，因此，不同的场域具有不同的惯习，不能把在此场域形成的惯习简单地“移植”到彼场域去。[②]可以说，布迪厄的“场域-惯习”理论是一个非常好的理论视角，从当前的研究现状来看，用这一理论视角开展相关研究的范围也非常广泛。

结合场域与惯习之间的关系理论，笔者认为在低碳农业发展过程中以下 3 个方面是需要我们特别关注的：① 在不同的历史时期，低碳农业发展的场域和惯习是存在很大差异的，因此，低碳农业的发展模式要根据场域和惯习的变化及时作出相应调整；② 不同的农村地区之间也很不相同，具有不同的场域特征，有着不同的惯习，因此，对于低碳农业发展来说，也不应该完全遵循同样的发展模式，而是应该结合不同农村自身的场域特征和惯习性质来选择低碳农业发展模式；③ 不同类型的农民处于不同的场域中，有着不同的惯习，因而对低碳农业有着不同的需求，因此，低碳农业的发展也需要切实考虑到不同类型农民的需求。由此可见，布迪厄的“场域-惯习”理论同样告诉我们：低碳农业的发展要做到因时而异、因地而异和因人而异。

从“场域-惯习”对低碳农业发展的影响来说，主要表现在以下两个方面：一

---

① 毕天云. 布迪厄的“场域-惯习”论[J]. 学术探索，2004（1）：32-35.

② 谢方. “场域-惯习”论下的个体行动与社会结构[J]. 理论观察，2009（1）：48-49.

个是表现在对低碳农业发展动力来源的影响上。当场域和惯习具备推动低碳农业发展的条件时，低碳农业的发展会倾向于内生型发展模式；当场域和惯习不具备推动低碳农业发展的条件时，低碳农业发展会倾向于外生型发展模式。另一个是表现在对低碳农业发展能否做到因时而异、因地而异和因人而异的影响上，如果各个参与主体能够充分认识到不同历史时期、不同区域、不同类型农民的场域和惯习特性，那么在低碳农业发展过程中就能很好地做到因时而异、因地而异和因人而异。如果各个参与主体不能充分认识到不同历史时期、不同区域、不同类型农民的场域和惯习特性，那么在低碳农业发展过程中就很难做到因时而异、因地而异和因人而异。

场域和惯习之间也是相互作用的。对于低碳农业发展来说，如果具备了低碳农业发展的场域，那么农民会慢慢形成低碳农业发展的惯习，实现所谓的“外在性的内在化”，这是一个由外而内的低碳农业发展过程，主要表现在农民对低碳农业的态度和行动往往受到整个社会环境的影响。同时，如果农民形成了低碳农业发展的惯习，慢慢就会形塑出一个低碳农业发展的场域，实现所谓的“内在性的外在化”，这是一个由内而外的低碳农业发展过程，主要表现在农民对低碳农业的态度和行动会影响到低碳农业的发展环境。从本质上来说，低碳农业的发展过程就是一个低碳农业的发展场域和发展惯习之间不断互相建构、互相形塑的过程。只有场域和惯习处于良性的互相建构、互相形塑时，低碳农业才能真正实现健康、可持续的发展。

2.3 市场层面：资本理论

法国社会学家布迪厄是资本理论的代表人物，他在分析社会时引入了资本概念，他认为，“资本是积累的（以物质化的形式或‘具体化的’‘肉身化的’形式）劳动，当这种劳动在私人性，即排他的基础上被行动者或行动者小团体占有时，这种劳动就使得他们能够以物化的或活的劳动的形式占有社会资源。”[①]布迪厄的定义中隐含了资本的3个特性：①资本的生成性，即资本是积累的劳动；②资本的排他性，即资本应与私人占有关系一致；③资本的获利性，即资本是一种能获得更多资源的资源。这一定义体现了资本的所有与使用、资本的生产与实现的统一。[②]

① 皮埃尔．布迪厄，华康德．实践与反思——反思社会学导引[M]．北京：中央编译出版社，1998：189.

② 林克雷，李全生．广义资本和社会分层——布迪厄的资本理论解读[J]．烟台大学学报：哲学社会科学版，2007（4）：63-68.

布迪厄对资本概念的最重要贡献是对资本的类型学研究。布迪厄把资本分成 3 种类型——经济资本、社会资本和文化资本。布迪厄指出，所谓经济资本就是经济学通常理解的资本类型，指可以直接兑换成货币的那种资本形式，它可以制度化为产权形式。[①]对于社会资本，布迪厄是这样来定义的："社会资本是实际的或潜在的资源的集合体，那些资源同对某种持久性的网络的占有是密不可分的，这一网络是大家共同熟悉的、得到公认的，而且是一种体制化关系的网络。换句话说，这一网络是同某团体的会员制相联系的，它从集体性拥有的资本的角度为每个会员提供支持，提供为他们赢得声望的凭证，而对于声望可以有各种各样的理解。"[②]布迪厄认为，所谓文化资本是指借助不同的教育行动传递的文化物品。[③]在布迪厄看来，文化资本可以有 3 种存在形式："① 具体的状态，以精神和身体的持久性情的形式；② 客观的状态，以文化商品的形式（图片、书籍、词典、工具、机器等），这些商品是理论留下的痕迹或理论的具体显现，或是对这些理论、问题的批判等；③ 体制的状态，以一种客观化的形式，这一形式必须被区别对待（就像我们在教育资格中观察到的那样），因为这种形式赋予文化资本一种完全原始性的财产，而文化资本正是受到了这笔财产的庇护。"[④]

布迪厄的资本理论为我们研究低碳农业提供了非常好的理论视角。笔者认为在低碳农业发展过程中以下 3 个方面是需要我们特别关注的：① 在不同的历史时期，低碳农业发展所具备的经济资本、社会资本和文化资本是存在很大差异的，因此，低碳农业的发展模式要根据资本的变化及时作出相应调整；② 不同的农村地区之间在经济资本、社会资本和文化资本上也存在很大的差异，因此，对于低碳农业发展来说，也不应该完全遵循同样的发展模式，而是应该充分考虑到不同农村地区条件的差异来选择低碳农业发展模式；③ 不同类型的农民拥有的经济资本、社会资本和文化资本也是存在很大的差异，因而对低碳农业有着不同的需求，因此，低碳农业的发展也需要切实考虑到不同类型农民的条件差异。由此可见，布迪厄的资本理论也告诉我们：低碳农业的发展要做到因时而异、因地而异和因人而异。

要想实现低碳农业的快速健康发展，不仅需要具备相应的经济资本，同时也需要具备相应的社会资本和文化资本。可以说，对于低碳农业的发展来说，经济资本、社会资本和文化资本是缺一不可的。当然这 3 种资本形态在低碳农业发展

① 杨善华. 当代西方社会学理论[M]. 北京：北京大学出版社，1999：284.
② 包亚明. 文化资本与社会炼金术[M]. 上海：上海人民出版社，1997：202.
③ 杨善华. 当代西方社会学理论[M]. 北京：北京大学出版社，1999：285.
④ 包亚明. 文化资本与社会炼金术[M]. 上海：上海人民出版社，1997：192-193.

中所起的作用是存在差异的，这种差异表现在：经济资本是低碳农业发展的基础条件，没有经济资本是不可能推动低碳农业发展的。社会资本是低碳农业发展的关键因素，没有社会资本就丧失了低碳农业发展的有效载体。文化资本是低碳农业发展的持久动力，没有文化资本是很难实现低碳农业的可持续发展的。笔者认为，经济资本、社会资本和文化资本这 3 种资本形态从层次来说是依次递进的，在低碳农业发展的不同阶段对这三类资本的需求是不同的。具体可以从以下 3 个方面来说：① 经济资本是低碳农业发展的初级资本形态，在低碳农业发展的初级阶段，对经济资本的需求是最大的；② 社会资本是低碳农业发展的中级资本形态，在低碳农业发展的中级阶段，对社会资本的需求是最大的；③ 文化资本是低碳农业发展的高级资本形态，在低碳农业发展的高级阶段，对文化资本的需求是最大的。

从资本对低碳农业发展的影响来说，主要表现在对低碳农业发展动力来源的影响上。当低碳农业发展的资本条件已经具备时，低碳农业的发展会倾向于内生型发展模式；当低碳农业发展的资本条件不具备时，低碳农业发展会倾向于外生型发展模式。布迪厄认为，经济资本、社会资本和文化资本这 3 种资本形态之间是可以互相“兑换”“转化”的。笔者认为，对于低碳农业发展所需要的经济资本、社会资本和文化资本之间同样也是可以“兑换”“转化”的，当然不同的资本形态之间互相“兑换”的“兑换率”是不同的。越是高级形态的资本其“兑换率”更高，也就是说，“兑换率”最高的是文化资本，其次是社会资本，“兑换率”最低的是经济资本。

2.4 个人层面：理性选择理论

“理性选择理论”作为一个重要的理论流派，与结构功能论、冲突论、交换论、符号互动论、批判理论等一起成为西方社会学理论的重要理论资源，在很多研究领域有着重要的影响力。社会学有关理性选择理论的论述最早始于霍曼斯（George Homans），他运用社会心理学家的群体动力学重新解释了小群体的行为，从而构建了社会交换的形式。随后，布劳（Peter Blau）运用社会交换思想研究了正式组织以外的非正式组织的社会交换。理性选择理论用于宏观社会学则始于 1983 年，其后，随着《理性与社会》期刊的出版（1989 年）和 1990 年国际社会学协会理性选择研究分会的诞生，理性选择理论进入运用阶段。而科尔曼（James Coleman）于 1990 年出版的巨著《社会理论的基础》，则标志着社会学理性选择理论的正式确立。[①]科尔曼的“理性选择理论”以“理性人”假设为出发点，认为对于行动者来说，其行动原则是使产出最大化。“理性选择理论”所讲的“理性”就是解释个人有目的的行动与其所可能达到的结果之间的联系的工具性理性。一般认为，理性选择范式的基本理论假设包括：① 个人是自身最大利益的追求者；② 在特定情境中有不同的行为策略可供选择；③ 人在理智上相信不同的选择会导致不同的结果；④ 人在主观上对不同的选择结果有不同的偏好排列。[②]

理性选择理论并不是一种解释行为的理论，而是一种解释和说明社会与经济系统之功能发挥的理论。从结构上讲，理性选择理论包括行为者和系统这两个层面，其特征是部分个人理性假设的综合以及用具有内生和外生的社会结构替代完全市场的假设，而且这种社会结构把个人蕴藏于系统之中。[③]对于科尔曼来说，他采用的是个人主义方法论，但从“理性选择理论”分析的对象来看，并不仅仅局限于个人。虽然“理性选择理论”存在着诸如“目的论”与“同义反复”的陷阱、方法论的悖论、解释效力的质疑等困境，但是“理性选择理论”也为我们提供了一种非常好的研究视角，是一种比较有效的解释范式。

当前，在国内学术界，“理性选择理论”的应用范围非常广泛，笔者认为，“理性选择理论”在低碳农业发展中有很好的体现。在低碳农业发展过程中农民这一行为主体扮演着“理性人”的角色，他们对于低碳农业发展模式的选择往往是受“理性”影响的。从“理性”对低碳农业发展动力来源的影响来看，当农民充分认识到低碳农业发展对于农村发展的益处时，他们就会自觉自愿地参加到低碳农业发展当中来，形成一种内生型的力量；当农民没有充分认识到低碳农业发展对于农村发展的益处时，他们就不会自觉自愿地参加到低碳农业发展当中来，在这一情况下低碳农业发展是外生型的，农民更多的是一种被动地参与。当然，这里的“理性”带有很强的主观色彩，并不是客观上的“理性”，是行为主体主观判断之后的“理性”。同时，这种理性不仅体现在“经济人”理性上，还体现在“社会人”理性上，也就是说，“理性”考虑的因素是综合的，涵盖经济、社会和文化等因素在内。当前，在农民的“理性”当中，“经济理性”与“社会理性”是失衡的，农民更多的是考虑“经济理性”，而忽略了“社会理性”。这突出表现在：农民对低碳农业的态度和行动在很大程度上是受利益驱使，也就是受“经济理性”影响，而不是出于对生态环境的考量，“社会理性”并没有对农民的低碳农业态度和行动产生重要影响。

---

① 丁玉洁. 社会学理性选择理论述评[J]. 辽宁行政学院学报，2006（12）：93-94.

② 陈彬. 关于理性选择理论的思考[J]. 东南学术，2006（1）：119-124.

③ 谢舜，周鸿. 科尔曼理性选择理论评述[J]. 思想战线，2005（2）：70-73.

第3章

低碳农业发展的现实基础

农民作为低碳农业发展的行动主体，在其中发挥着至关重要的作用，因此，农民对低碳农业发展的态度与行动会直接影响低碳农业的发展。本章主要是从农民对低碳农业的认知、需求、意愿、行动、满意度5个方面来分析农民的态度与行动，并通过农民的性别、年龄、受教育程度、村干部身份、党员身份与农民态度和行动的交互分析，来探讨农民群体对低碳农业态度与行动的内部差异，从而更好地解决低碳农业发展的现实基础问题。

3.1 农民对低碳农业的认知

低碳农业对于很多农民来说是一个“陌生”的概念，他们并不了解什么是低碳农业。即使是对低碳农业有所了解的农民，他们对低碳农业的认识也存在各种各样的误区。不管是对低碳农业的不了解，还是对低碳农业认识的误区，都严重阻碍了低碳农业的发展。在理性行为理论的基础上 Ajzen 等提出了计划行为理论（Theory of Planned Behavoir，TPB）。计划行为理论为个体复杂决策过程的解释和预测提供了一个合理的理论框架，成为众多学者进行社会行为学分析的理论基础，并广泛应用于社会学、经济学与管理学等研究领域。计划行为理论重点关注的是个体在无法完全控制行为的条件下态度、意愿和行为之间的关系。与理性行为理论相似，计划行为理论也认为，行为意愿决定实际行为，而行为意愿是个人态度和主观规范的函数。但是计划行为理论增加了一个影响态度的因素——感知到的行为控制，指出感知到的行为控制也会影响行为的意愿，从而影响实际行为。①计划行为理论（TPB） 认为认知直接影响行为，正确的认知是做出理性行为和决策的前提条件。②因此，对于低碳农业发展来说，农民对低碳农业的认知情况是至关

---

① 王晓辉，刘楠楠，张永. 居民低碳消费行为影响因素模型的建构[J]. 生态经济，2012（8）：16-19.

② NOTANI A S. Moderators of perceived behavioral control’s predictiveness in the theory of planned behavior: A meta analysis[J]. Journal of Consumer Psychology，1998，7（3）：247-271.

重要的。

3.1.1　农民对低碳农业了解程度

农民对低碳农业的了解程度是反映农民认知情况的重要指标。根据调查结果显示，50.8%的调查对象表示了解程度一般，36.9%的调查对象表示不了解，只有12.3%的调查对象表示很了解。从分析结果笔者发现：从整体来说，调查对象对低碳农业的了解程度是不高的。通过将调查对象对低碳农业了解程度与调查对象的性别、年龄、受教育程度、村干部身份、党员身份进行交互分析，笔者发现以下几点：

（1）从性别的角度来看，不同性别的调查对象对低碳农业的了解程度存在显著差异（X^2=8.028，df=2，Sig.=0.018）[①]，在 0.05 水平上显著（表 3-1）。具体来说，男性调查对象表示对低碳农业不了解的比例为 43.4%，而女性调查对象的这一比例为 31.2%。男性调查对象表示对低碳农业很了解的比例为 7.9%，而女性调查对象的这一比例为 16.2%。可见，与女性调查对象比较而言，男性调查对象表示不了解的比例更高，表示很了解的比例更低。这说明：比较而言，男性调查对象对低碳农业的了解程度要低一些。

表 3-1　不同性别调查对象对低碳农业了解程度的差异

	对低碳农业的了解程度					
	不了解		一般		很了解	
	样本数/人	比例/%	样本数/人	比例/%	样本数/人	比例/%
男性（152 人）	66	43.4	74	48.7	12	7.9
女性（173 人）	54	31.2	91	52.6	28	16.2
卡方检验	X^2=8.028，df=2，Sig.=0.018					

（2）从年龄的角度来看，不同年龄的调查对象对低碳农业的了解程度存在显著差异（X^2=21.503，df=4，Sig.=0.000），在 0.01 水平上显著（表 3-2）。具体来说，30 岁及以下、31～40 岁、40 岁以上调查对象表示对低碳农业不了解的比例分别为 17.5%、33.9%、47.9%，表示对低碳农业了解程度一般的比例分别为 55.0%、52.4%、47.0%，表示对低碳农业很了解的比例分别为 27.5%、13.7%、5.1%。可见，年龄越大的调查对象表示不了解的比例越高，表示了解程度一般的比例越低，表示

① X^2 为卡方检验值，df 是自由度，Sig.表示显著性水平。卡方检验的核心指标是 Sig.，如果 Sig.＜0.05，说明卡方检验在 0.05 水平上显著，如果 Sig.＜0.01，则说明卡方检验在 0.01 水平上显著。

很了解的比例越低。这说明：年龄越大的调查对象对低碳农业的了解程度越低。

表 3-2　不同年龄调查对象对低碳农业了解程度的差异

	对低碳农业的了解程度					
	不了解		一般		很了解	
	样本数/人	比例/%	样本数/人	比例/%	样本数/人	比例/%
30 岁及以下（40 人）	7	17.5	22	55.0	11	27.5
31～40 岁（168 人）	57	33.9	88	52.4	23	13.7
40 岁以上（117 人）	56	47.9	55	47.0	6	5.1
卡方检验	X^2=21.503，df=4，Sig.=0.000					

（3）从受教育程度的角度来看，不同受教育程度的调查对象对低碳农业的了解程度存在显著差异（X^2=19.094，df=4，Sig.=0.001），在 0.01 水平上显著（表 3-3）。具体来说，小学及以下、初中、高中及以上调查对象表示对低碳农业不了解的比例分别为 52.6%、38.8%、19.4%，表示对低碳农业了解程度一般的比例分别为 31.6%、50.0%、68.1%，表示对低碳农业很了解的比例分别为 15.8%、11.2%、12.5%。从数据的变化我们可以发现：受教育程度越高的调查对象表示不了解的比例越低，表示了解程度一般的比例越高。虽然比较而言小学及以下受教育程度的调查对象表示很了解的比例要高一些，但是差异并不是很明显。因此，从整体上来说，受教育程度越高的调查对象对低碳农业的了解程度越高。

表 3-3　不同受教育程度调查对象对低碳农业了解程度的差异

	对低碳农业的了解程度					
	不了解		一般		很了解	
	样本数/人	比例/%	样本数/人	比例/%	样本数/人	比例/%
小学及以下（57 人）	30	52.6	18	31.6	9	15.8
初中（196 人）	76	38.8	98	50.0	22	11.2
高中及以上（72 人）	14	19.4	49	68.1	9	12.5
卡方检验	X^2=19.094，df=4，Sig.=0.001					

（4）从村干部身份的角度来看，调查对象是否当过村干部对低碳农业的了解程度存在显著影响（X^2=43.147，df=2，Sig.=0.000），在 0.01 水平上显著（表 3-4）。具体来说，没有当过村干部的调查对象表示对低碳农业不了解的比例为 44.1%，而当过村干部的调查对象的这一比例为 7.8%。没有当过村干部的调查对象表示对

低碳农业了解程度一般的比例为 48.3%，而当过村干部的调查对象的这一比例为 60.9%。没有当过村干部的调查对象表示对低碳农业很了解的比例为 7.7%，而当过村干部的调查对象的这一比例为 31.3%。可见，与没有当过村干部的调查对象比较而言，当过村干部的调查对象表示了解程度一般和很了解的比例都更高，表示不了解的比例则更低。这说明：比较而言，当过村干部的调查对象对低碳农业的了解程度更高。

表 3-4　村干部身份对调查对象低碳农业了解程度的影响

	对低碳农业的了解程度					
	不了解		一般		很了解	
	样本数/人	比例/%	样本数/人	比例/%	样本数/人	比例/%
没有当过（261 人）	115	44.1	126	48.3	20	7.7
当过（64 人）	5	7.8	39	60.9	20	31.3
卡方检验	X^2=43.147，df=2，Sig.=0.000					

（5）从党员身份的角度来看，调查对象是否具有党员身份对低碳农业的了解程度存在显著影响（X^2=13.788，df=2，Sig.=0.001），在 0.01 水平上显著（表 3-5）。具体来说，不具有党员身份的调查对象表示对低碳农业不了解的比例为 40.6%，而具有党员身份的调查对象的这一比例为 18.5%。不具有党员身份的调查对象表示对低碳农业了解程度一般的比例为 49.4%，而具有党员身份的调查对象的这一比例为 57.4%。不具有党员身份的调查对象表示对低碳农业很了解的比例为 10.0%，而具有党员身份的调查对象的这一比例为 24.1%。可见，与不具有党员身份的调查对象比较而言，具有党员身份的调查对象表示了解程度一般和很了解的比例都更高，表示不了解的比例则更低。这说明：比较而言，具有党员身份的调查对象对低碳农业的了解程度更高。

表 3-5　党员身份对调查对象低碳农业了解程度的影响

	对低碳农业的了解程度					
	不了解		一般		很了解	
	样本数/人	比例/%	样本数/人	比例/%	样本数/人	比例/%
不是党员（271 人）	110	40.6	134	49.4	27	10.0
是党员（54 人）	10	18.5	31	57.4	13	24.1
卡方检验	X^2=13.788，df=2，Sig.=0.001					

3.1.2 农民对发展低碳农业最大障碍的认知

低碳农业发展中面临着各种各样的障碍，这些障碍因素涵盖了资金、技术、市场、规模等因素。那么调查对象对这些障碍因素有着怎样的认知呢？根据调查结果显示，64.9%的调查对象认为低碳农业发展最大的障碍来自缺少技术，16.3%的调查对象表示最大的障碍是缺少资金，11.1%的调查对象表示最大的障碍是缺少规模，还有7.7%的调查对象表示最大的障碍是缺少市场。通过将调查对象对发展低碳农业最大障碍的认知情况与调查对象的性别、村干部身份、党员身份进行交互分析，笔者发现以下几点：

（1）从性别的角度来看，不同性别的调查对象对发展低碳农业最大障碍的认知存在显著差异（X^2=7.830，df=3，Sig.=0.050），在0.05水平上显著（表3-6）。具体来说，男性调查对象认为最大障碍是缺少技术的比例为58.6%，而女性调查对象的这一比例为70.5%。男性调查对象认为最大障碍是缺少资金的比例为21.7%，而女性调查对象的这一比例为11.6%。男性调查对象认为最大障碍是缺少规模的比例为10.5%，而女性调查对象的这一比例为11.6%。男性调查对象认为最大障碍是缺少市场的比例为9.2%，而女性调查对象的这一比例为6.4%。可见，与女性调查对象比较而言，男性调查对象认为最大障碍是缺少资金、市场的比例都更高一些，认为最大障碍是缺少技术、规模的比例都更低一些。

表3-6　不同性别调查对象对发展低碳农业最大障碍认知的差异

	发展低碳农业最大的障碍因素							
	资金		技术		市场		规模	
	样本数/人	比例/%	样本数/人	比例/%	样本数/人	比例/%	样本数/人	比例/%
男性（152人）	33	21.7	89	58.6	14	9.2	16	10.5
女性（173人）	20	11.6	122	70.5	11	6.4	20	11.6
卡方检验	X^2=7.830，df=3，Sig.=0.050							

（2）是否具有村干部身份的调查对象对发展低碳农业最大障碍的认知存在显著影响（X^2=15.892，df=3，Sig.=0.001），在0.01水平上显著（表3-7）。具体来说，没有当过村干部的调查对象认为最大障碍是缺少技术的比例为59.8%，而当过村干部的调查对象这一比例为85.9%。没有当过村干部的调查对象认为最大障碍是缺少资金的比例为19.2%，而当过村干部的调查对象这一比例为4.7%。没有当过村干部的调查对象认为最大障碍是缺少规模的比例为12.6%，而当过村干部

的调查对象这一比例为 4.7%。没有当过村干部的调查对象认为最大障碍是缺少市场的比例为 8.4%，而当过村干部的调查对象这一比例为 4.7%。可见，与没有当过村干部的调查对象比较而言，当过村干部的调查对象认为最大障碍是缺少技术的比例更高一些，认为最大障碍是缺少资金、规模、市场的比例都更低一些。

表 3-7　村干部身份对调查对象发展低碳农业最大障碍认知差异的影响

	发展低碳农业最大的障碍因素							
	资金		技术		市场		规模	
	样本数/人	比例/%	样本数/人	比例/%	样本数/人	比例/%	样本数/人	比例/%
没有当过（261 人）	50	19.2	156	59.8	22	8.4	33	12.6
当过（64 人）	3	4.7	55	85.9	3	4.7	3	4.7
卡方检验	X^2=15.892，df=3，Sig.=0.001							

（3）从党员身份的角度来看，虽然调查对象是否具有党员身份对发展低碳农业最大障碍的认知不存在显著影响（X^2=3.847，df=3，Sig.=0.278），但是通过分析结果也能看出党员身份的影响（表 3-8）。具体来说，不具有党员身份的调查对象认为最大障碍是缺少技术的比例为 63.5%，而具有党员身份的调查对象这一比例为 72.2%。不具有党员身份的调查对象认为最大障碍是缺少资金的比例为 15.9%，而具有党员身份的调查对象这一比例为 18.5%。不具有党员身份的调查对象认为最大障碍是缺少规模的比例为 12.2%，而具有党员身份的调查对象这一比例为 5.6%。不具有党员身份的调查对象认为最大障碍是缺少市场的比例为 8.5%，而具有党员身份的调查对象这一比例为 3.7%。可见，与不具有党员身份的调查对象比较而言，具有党员身份的调查对象认为最大障碍是缺少技术、资金的比例都更高一些，认为最大障碍是缺少规模、市场的比例都更低一些。

表 3-8　党员身份对调查对象发展低碳农业最大障碍认知差异的影响

	发展低碳农业最大的障碍因素							
	资金		技术		市场		规模	
	样本数/人	比例/%	样本数/人	比例/%	样本数/人	比例/%	样本数/人	比例/%
不是党员（271 人）	43	15.9	172	63.5	23	8.5	33	12.2
是党员（54 人）	10	18.5	39	72.2	2	3.7	3	5.6
卡方检验	X^2=3.847，df=3，Sig.=0.278							

3.1.3 农民对发展低碳农业可行性的认知

既然低碳农业的发展面临各种各样的障碍因素，那么发展低碳农业的可行性如何呢？对这一问题调查对象又有着怎样的认知？根据调查结果显示，52.3%的调查对象表示低碳农业在农业生产中具有可行性，21.8%的调查对象表示不具有可行性，还有 25.8%的调查对象表示说不清楚。从分析结果笔者发现：从整体来说，调查对象对发展低碳农业的可行性还是持乐观态度的。通过将调查对象对发展低碳农业可行性的认知与调查对象的性别、年龄、受教育程度、村干部身份、党员身份进行交互分析，笔者发现以下几点：

（1）从性别的角度来看，不同性别的调查对象对发展低碳农业可行性的认知存在显著差异（X^2=5.518，df=2，Sig.=0.063），在 0.1 水平上显著（表 3-9）。具体来说，男性调查对象认为低碳农业不具有可行性的比例为 16.4%，而女性调查对象的这一比例为 26.6%。男性调查对象认为低碳农业具有可行性的比例为 57.9%，而女性调查对象的这一比例为 47.4%。可见，与女性调查对象比较而言，男性调查对象认为低碳农业具有可行性的比例更高，认为不具有可行性的比例更低。这说明：比较而言，男性调查对象对低碳农业的可行性持更加乐观的态度。

表 3-9 不同性别调查对象对发展低碳农业可行性认知的差异

	发展低碳农业的可行性					
	不可行		可行		说不清楚	
	样本数/人	比例/%	样本数/人	比例/%	样本数/人	比例/%
男性（152 人）	25	16.4	88	57.9	39	25.7
女性（173 人）	46	26.6	82	47.4	45	26.0
卡方检验	X^2=5.518，df=2，Sig.=0.063					

（2）从年龄的角度来看，不同年龄的调查对象对发展低碳农业可行性的认知存在显著差异（X^2=18.100，df=4，Sig.=0.001），在 0.01 水平上显著（表 3-10）。具体来说，30 岁及以下、31～40 岁、40 岁以上调查对象认为低碳农业不具有可行性的比例分别为 25.0%、28.0%、12.0%，认为具有可行性的比例分别为 65.0%、48.8%、53.0%，认为说不清楚的比例分别为 10.0%、23.2%、35.0%。从分析结果可以发现：调查对象的年龄对低碳农业可行性认知的影响是比较复杂的。主要表现在以下几个方面：① 30 岁及以下和 31～40 岁这两个年龄段的调查对象对低碳农业发展持悲观态度的比例明显要高于 40 岁以上的调查对象；② 30 岁及以下的

调查对象对低碳农业发展持乐观态度的比例明显要高于 31～40 岁和 40 岁以上这两个年龄段的调查对象；③ 年龄越大的调查对象认为低碳农业发展的可行性说不清楚的比例越高，这说明年龄越大的调查对象对低碳农业可行性的判断越不明确。

表 3-10　不同年龄调查对象对发展低碳农业可行性认知的差异

	发展低碳农业的可行性					
	不可行		可行		说不清楚	
	样本数/人	比例/%	样本数/人	比例/%	样本数/人	比例/%
30 岁及以下（40 人）	10	25.0	26	65.0	4	10.0
31～40 岁（168 人）	47	28.0	82	48.8	39	23.2
40 岁以上（117 人）	14	12.0	62	53.0	41	35.0
卡方检验	X^2=18.100，df=4，Sig.=0.001					

（3）从受教育程度的角度来看，不同受教育程度的调查对象对发展低碳农业可行性的认知存在显著差异（X^2=15.520，df=4，Sig.=0.004），在 0.01 水平上显著（表 3-11）。具体来说，小学及以下、初中、高中及以上调查对象认为低碳农业不具有可行性的比例分别为 22.8%、18.9%、29.2%，认为低碳农业具有可行性的比例分别为 36.8%、54.6%、58.3%，认为低碳农业的可行性说不清楚的比例分别为 40.4%、26.5%、12.5%。从数据的变化我们也可以发现：调查对象的受教育程度对低碳农业可行性认知的影响是比较复杂的。主要表现在以下几个方面：① 高中及以上受教育程度的调查对象对低碳农业发展持悲观态度的比例明显高于小学及以下和初中这两类受教育程度的调查对象；② 初中和高中及以上这两类受教育程度的调查对象对低碳农业发展持乐观态度的比例明显要高于小学及以下受教育程度的调查对象；③ 受教育程度越高的调查对象认为低碳农业发展的可行性说不清楚的比例越低，这说明受教育程度越高的调查对象对低碳农业可行性的判断越明确。

表 3-11　不同受教育程度调查对象对发展低碳农业可行性认知的差异

	发展低碳农业的可行性					
	不可行		可行		说不清楚	
	样本数/人	比例/%	样本数/人	比例/%	样本数/人	比例/%
小学及以下（57 人）	13	22.8	21	36.8	23	40.4
初中（196 人）	37	18.9	107	54.6	52	26.5
高中及以上（72 人）	21	29.2	42	58.3	9	12.5
卡方检验	X^2=15.520，df=4，Sig.=0.004					

（4）从村干部身份的角度来看，调查对象是否当过村干部对发展低碳农业可行性的认知存在显著影响（X^2=31.098，df=2，Sig.=0.000），在 0.01 水平上显著（表 3-12）。具体来说，没有当过村干部的调查对象认为发展低碳农业不具有可行性的比例为 16.9%，而当过村干部的调查对象的这一比例为 42.2%。没有当过村干部的调查对象认为发展低碳农业具有可行性的比例为 51.7%，而当过村干部的调查对象的这一比例为 54.7%。没有当过村干部的调查对象认为发展低碳农业的可行性说不清楚的比例为 31.4%，而当过村干部的调查对象的这一比例为 3.1%。可见，当过村干部的调查对象对低碳农业可行性的认知表现出了明显的矛盾性，认为低碳农业可行和不可行的比例都高于没有当过村干部的调查对象。而没有当过村干部的调查对象在这一问题上则表现出了很强的不确定性，认为低碳农业发展的可行性说不清楚的比例远远高于当过村干部的调查对象。

表 3-12　调查对象的村干部身份对发展低碳农业可行性认知的影响

	发展低碳农业的可行性					
	不可行		可行		说不清楚	
	样本数/人	比例/%	样本数/人	比例/%	样本数/人	比例/%
没有当过（261 人）	44	16.9	135	51.7	82	31.4
当过（64 人）	27	42.2	35	54.7	2	3.1
卡方检验	X^2=31.098，df=2，Sig.=0.000					

（5）从党员身份的角度来看，虽然调查对象是否具有党员身份对发展低碳农业可行性的认知不存在显著影响（X^2=3.075，df=2，Sig.=0.215），但是通过分析结果也能看出党员身份的影响（表 3-13）。具体来说，不具有党员身份的调查对象认为低碳农业不具有可行性的比例为 21.8%，而具有党员身份的调查对象的这一比例为 22.2%。不具有党员身份的调查对象认为低碳农业具有可行性的比例为 50.6%，而具有党员身份的调查对象的这一比例为 61.1%。不具有党员身份的调查对象认为低碳农业的可行性说不清楚的比例为 27.7%，而具有党员身份的调查对象的这一比例为 16.7%。可见，与不具有党员身份的调查对象比较而言，具有党员身份的调查对象认为低碳农业具有可行性的比例更高，认为说不清楚的比例更低。这说明：对于低碳农业的可行性这一问题，具有党员身份的调查对象更倾向于持肯定态度，而不具有党员身份的调查对象则表现出了更加明显的不确定性。

表 3-13　调查对象的党员身份对发展低碳农业可行性认知的影响

	发展低碳农业的可行性					
	不可行		可行		说不清楚	
	样本数/人	比例/%	样本数/人	比例/%	样本数/人	比例/%
不是党员（271 人）	59	21.8	137	50.6	75	27.7
是党员（54 人）	12	22.2	33	61.1	9	16.7
卡方检验	X^2=3.075，df=2，Sig.=0.215					

3.2　农民对低碳农业的需求

3.2.1　农民对低碳农业技术的需求

人类历史是构成社会主体的人的全部活动，人们按照自己的意志进行生产生活，在群体中依据各自的现实条件，结成各种关系，相互作用而推动社会发展。需求在人的行为诸因素中起着决定作用。个体需求、群体需求、社会需求构成人的需求的 3 个层面，3 个层面需求的互动推动着历史的发展。[①]由此可见，需求在很大程度上可以决定人的行为。在低碳农业发展中，农民对低碳农业的需求发挥着重要影响。因此，低碳农业的发展要以满足农民需求为中心。那么农民对低碳农业的需求程度如何呢？根据调查结果显示，54.8%的调查对象表示在农业生产中有采用低碳农业技术的需求，45.2%的调查对象表示没有需求。从分析结果笔者发现：大部分调查对象对低碳农业技术还是有需求的。通过将调查对象对低碳农业技术的需求情况与调查对象的性别、年龄进行交互分析，笔者发现以下两点：

（1）从性别的角度来看，虽然不同性别的调查对象对低碳农业技术的需求情况不存在显著差异（X^2=2.274，df=1，Sig.=0.132），但是从分析结果还是能够看出需求的性别差异（表 3-14）。具体来说，男性调查对象对低碳农业技术有需求的比例为 59.2%，而女性调查对象的这一比例为 50.9%。可见，与女性调查对象比较而言，男性调查对象对低碳农业技术有需求的比例更高。这说明：比较而言，男性调查对象对低碳农业技术的需求更强烈一些。

① 许肇刚. 略论需求对历史发展的影响——人类社会发展的另一种阐释[J]. 南平师专学报，2004（1）：20-23.

表 3-14 不同性别调查对象对低碳农业技术需求的差异

	对低碳农业技术的需求			
	没有需求		有需求	
	样本数/人	比例/%	样本数/人	比例/%
男性（152 人）	62	40.8	90	59.2
女性（173 人）	85	49.1	88	50.9
卡方检验	X^2=2.274，df=1，Sig.=0.132			

（2）从年龄的角度来看，虽然不同年龄的调查对象对低碳农业技术的需求情况不存在显著差异（X^2=0.591，df=2，Sig.=0.744），但是从分析结果还是能够看出需求的年龄差异（表 3-15）。具体来说，30 岁及以下调查对象对低碳农业技术有需求的比例为 60.0%，31～40 岁调查对象的这一比例为 54.8%，40 岁以上调查对象的这一比例为 53.0%。可见，年龄越大的调查对象对低碳农业技术有需求的比例越高。这说明：比较而言，年龄越大的调查对象对低碳农业技术的需求越强烈。

表 3-15 不同年龄调查对象对低碳农业技术需求的差异

	对低碳农业技术的需求			
	没有需求		有需求	
	样本数/人	比例/%	样本数/人	比例/%
30 岁及以下（40 人）	16	40.0	24	60.0
31～40 岁（168 人）	76	45.2	92	54.8
40 岁以上（117 人）	55	47.0	62	53.0
卡方检验	X^2=0.591，df=2，Sig.=0.744			

3.2.2 农民对发展低碳农业必要性的态度

对发展低碳农业的必要性这个问题的回答能够反映出农民对低碳农业的需求情况。根据调查结果显示，77.8%的调查对象表示发展低碳农业是有必要的，15.4%的调查对象表示发展低碳农业的必要性说不清楚，只有 6.8%的调查对象表示没有必要发展低碳农业。从分析结果笔者发现：大部分调查对象还是认为有必要发展低碳农业的。通过将调查对象对发展低碳农业必要性的态度与调查对象的性别、受教育程度、村干部身份进行交互分析，笔者发现以下几点：

（1）从性别的角度来看，不同性别的调查对象对发展低碳农业必要性的态度存在显著差异（X^2=7.763，df=2，Sig.=0.021），在 0.05 水平上显著（表 3-16）。具体来说，男性调查对象表示有必要发展低碳农业的比例为 81.6%，而女性调查对象的这一比例为 74.6%。男性调查对象表示没有必要发展低碳农业的比例为 2.6%，而女性调查对象的这一比例为 10.4%。可见，与女性调查对象比较而言，男性调查对象表示有必要发展低碳农业的比例更高，表示没有必要发展低碳农业的比例更低。这说明：比较而言，男性调查对象更加支持低碳农业的发展。

表 3-16　不同性别调查对象对发展低碳农业必要性态度的差异

	对发展低碳农业必要性的态度					
	没有必要		有必要		说不清楚	
	样本数/人	比例/%	样本数/人	比例/%	样本数/人	比例/%
男性（152 人）	4	2.6	124	81.6	24	15.8
女性（173 人）	18	10.4	129	74.6	26	15.0
卡方检验	X^2=7.763，df=2，Sig.=0.021					

（2）从受教育程度的角度来看，不同受教育程度的调查对象对发展低碳农业必要性的态度存在显著差异（X^2=12.937，df=4，Sig.=0.012），在 0.05 水平上显著（表 3-17）。具体来说，小学及以下、初中、高中及以上调查对象表示有必要发展低碳农业的比例分别为 61.4%、80.6%、83.3%，表示没有必要发展低碳农业的比例分别为 14.0%、4.6%、6.9%，表示说不清楚的比例分别为 24.6%、14.8%、9.7%。虽然表示没有必要发展低碳农业的比例有一定的起伏变化，但是我们可以发现：受教育程度越高的调查对象表示有必要发展低碳农业的比例越高，表示说不清楚的比例越低。这说明：从整体上来说，比较而言，受教育程度越高的调查对象对发展低碳农业支持的可能性越大。

表 3-17　不同受教育程度调查对象对发展低碳农业必要性态度的差异

	对发展低碳农业必要性的态度					
	没有必要		有必要		说不清楚	
	样本数/人	比例/%	样本数/人	比例/%	样本数/人	比例/%
小学及以下（57 人）	8	14.0	35	61.4	14	24.6
初中（196 人）	9	4.6	158	80.6	29	14.8
高中及以上（72 人）	5	6.9	60	83.3	7	9.7
卡方检验	X^2=12.937，df=4，Sig.=0.012					

（3）从村干部身份的角度来看，调查对象是否当过村干部对发展低碳农业必要性的态度存在显著影响（X^2=10.046，df=2，Sig.=0.007），在 0.01 水平上显著（表 3-18）。具体来说，没有当过村干部的调查对象表示有必要发展低碳农业的比例为 76.6%，而当过村干部的调查对象的这一比例为 82.8%。没有当过村干部的调查对象表示没有必要发展低碳农业的比例为 5.4%，而当过村干部的调查对象的这一比例为 12.5%。没有当过村干部的调查对象表示说不清楚的比例为 18.0%，而当过村干部的调查对象的这一比例为 4.7%。可见，与没有当过村干部的调查对象比较而言，当过村干部的调查对象表示有必要发展低碳农业和没有必要发展低碳农业的比例都更高，表示说不清楚的比例则更低。这表明了在这一问题上当过村干部的调查对象的矛盾心态，一方面认为有必要发展低碳农业，但同时又认为没有必要发展低碳农业。

表 3-18 村干部身份对调查对象发展低碳农业必要性态度的影响

	对发展低碳农业必要性的态度					
	没有必要		有必要		说不清楚	
	样本数/人	比例/%	样本数/人	比例/%	样本数/人	比例/%
没有当过（261 人）	14	5.4	200	76.6	47	18.0
当过（64 人）	8	12.5	53	82.8	3	4.7
卡方检验	X^2=10.046，df=2，Sig.=0.007					

3.3 农民对低碳农业的意愿

3.3.1 农民对参加低碳农业技术培训的意愿

在前面关于农民低碳农业认知部分，笔者已经介绍过 Ajzen 等提出了计划行为理论（Theory of Planned Behavoir，TPB）。该理论认为，行为意愿决定实际行为，而行为意愿是个人态度和主观规范的函数。由此可见，人的意愿与行动之间往往是有着紧密联系的，农民对低碳农业的意愿在很大程度上会影响农民对低碳农业的行动。因此，可以说，农民对低碳农业的意愿会影响到低碳农业的发展。那么调查对象对参加低碳农业生产技术培训的意愿如何呢？根据调查结果显示，44.9%的调查对象表示意愿一般，33.2%的调查对象表示愿意，21.8%的调查对象表示不愿意。从分析结果笔者发现：从整体来说，调查对象对参加低碳农业生产技术培训的意愿并不是很强烈。通过将调查对象对参加低碳农业生产技术培训的意愿与调查对象的性别、年龄、受教育程度、村干部身份、党员身份进行交互分析，笔者发现以下几点：

（1）从性别的角度来看，不同性别的调查对象对参加低碳农业生产技术培训的意愿存在显著差异（X^2=18.078，df=2，Sig.=0.000），在 0.01 水平上显著（表 3-19）。具体来说，男性调查对象表示愿意的比例为 44.7%，而女性调查对象的这一比例为 23.1%。男性调查对象表示意愿一般的比例为 34.9%，而女性调查对象的这一比例为 53.8%。男性调查对象表示不愿意的比例为 20.4%，而女性调查对象的这一比例为 23.1%。可见，与女性调查对象比较而言，男性调查对象表示愿意的比例更高，表示意愿一般和不愿意的比例则更低。这说明：比较而言，男性调查对象对参加低碳农业生产技术培训的意愿更强烈一些。

表 3-19　不同性别调查对象对参加低碳农业生产技术培训意愿的差异

	对参加低碳农业生产技术培训的意愿					
	不愿意		意愿一般		愿意	
	样本数/人	比例/%	样本数/人	比例/%	样本数/人	比例/%
男性（152 人）	31	20.4	53	34.9	68	44.7
女性（173 人）	40	23.1	93	53.8	40	23.1
卡方检验	X^2=18.078，df=2，Sig.=0.000					

（2）从年龄的角度来看，虽然不同年龄的调查对象对参加低碳农业生产技术培训的意愿不存在显著差异（X^2=7.060，df=4，Sig.=0.133）。但是从分析结果可以看出年龄对调查对象参加低碳农业生产技术培训的意愿的影响（表 3-20）。具体来说，30 岁及以下、31～40 岁、40 岁以上调查对象表示愿意的比例分别为 27.5%、30.4%、39.3%，表示不愿意的比例分别为 30.0%、25.0%、14.5%，表示意愿一般的比例分别为 42.5%、44.6%、46.2%。可见，年龄越大的调查对象表示愿意的比例越高，表示意愿一般的比例也越高，表示不愿意的比例越低。这说明：比较而言，年龄越大的调查对象对参加低碳农业生产技术培训的意愿越强烈。

表 3-20　不同年龄调查对象对参加低碳农业生产技术培训意愿的差异

	对参加低碳农业生产技术培训的意愿					
	不愿意		意愿一般		愿意	
	样本数/人	比例/%	样本数/人	比例/%	样本数/人	比例/%
30 岁及以下（40 人）	12	30.0	17	42.5	11	27.5
31～40 岁（168 人）	42	25.0	75	44.6	51	30.4
40 岁以上（117 人）	17	14.5	54	46.2	46	39.3
卡方检验	X^2=7.060，df=4，Sig.=0.133					

（3）从受教育程度的角度来看，不同受教育程度的调查对象对参加低碳农业生产技术培训的意愿存在显著差异（X^2=9.765，df=4，Sig.=0.045），在 0.05 水平上显著（表 3-21）。具体来说，小学及以下、初中、高中及以上调查对象表示愿意的比例分别为 19.3%、38.3%、30.6%，表示意愿一般的比例分别为 52.6%、39.8%、52.8%，表示不愿意的比例分别为 28.1%、21.9%、16.7%。从数据的变化我们可以发现：虽然随着受教育程度的变化调查对象表示愿意和意愿一般的比例出现了起伏变化，但是受教育程度越高的调查对象表示不愿意的比例越低。这说明：从整体上来说，比较而言，受教育程度越高的调查对象对参加低碳农业生产技术培训的意愿越强烈。

表 3-21 不同受教育程度调查对象对参加低碳农业生产技术培训意愿的差异

	对参加低碳农业生产技术培训的意愿					
	不愿意		意愿一般		愿意	
	样本数/人	比例/%	样本数/人	比例/%	样本数/人	比例/%
小学及以下（57 人）	16	28.1	30	52.6	11	19.3
初中（196 人）	43	21.9	78	39.8	75	38.3
高中及以上（72 人）	12	16.7	38	52.8	22	30.6
卡方检验	X^2=9.765，df=4，Sig.=0.045					

（4）从村干部身份的角度来看，调查对象是否当过村干部对参加低碳农业生产技术培训的意愿存在显著影响（X^2=15.320，df=2，Sig.=0.000），在 0.01 水平上显著（表 3-22）。具体来说，没有当过村干部的调查对象表示愿意的比例为 37.9%，而当过村干部的调查对象的这一比例为 14.1%。没有当过村干部的调查对象表示意愿一般的比例为 43.3%，而当过村干部的调查对象的这一比例为 51.6%。没有当过村干部的调查对象表示不愿意的比例为 18.8%，而当过村干部的调查对象的这一比例为 34.4%。可见，与没有当过村干部的调查对象比较而言，当过村干部的调查对象表示不愿意和意愿一般的比例都更高，表示愿意的比例则更低。这说明：比较而言，没有当过村干部的调查对象对参加低碳农业生产技术培训的意愿更强烈一些。

（5）从党员身份的角度来看，调查对象是否具有党员身份对参加低碳农业生产技术培训的意愿存在显著影响（X^2=7.162，df=2，Sig.=0.028），在 0.05 水平上显著（表 3-23）。具体来说，不具有党员身份的调查对象表示愿意的比例为 35.8%，而具有党员身份的调查对象的这一比例为 20.4%。不具有党员身份的调查对象表示意愿一般的比例为 44.6%，而具有党员身份的调查对象的这一比例为 46.3%。

不具有党员身份的调查对象表示不愿意的比例为 19.6%，而具有党员身份的调查对象的这一比例为 33.3%。可见，与不具有党员身份的调查对象比较而言，具有党员身份的调查对象表示不愿意和意愿一般的比例都更高，表示愿意的比例则更低。这说明：比较而言，不具有党员身份的调查对象对参加低碳农业生产技术培训的意愿更加强烈一些。

表 3-22 村干部身份对调查对象参加低碳农业生产技术培训意愿的影响

	对参加低碳农业生产技术培训的意愿					
	不愿意		意愿一般		愿意	
	样本数/人	比例/%	样本数/人	比例/%	样本数/人	比例/%
没有当过（261 人）	49	`18.8	113	43.3	99	37.9
当过（64 人）	22	34.4	33	51.6	9	14.1
卡方检验	X^2=15.320，df=2，Sig.=0.000					

表 3-23 党员身份对调查对象参加低碳农业生产技术培训意愿的影响

	对参加低碳农业生产技术培训的意愿					
	不愿意		意愿一般		愿意	
	样本数/人	比例/%	样本数/人	比例/%	样本数/人	比例/%
不是党员（271 人）	53	19.6	121	44.6	97	35.8
是党员（54 人）	18	33.3	25	46.3	11	20.4
卡方检验	X^2=7.162，df=2，Sig.=0.028					

3.3.2 农民对在农业生产中运用低碳技术的意愿

农民是否愿意在农业生产中运用低碳技术也是影响低碳农业发展的重要因素，能够集中反映出农民对低碳农业的意愿。那么调查对象是否愿意在农业生产中运用低碳技术呢？根据调查结果显示，46.2%的调查对象表示意愿一般，44.3%的调查对象表示愿意，9.5%的调查对象表示不愿意。从分析结果笔者发现：从整体来说，调查对象对在农业生产中运用低碳技术的意愿并不是很强烈。通过将调查对象对在农业生产中运用低碳技术的意愿与调查对象的性别、年龄、受教育程度、村干部身份、党员身份进行交互分析，笔者发现以下几点：

（1）从性别的角度来看，不同性别的调查对象对在农业生产中运用低碳技术的意愿存在显著差异（X^2=15.650，df=2，Sig.=0.000），在 0.01 水平上显著（表 3-24）。具体来说，男性调查对象表示愿意的比例为 55.9%，而女性调查对象的这一比例为 34.1%。男性调查对象表示意愿一般的比例为 36.2%，而女性调查对象的这一比例为 54.9%。男性调查对象表示不愿意的比例为 7.9%，而女性调查对象的这一比例为 11.0%。可见，与女性调查对象比较而言，男性调查对象表示愿意的比例更高，表示意愿一般和不愿意的比例则更低。这说明：比较而言，男性调查对象对在农业生产中运用低碳技术的意愿更强烈一些。

表 3-24　不同性别调查对象对在农业生产中运用低碳技术意愿的差异

	在农业生产中运用低碳技术的意愿					
	不愿意		意愿一般		愿意	
	样本数/人	比例/%	样本数/人	比例/%	样本数/人	比例/%
男性（152 人）	12	7.9	55	36.2	85	55.9
女性（173 人）	19	11.0	95	54.9	59	34.1
卡方检验	X^2=15.650，df=2，Sig.=0.000					

（2）从年龄的角度来看，不同年龄的调查对象对在农业生产中运用低碳技术的意愿存在显著差异（X^2=9.211，df=4，Sig.=0.056），在 0.1 水平上显著（表 3-25）。具体来说，30 岁及以下、31～40 岁、40 岁以上调查对象表示愿意的比例分别为 32.5%、42.9%、50.4%，表示不愿意的比例分别为 17.5%、6.5%、11.1%，表示意愿一般的比例分别为 50.0%、50.6%、38.5%。从数据的变化我们可以发现：虽然随着年龄的变化调查对象表示不愿意和意愿一般的比例出现了起伏变化，但是年龄越大的调查对象表示愿意的比例越高。这说明：从整体上来说，年龄越大的调查对象对在农业生产中运用低碳技术的意愿越强烈。

表 3-25　不同年龄调查对象对在农业生产中运用低碳技术意愿的差异

	在农业生产中运用低碳技术的意愿					
	不愿意		意愿一般		愿意	
	样本数/人	比例/%	样本数/人	比例/%	样本数/人	比例/%
30 岁及以下（40 人）	7	17.5	20	50.0	13	32.5
31～40 岁（168 人）	11	6.5	85	50.6	72	42.9
40 岁以上（117 人）	13	11.1	45	38.5	59	50.4
卡方检验	X^2=9.211，df=4，Sig.=0.056					

（3）从受教育程度的角度来看，不同受教育程度的调查对象对在农业生产中运用低碳技术的意愿存在显著差异（X^2=12.765，df=4，Sig.=0.012），在 0.05 水

平上显著（表 3-26）。具体来说，小学及以下、初中、高中及以上调查对象表示愿意的比例分别为 26.3%、51.5%、38.9%，表示意愿一般的比例分别为 59.6%、40.8%、50.0%，表示不愿意的比例分别为 14.0%、7.7%、11.1%。从数据的变化我们可以发现：比较而言，初中受教育程度的调查对象表示愿意的比例最高，表示不愿意和意愿一般的比例都是最低，小学及以下受教育程度的调查对象表示愿意的比例最低，表示不愿意和意愿一般的比例都是最高。这说明：对在农业生产中运用低碳技术的意愿最强烈的是初中受教育程度的调查对象，其次是高中及以上受教育程度的调查对象，意愿最弱的是小学及以下受教育程度的调查对象。

表 3-26　不同受教育程度调查对象对在农业生产中运用低碳技术意愿的差异

	在农业生产中运用低碳技术的意愿					
	不愿意		意愿一般		愿意	
	样本数/人	比例/%	样本数/人	比例/%	样本数/人	比例/%
小学及以下（57 人）	8	14.0	34	59.6	15	26.3
初中（196 人）	15	7.7	80	40.8	101	51.5
高中及以上（72 人）	8	11.1	36	50.0	28	38.9
卡方检验	X^2=12.765，df=4，Sig.=0.012					

（4）从村干部身份的角度来看，调查对象是否当过村干部对在农业生产中运用低碳技术的意愿存在显著影响（X^2=24.040，df=2，Sig.=0.000），在 0.01 水平上显著（表 3-27）。具体来说，没有当过村干部的调查对象表示愿意的比例为 51.0%，而当过村干部的调查对象的这一比例为 17.2%。没有当过村干部的调查对象表示意愿一般的比例为 40.2%，而当过村干部的调查对象的这一比例为 70.3%。没有当过村干部的调查对象表示不愿意的比例为 8.8%，而当过村干部的调查对象的这一比例为 12.5%。可见，与没有当过村干部的调查对象比较而言，当过村干部的调查对象表示不愿意和意愿一般的比例都更高，表示愿意的比例则更低。这说明：比较而言，没有当过村干部的调查对象对在农业生产中运用低碳技术的意愿更强烈一些。

表 3-27　调查对象的村干部身份对在农业生产中运用低碳技术意愿的影响

	在农业生产中运用低碳技术的意愿					
	不愿意		意愿一般		愿意	
	样本数/人	比例/%	样本数/人	比例/%	样本数/人	比例/%
没有当过（261 人）	23	8.8	105	40.2	133	51.0
当过（64 人）	8	12.5	45	70.3	11	17.2
卡方检验	X^2=24.040，df=2，Sig.=0.000					

（5）从党员身份的角度来看，虽然调查对象是否具有党员身份对在农业生产中运用低碳技术的意愿不存在显著影响（X^2=3.302，df=2，Sig.=0.192），但是从分析结果也能看出党员身份的影响（表 3-28）。具体来说，不具有党员身份的调查对象表示愿意的比例为 46.1%，而具有党员身份的调查对象的这一比例为 35.2%。不具有党员身份的调查对象表示意愿一般的比例为 43.9%，而具有党员身份的调查对象的这一比例为 57.4%。不具有党员身份的调查对象表示不愿意的比例为 10.0%，而具有党员身份的调查对象的这一比例为 7.4%。可见，与不具有党员身份的调查对象比较而言，具有党员身份的调查对象表示意愿一般的比例明显要高一些，表示愿意的比例明显要低一些，表示不愿意的比例相差不多。因此可以认为：比较而言，不是党员的调查对象对在农业生产中运用低碳技术的意愿更强烈一些。

表 3-28 调查对象的党员身份对在农业生产中运用低碳技术意愿的影响

	在农业生产中运用低碳技术的意愿					
	不愿意		意愿一般		愿意	
	样本数/人	比例/%	样本数/人	比例/%	样本数/人	比例/%
不是党员（271 人）	27	10.0	119	43.9	125	46.1
是党员（54 人）	4	7.4	31	57.4	19	35.2
卡方检验	X^2=3.302，df=2，Sig.=0.192					

3.4 农民对低碳农业的行动

根据西蒙有限理性理论和效用最大化理论，农户会以自身利益最大化作为行为决策的依据。但由于自身知识和能力的限制，其行为选择不可能达到完全理性，只是有限理性下的决策。林毅夫认为，农民是否采用新技术受两个方面的影响：一是学习新技术的成本；二是采用新技术的预期收益。[①]正是基于这些考虑，笔者在这部分将对农民低碳农业行动进行分析，这些分析是围绕农民参加低碳农业技术培训情况、在农业生产中采用低碳农业技术情况等方面展开的。

① 陈昌洪. 农户选择低碳农业标准化的意愿及影响因素分析——基于四川省农户的调查[J]. 北京理工大学学报：社会科学版，2013（3）：21-25.

3.4.1　农民参加低碳农业技术培训情况

参加低碳农业技术培训是农民获得低碳农业技术的重要途径，是农民低碳农业行动的重要内容。从某种程度上来说，农民只有学习了低碳农业技术，才能在农业生产中采用低碳农业技术，这是农民采用低碳农业技术的前提条件。那么调查对象参加低碳农业技术培训情况如何呢？根据调查结果显示，只有 14.2%的调查对象表示参加过低碳农业技术培训。从分析结果笔者发现：从整体来说，调查对象参加低碳农业技术培训的情况并不乐观。通过将调查对象参加低碳农业技术培训的情况与调查对象的受教育程度、村干部身份、党员身份进行交互分析，笔者发现以下几点：

（1）从受教育程度的角度来看，不同受教育程度的调查对象参加低碳农业技术培训的情况存在显著差异（X^2=5.242，df=2，Sig.=0.073），在 0.1 水平上显著（表 3-29）。具体来说，小学及以下、初中、高中及以上调查对象表示参加过低碳农业技术培训的比例分别为 14.0%、11.2%、22.2%。从数据的变化我们可以发现：比较而言，高中受教育程度的调查对象表示参加过低碳农业技术培训的比例明显高于小学及以下和初中这两类受教育程度的调查对象。

表 3-29　不同受教育程度调查对象参加低碳农业技术培训情况的差异

	参加低碳农业技术培训情况			
	没有参加过		参加过	
	样本数/人	比例/%	样本数/人	比例/%
小学及以下（57 人）	49	86.0	8	14.0
初中（196 人）	174	88.8	22	11.2
高中及以上（72 人）	56	77.8	16	22.2
卡方检验	X^2=5.242，df=2，Sig.=0.073			

（2）从村干部身份的角度来看，调查对象是否当过村干部对参加低碳农业技术培训情况存在显著影响（X^2=22.834，df=1，Sig.=0.000），在 0.01 水平上显著（表 3-30）。具体来说，没有当过村干部的调查对象表示参加过低碳农业技术培训的比例为 9.6%，而当过村干部的调查对象的这一比例为 32.8%。可见，与没有当过村干部的调查对象比较而言，当过村干部的调查对象表示参加过低碳农业技术培训的比例更高。这说明：当过村干部的调查对象参加过低碳农业技术培训的可能性更大。

表 3-30 村干部身份对调查对象参加低碳农业技术培训情况的影响

	参加低碳农业技术培训情况			
	没有参加过		参加过	
	样本数/人	比例/%	样本数/人	比例/%
没有当过（261 人）	236	90.4	25	9.6
当过（64 人）	43	67.2	21	32.8
卡方检验	X^2=22.834，df=1，Sig.=0.000			

（3）从党员身份的角度来看，调查对象是否具有党员身份对参加低碳农业技术培训的情况存在显著影响（X^2=12.765，df=1，Sig.=0.000），在 0.01 水平上显著（表 3-31）。具体来说，不具有党员身份的调查对象表示参加过低碳农业技术培训的比例为 11.1%，而具有党员身份的调查对象的这一比例为 29.6%。可见，与不具有党员身份的调查对象比较而言，具有党员身份的调查对象参加过低碳农业技术培训的比例更高。这说明：具有党员身份的调查对象参加过低碳农业技术培训的可能性更大。

表 3-31 党员身份对调查对象参加低碳农业技术培训情况的影响

	参加低碳农业技术培训情况			
	没有参加过		参加过	
	样本数/人	比例/%	样本数/人	比例/%
不是党员（271 人）	241	88.9	30	11.1
是党员（54 人）	38	70.4	16	29.6
卡方检验	X^2=12.765，df=1，Sig.=0.000			

3.4.2 农民在农业生产中采用低碳农业技术的情况

农民对低碳农业的行动最终还是要落实到农民在农业生产中采用低碳农业技术。农民对低碳农业的认识再到位，对低碳农业的需求、意愿再强烈，如果在农业生产中并没有践行低碳农业，那么低碳农业的发展也是不可能实现的。因此，对于低碳农业的发展来说，农民在农业生产中是否采用低碳农业技术是至关重要的。那么调查对象在农业生产中采用低碳农业技术情况如何呢？根据调查结果显示，67.1%的调查对象表示没有采用过低碳农业技术，32.9%的调查对象表示采用过低碳农业技术。从分析结果笔者发现：从整体来说，调查对象在农业生产中采用过低碳农业技术的比例并不高。通过将调查对象在农业生产中采用低碳农业技术情况与调查对象的性别、年龄、受教育程度、村干部身份进行交互分析，笔者发现以下几点：

（1）从性别的角度来看，虽然不同性别的调查对象在农业生产中采用低碳农业技术情况不存在显著差异（X^2=2.044，df=1，Sig.=0.153），但是通过分析结果我们也能看出性别对在农业生产中采用低碳农业技术情况的影响（表 3-32）。具体来说，男性调查对象表示采用过低碳农业技术的比例为 28.9%，而女性调查对象的这一比例为 36.4%。可见，与男性调查对象比较而言，女性调查对象在农业生产中采用过低碳农业技术的比例更高。这说明：比较而言，女性调查对象对低碳农业有具体行动的可能性更大一些。

表 3-32　不同性别调查对象在农业生产中采用低碳农业技术情况的差异

	在农业生产中采用低碳农业技术情况			
	没有采用过		采用过	
	样本数/人	比例/%	样本数/人	比例/%
男性（152 人）	108	71.1	44	28.9
女性（173 人）	110	63.6	63	36.4
卡方检验	X^2=2.044，df=1，Sig.=0.153			

（2）从年龄的角度来看，不同年龄的调查对象在农业生产中采用低碳农业技术情况存在显著差异（X^2=5.031，df=2，Sig.=0.081），在 0.1 水平上显著（表 3-33）。具体来说，30 岁及以下、31～40 岁、40 岁以上调查对象表示采用过低碳农业技术的比例分别为 47.5%、32.7%、28.2%。从数据的变化我们可以发现：年龄越大的调查对象采用过低碳农业技术的比例越低。这说明：从整体上来说，年龄越大的调查对象对低碳农业有具体行动的可能性越小。究其原因，笔者认为，这与低碳农业属于新鲜事物，年龄越大的调查对象掌握低碳农业技术的难度越大有很大的关系。

表 3-33　不同年龄调查对象在农业生产中采用低碳农业技术情况的差异

	在农业生产中采用低碳农业技术情况			
	没有采用过		采用过	
	样本数/人	比例/%	样本数/人	比例/%
30 岁及以下（40 人）	21	52.5	19	47.5
31～40 岁（168 人）	113	67.3	55	32.7
40 岁以上（117 人）	84	71.8	33	28.2
卡方检验	X^2=5.031，df=2，Sig.=0.081			

（3）从受教育程度的角度来看，不同受教育程度的调查对象在农业生产中采用低碳农业技术情况存在显著差异（X^2=4.762，df=2，Sig.=0.092），在 0.1 水平上显著（表 3-34）。具体来说，小学及以下、初中、高中及以上调查对象表示采用过低碳农业技术的比例分别为 26.3%、31.1%、43.1%。从数据的变化我们可以发现：受教育程度越高的调查对象采用过低碳农业技术的比例越高。这说明：受教育程度越高的调查对象对低碳农业有具体行动的可能性越大。因此，为了大力推进低碳农业的发展，非常有必要进一步提升农民的受教育程度。

表 3-34　不同受教育程度调查对象在农业生产中采用低碳农业技术情况的差异

	在农业生产中采用低碳农业技术情况			
	没有采用过		采用过	
	样本数/人	比例/%	样本数/人	比例/%
小学及以下（57 人）	42	73.7	15	26.3
初中（196 人）	135	68.9	61	31.1
高中及以上（72 人）	41	56.9	31	43.1
卡方检验	X^2=4.762，df=2，Sig.=0.092			

（4）从村干部身份的角度来看，调查对象是否当过村干部对在农业生产中采用低碳农业技术情况存在显著影响（X^2=14.728，df=1，Sig.=0.000），在 0.01 水平上显著（表 3-35）。具体来说，没有当过村干部的调查对象表示采用过低碳农业技术的比例为 28.0%，而当过村干部的调查对象的这一比例为 53.1%。可见，与没有当过村干部的调查对象比较而言，当过村干部的调查对象表示采用过低碳农业技术的比例明显高一些。这说明：是否当过村干部对采用低碳农业技术是存在显著影响的。这也恰恰印证了村干部在农村经济社会发展中所起的带头作用。

表 3-35　村干部身份对调查对象在农业生产中采用低碳农业技术情况的差异

	在农业生产中采用低碳农业技术情况			
	没有采用过		采用过	
	样本数/人	比例/%	样本数/人	比例/%
没有当过（261 人）	188	72.0	73	28.0
当过（64 人）	30	46.9	34	53.1
卡方检验	X^2=14.728，df=1，Sig.=0.000			

3.5　农民对低碳农业的满意度

1989 年，美国密歇根大学商学院质量研究中心的费耐尔（Fornell）博士提出了把顾客期望、购买后的感知、购买价格等多方面的因素组成一个计量经济学的逻辑模型，即费耐尔模型。顾客满意度模型最早是应用于企业，测量顾客对其提供的产品或服务质量的满意度。①近年来，我国许多学者将满意度理论向“三农”领域延伸，对农村公共品供给绩效和满意度进行评价分析。对于低碳农业发展来说，满意度理论同样是适用的。满意度是衡量低碳农业发展状况的一个综合指标，能够有效反映出低碳农业的发展程度。那么调查对象对低碳农业发展的满意度如何呢？根据调查结果显示，56.0%的调查对象表示满意度一般，36.9%的调查对象表示不满意，只有 7.1%的调查对象表示很满意。从分析结果笔者发现：从整体来说，调查对象对低碳农业发展的满意度是不高的。通过将调查对象对低碳农业发展的满意度与调查对象的年龄、受教育程度、村干部身份、党员身份进行交互分析，笔者发现以下几点：

（1）从年龄的角度来看，虽然不同年龄的调查对象对低碳农业发展的满意度不存在显著差异（X^2=5.403，df=4，Sig.=0.248），但是通过分析结果我们也能看出调查对象对低碳农业发展满意度的年龄差异（表 3-36）。具体来说，30 岁及以下、31～40 岁、40 岁以上调查对象表示不满意的比例分别为 35.0%、41.7%、30.8%，表示很满意的比例分别为 10.0%、4.8%、9.4%。从数据的变化我们可以发现：与其他年龄段的调查对象比较而言，31～40 岁的调查对象对低碳农业发展的满意度明显要低一些。

表 3-36　不同年龄调查对象对低碳农业发展满意度的差异

	对低碳农业发展的满意度					
	不满意		满意度一般		很满意	
	样本数/人	比例/%	样本数/人	比例/%	样本数/人	比例/%
30 岁及以下（40 人）	14	35.0	22	55.0	4	10.0
31～40 岁（168 人）	70	41.7	90	53.6	8	4.8
40 岁以上（117 人）	36	30.8	70	59.8	11	9.4
卡方检验	X^2=5.403，df=4，Sig.=0.248					

① 杨宜婷，陈昭玖，钟菁．农业技术推广政策满意度影响因素分析——以江西省种稻大户为例[J]．江西农业大学学报：社会科学版，2012（3）：23-29.

（2）从受教育程度的角度来看，虽然不同受教育程度的调查对象对低碳农业发展的满意度不存在显著差异（X^2=5.809，df=4，Sig.=0.214），但是通过分析结果我们也能看出受教育程度对调查对象低碳农业发展满意度的影响（表 3-37）。具体来说，小学及以下、初中、高中及以上调查对象表示不满意的比例分别为 26.3%、38.8%、40.3%，表示很满意的比例分别为 10.5%、7.7%、2.8%。从数据的变化我们可以发现：受教育程度越高的调查对象对低碳农业发展不满意的比例越高，对低碳农业发展很满意的比例越低。这说明：受教育程度越高的调查对象对低碳农业发展的满意度越低。究其原因，这与不同受教育程度的调查对象对低碳农业发展的期望值差异有很大的关系。受教育程度越高的调查对象往往对低碳农业发展的期望值越高，从而使得对低碳农业发展的满意度越低。

表 3-37　不同受教育程度调查对象对低碳农业发展满意度的差异

	对低碳农业发展的满意度					
	不满意		满意度一般		很满意	
	样本数/人	比例/%	样本数/人	比例/%	样本数/人	比例/%
小学及以下（57 人）	15	26.3	36	63.2	6	10.5
初中（196 人）	76	38.8	105	53.6	15	7.7
高中及以上（72 人）	29	40.3	41	56.9	2	2.8
卡方检验	X^2=5.809，df=4，Sig.=0.214					

（3）从村干部身份的角度来看，虽然调查对象是否当过村干部对低碳农业发展的满意度不存在显著影响（X^2=1.904，df=2，Sig.=0.386），但是通过分析结果我们也能看出村干部身份对调查对象低碳农业发展满意度的影响（表 3-38）。具体来说，没有当过村干部的调查对象表示不满意的比例为 36.4%，而当过村干部的调查对象的这一比例为 39.1%。没有当过村干部的调查对象表示很满意的比例为 8.0%，而当过村干部的调查对象的这一比例为 3.1%。可见，与没有当过村干部的调查对象比较而言，当过村干部的调查对象表示不满意的比例更高，表示很满意的比例更低。这说明：比较而言，没有当过村干部的调查对象对低碳农业发展的满意度更高一些。

表 3-38　村干部身份对调查对象对低碳农业发展满意度的差异

	对低碳农业发展的满意度					
	不满意		满意度一般		很满意	
	样本数/人	比例/%	样本数/人	比例/%	样本数/人	比例/%
没有当过（261 人）	95	36.4	145	55.6	21	8.0
当过（64 人）	25	39.1	37	57.8	2	3.1
卡方检验	X^2=1.904，df=2，Sig.=0.386					

（4）从党员身份的角度来看，虽然调查对象是否具有党员身份对低碳农业发展的满意度不存在显著影响（X^2=3.552，df=2，Sig.=0.169），但是从分析结果也能看出党员身份对低碳农业发展满意度的影响（表 3-39）。具体来说，不具有党员身份的调查对象表示不满意的比例为 35.4%，而具有党员身份的调查对象的这一比例为 44.4%。不具有党员身份的调查对象表示很满意的比例为 8.1%，而具有党员身份的调查对象的这一比例为 1.9%。可见，与不具有党员身份的调查对象比较而言，具有党员身份的调查对象表示不满意的比例明显要高一些，表示很满意的比例明显要低一些。因此可以认为：比较而言，不是党员的调查对象对低碳农业发展满意度更高一些。

表 3-39　党员身份对调查对象对低碳农业发展满意度的差异

	对低碳农业发展的满意度					
	不满意		满意度一般		很满意	
	样本数/人	比例/%	样本数/人	比例/%	样本数/人	比例/%
不是党员（271 人）	96	35.4	153	56.5	22	8.1
是党员（54 人）	24	44.4	29	53.7	1	1.9
卡方检验	X^2=3.552，df=2，Sig.=0.169					

第4章 低碳农业发展影响因素指标体系构建及测度

在解决了低碳农业发展的理论基础和现实基础问题之后，本章开始从国家、社会、市场和个人“四维度”分析框架出发来构建低碳农业发展的影响因素，并通过农民的性别、年龄、受教育程度、村干部身份、党员身份与“四维度”影响因素的交互分析，来对这些影响因素进行动态测度，从而使我们对低碳农业发展的影响因素有更加深入的认知，为下一章的工作做好铺垫。

4.1 国家层面指标体系的构建及其测度

中国的传统社会一直是一个官本位的社会。即使到了现代社会，官本位的影响一直根深蒂固，突出表现在政治对中国社会的特殊影响力，也就是表现在国家的影响。对于低碳农业的发展来说也是一样，我们随时随地都能看到国家的影响。当然，国家层面因素对低碳农业发展的影响是多维度的。笔者将国家层面因素（*A*）具体操作分为国家对低碳农业重视程度（*A*1）、国家对低碳农业支持力度（*A*2）、国家对低碳农业宣传力度（*A*3）、国家对低碳农业激励措施（*A*4）4 个指标（表 4-1）。国家对低碳农业重视程度这一指标主要考察国家有没有将低碳农业作为工作的重点给予高度重视。国家对低碳农业支持力度这一指标主要考察国家对低碳农业的扶持力度如何，表现在对低碳农业人、财、物的投入上，主要衡量国家有没有在低碳农业发展中起主导作用。国家对低碳农业宣传力度这一指标主要考察国家通过各种传播途径对低碳农业的报道、介绍情况。国家对低碳农业激励措施这一指标主要考察国家有没有充分调动各个行为主体参与低碳农业发展的主动性和积极性，主要衡量国家有没有在低碳农业发展中发挥好引导作用。

表 4-1　低碳农业发展影响因素之国家层面指标体系构建

一级指标	二级指标	指标具体内涵
国家维度（A）	国家对低碳农业重视程度（$A1$）	国家有没有将低碳农业作为工作的重点给予高度重视
	国家对低碳农业支持力度（$A2$）	国家对低碳农业人、财、物的投入
	国家对低碳农业宣传力度（$A3$）	国家通过各种传播途径对低碳农业的报道、介绍情况
	国家对低碳农业激励措施（$A4$）	国家有没有充分调动行为主体参与低碳农业的主动性和积极性

国家层面因素对低碳农业发展的作用机制是因时而异、因地而异和因人而异的。国家层面因素对低碳农业发展作用机制的因时而异体现在：在不同的历史发展阶段，国家层面因素对低碳农业发展的影响是不同的。具体来说，在强国家—弱社会和强国家—强社会两个历史阶段，由于国家力量较强，因此，国家层面因素对低碳农业发展的影响是很大的，能够有效主导低碳农业发展，使低碳农业的发展较为顺利，特别是在低碳农业发展的起步阶段更是如此；在弱国家—弱社会和弱国家—强社会两个历史阶段，由于国家力量较弱，因此，国家层面因素对低碳农业发展的影响往往较小，不能有效主导低碳农业发展，在这一历史背景下低碳农业的发展是比较困难的。国家层面因素对低碳农业发展作用机制的因地而异体现在：在不同经济社会发展程度的地区，国家层面因素对低碳农业发展的影响是不同的。具体来说，在经济社会比较落后的地区，往往处于弱国家—弱社会关系模式，由于国家力量较弱，因此，国家层面因素对低碳农业发展的影响是有限的；在经济社会中等发达的地区，往往处于强国家—弱社会关系模式，由于国家力量较强，因此，国家层面因素对低碳农业发展的影响还是比较大的；在经济社会比较发达的地区，往往处于强国家—强社会关系模式，由于国家力量较强，因此，国家层面因素对低碳农业发展的影响往往也是比较大的。国家层面因素对低碳农业发展作用机制的因人而异体现在：对处于不同社会经济地位的农民来说，国家层面因素对低碳农业发展的影响是不同的。具体来说，对社会经济地位较低的农民来说，国家层面因素对其施加的影响往往较大；对中等社会经济地位的农民来说，国家层面因素对其施加的影响往往一般；而对于社会经济地位较高的农民来说，国家层面因素对其施加的影响往往较小。

4.1.1　对国家低碳农业重视程度的认识

中国官本位特征决定了：国家重视的事情往往能够获得成功，而国家不重视的事情往往很难获得成功。正是基于这一考虑，因此，国家对低碳农业重视程度是影响低碳农业发展的重要指标。那么调查对象对国家低碳农业的重视程度是怎么看的呢？根据调查结果显示，53.8%的调查对象认为国家对发展低碳农业的重视程度一般，27.4%的调查对象认为国家对发展低碳农业很重视，18.8%的调查对象认为国家对发展低碳农业不重视。从分析结果笔者发现：从整体来说，大部分调查对象认为国家对发展低碳农业的重视程度并不高。通过将调查对象对国家低碳农业重视程度的认知与调查对象的性别、年龄、受教育程度、村干部身份、党员身份进行交互分析，笔者发现以下几点：

（1）从性别的角度来看，不同性别的调查对象对国家低碳农业重视程度的认知存在显著差异（X^2=6.320，df=2，Sig.=0.042），在 0.05 水平上显著（表 4-2）。具体来说，男性调查对象认为国家对发展低碳农业不重视的比例为 15.1%，而女性调查对象的这一比例为 22.0%。男性调查对象认为国家对发展低碳农业重视程度一般的比例为 51.3%，而女性调查对象的这一比例为 56.1%。男性调查对象认为国家对发展低碳农业很重视的比例为 33.6%，而女性调查对象的这一比例为 22.0%。可见，与女性调查对象比较而言，男性调查对象认为很重视的比例更高，认为不重视的比例则更低。这说明：比较而言，男性调查对象更有可能认为国家对发展低碳农业很重视。

表 4-2　不同性别调查对象对国家低碳农业重视程度认知的差异

	国家对发展低碳农业的重视程度					
	不重视		一般		很重视	
	样本数/人	比例/%	样本数/人	比例/%	样本数/人	比例/%
男性（152 人）	23	15.1	78	51.3	51	33.6
女性（173 人）	38	22.0	97	56.1	38	22.0
卡方检验	X^2=6.320，df=2，Sig.=0.042					

（2）从年龄的角度来看，不同年龄的调查对象对国家低碳农业重视程度的认知存在显著差异（X^2=22.763，df=4，Sig.=0.000），在 0.01 水平上显著（表 4-3）。具体来说，30 岁及以下、31～40 岁、40 岁以上调查对象认为国家对发展低碳农业不重视的比例分别为 25.0%、23.2%、10.3%，认为重视程度一般的比例分别为 65.0%、54.8%、48.7%，认为很重视的比例分别为 10.0%、22.0%、41.0%。从数据的变化我们可以发现：年龄越大的调查对象认为不重视和重视程度一般的比例都越低，认为很重视的比例越高。这说明：从整体上来说，年龄越大的调查对象

越是有可能认为国家对发展低碳农业很重视。

表 4-3　不同年龄调查对象对国家低碳农业重视程度认知的差异

	国家对发展低碳农业的重视程度					
	不重视		一般		很重视	
	样本数/人	比例/%	样本数/人	比例/%	样本数/人	比例/%
30 岁及以下（40 人）	10	25.0	26	65.0	4	10.0
31～40 岁（168 人）	39	23.2	92	54.8	37	22.0
40 岁以上（117 人）	12	10.3	57	48.7	48	41.0
卡方检验	X^2=22.763，df=4，Sig.=0.000					

（3）从受教育程度的角度来看，不同受教育程度的调查对象对国家低碳农业重视程度的认知存在显著差异（X^2=12.080，df=4，Sig.=0.017），在 0.05 水平上显著（表 4-4）。具体来说，小学及以下、初中、高中及以上调查对象认为国家对发展低碳农业不重视的比例分别为 22.8%、14.8%、26.4%，认为重视程度一般的比例分别为 57.9%、51.5%、56.9%，认为很重视的比例分别为 19.3%、33.7%、16.7%。从数据的变化我们可以发现：比较而言，初中受教育程度的调查对象认为不重视的比例明显低于小学及以下和高中及以上这两类受教育程度的调查对象，而认为很重视的比例明显高于小学及以下和高中及以上这两类受教育程度的调查对象。这说明：比较而言，初中受教育程度的调查对象最有可能认为国家对发展低碳农业很重视。

表 4-4　不同受教育程度调查对象对国家低碳农业重视程度认知的差异

	国家对发展低碳农业的重视程度					
	不重视		一般		很重视	
	样本数/人	比例/%	样本数/人	比例/%	样本数/人	比例/%
小学及以下（57 人）	13	22.8	33	57.9	11	19.3
初中（196 人）	29	14.8	101	51.5	66	33.7
高中及以上（72 人）	19	26.4	41	56.9	12	16.7
卡方检验	X^2=12.080，df=4，Sig.=0.017					

（4）从村干部身份的角度来看，调查对象是否当过村干部对国家低碳农业重视程度的认知存在显著影响（X^2=11.559，df=2，Sig.=0.003），在 0.01 水平上显著（表 4-5）。具体来说，没有当过村干部的调查对象认为国家对发展低碳农业不

重视的比例为 16.9%，而当过村干部的调查对象的这一比例为 26.6%。没有当过村干部的调查对象认为重视程度一般的比例为 51.7%，而当过村干部的调查对象的这一比例为 62.5%。没有当过村干部的调查对象认为很重视的比例为 31.4%，而当过村干部的调查对象的这一比例为 10.9%。可见，与没有当过村干部的调查对象比较而言，当过村干部的调查对象认为不重视和重视程度一般的比例都更高，认为很重视的比例则更低。这也说明：没有当过村干部的调查对象更有可能认为国家对发展低碳农业很重视。

表 4-5　调查对象的村干部身份对国家低碳农业重视程度认知差异的影响

	国家对发展低碳农业的重视程度					
	不重视		一般		很重视	
	样本数/人	比例/%	样本数/人	比例/%	样本数/人	比例/%
没有当过（261 人）	44	16.9	135	51.7	82	31.4
当过（64 人）	17	26.6	40	62.5	7	10.9
卡方检验	X^2=11.559，df=2，Sig.=0.003					

（5）从党员身份的角度来看，调查对象是否具有党员身份对国家低碳农业重视程度的认知存在显著影响（X^2=5.552，df=2，Sig.=0.062），在 0.1 水平上显著（表 4-6）。具体来说，不具有党员身份的调查对象认为国家对发展低碳农业不重视的比例为 17.0%，而具有党员身份的调查对象的这一比例为 27.8%。不具有党员身份的调查对象认为重视程度一般的比例为 53.5%，而具有党员身份的调查对象的这一比例为 55.6%。不具有党员身份的调查对象认为很重视的比例为 29.5%，而具有党员身份的调查对象的这一比例为 16.7%。可见，与不具有党员身份的调查对象比较而言，具有党员身份的调查对象认为不重视的比例更高，认为重视程度一般的比例相差无几，认为很重视的比例则明显要低一些。因此可以认为：比较而言，不具有党员身份的调查对象更有可能认为国家对发展低碳农业很重视。

表 4-6　调查对象的党员身份对国家低碳农业重视程度认知差异的影响

	国家对发展低碳农业的重视程度					
	不重视		一般		很重视	
	样本数/人	比例/%	样本数/人	比例/%	样本数/人	比例/%
不是党员（271 人）	46	17.0	145	53.5	80	29.5
是党员（54 人）	15	27.8	30	55.6	9	16.7
卡方检验	X^2=5.552，df=2，Sig.=0.062					

4.1.2　对国家发展低碳农业支持力度的认知

低碳农业是一个新生事物，有如刚出生的婴儿，如果没有外界提供营养，依靠自身的力量是很难生存下来的。在起步阶段，低碳农业需要国家在人、财、物上的大量投入。可以说，国家的支持力度决定了低碳农业能否顺利发展，国家在低碳农业发展方面主要是起到主导作用。那么调查对象对国家低碳农业的支持力度是怎么看的呢？根据调查结果显示，51.7%的调查对象认为国家对发展低碳农业的支持力度一般，24.3%的调查对象认为国家对发展低碳农业支持力度很大，24.0%的调查对象认为国家对发展低碳农业支持力度很小。从分析结果笔者发现：从整体来说，大部分调查对象认为国家对发展低碳农业的支持力度并不大。通过将调查对象对国家低碳农业支持力度的认知与调查对象的性别、年龄、受教育程度、村干部身份、党员身份进行交互分析，笔者发现以下几点：

（1）从性别的角度来看，不同性别的调查对象对国家发展低碳农业支持力度的认知存在显著差异（X^2=5.516，df=2，Sig.=0.063），在 0.1 水平上显著（表 4-7）。具体来说，男性调查对象认为国家对发展低碳农业支持力度很小的比例为 22.4%，而女性调查对象的这一比例为 25.4%。男性调查对象认为国家对发展低碳农业支持力度一般的比例为 47.4%，而女性调查对象的这一比例为 55.5%。男性调查对象认为国家对发展低碳农业支持力度很大的比例为 30.3%，而女性调查对象的这一比例为 19.1%。可见，与女性调查对象比较而言，男性调查对象认为支持力度很大的比例更高，认为支持力度很小和一般的比例都更低。这说明：比较而言，男性调查对象更有可能认为国家对发展低碳农业的支持力度很大。

表 4-7　不同性别调查对象对国家低碳农业支持力度认知的差异

	国家对发展低碳农业的支持力度					
	很小		一般		很大	
	样本数/人	比例/%	样本数/人	比例/%	样本数/人	比例/%
男性（152 人）	34	22.4	72	47.4	46	30.3
女性（173 人）	44	25.4	96	55.5	33	19.1
卡方检验	X^2=5.516，df=2，Sig.=0.063					

（2）从年龄的角度来看，不同年龄的调查对象对国家低碳农业支持力度的认知存在显著差异（X^2=8.817，df=4，Sig.=0.066），在 0.1 水平上显著（表 4-8）。

具体来说，30 岁及以下、31～40 岁、40 岁以上调查对象认为国家对发展低碳农业支持力度很小的比例分别为 27.5%、27.4%、17.9%，认为支持力度一般的比例分别为 47.5%、54.2%、49.6%，认为支持力度很大的比例分别为 25.0%、18.5%、32.5%。从数据的变化我们可以发现：比较而言，40 岁以上的调查对象认为支持力度很小的比例是最低的，而认为支持力度很大的比例是最高的。因此，我们可以判断出：与 30 岁及以下和 31～40 岁这两个年龄段的调查对象比较而言，40 岁以上的调查对象更有可能认为国家对发展低碳农业的支持力度很大。

表 4-8　不同年龄调查对象对国家低碳农业支持力度认知的差异

	国家对发展低碳农业的支持力度					
	很小		一般		很大	
	样本数/人	比例/%	样本数/人	比例/%	样本数/人	比例/%
30 岁及以下（40 人）	11	27.5	19	47.5	10	25.0
31～40 岁（168 人）	46	27.4	91	54.2	31	18.5
40 岁以上（117 人）	21	17.9	58	49.6	38	32.5
卡方检验	X^2=8.817，df=4，Sig.=0.066					

（3）从受教育程度的角度来看，不同受教育程度的调查对象对国家低碳农业支持力度的认知存在显著差异（X^2=13.010，df=4，Sig.=0.011），在 0.05 水平上显著（表 4-9）。具体来说，小学及以下、初中、高中及以上调查对象认为国家对发展低碳农业支持力度很小的比例分别为 26.3%、19.9%、33.3%，认为支持力度一般的比例分别为 56.1%、49.5%、54.2%，认为支持力度很大的比例分别为 17.5%、30.6%、12.5%。从数据的变化我们可以发现：认为支持力度很小比例最高的是高中及以上受教育程度的调查对象，其次是小学及以下受教育程度的调查对象，认为支持力度很小比例最低的是初中受教育程度的调查对象。认为支持力度很大比例最高的是初中受教育程度的调查对象，其次是小学及以下受教育程度的调查对象，认为支持力度很大比例最低的是高中及以上受教育程度的调查对象。因此，我们可以判断出：初中受教育程度的调查对象最有可能对国家的低碳农业支持力度做出正面评价，其次是小学及以下受教育程度的调查对象，高中及以上受教育程度的调查对象最有可能对国家的低碳农业支持力度做出负面评价。

表 4-9　不同受教育程度调查对象对国家低碳农业支持力度认知的差异

	国家对发展低碳农业的支持力度					
	很小		一般		很大	
	样本数/人	比例/%	样本数/人	比例/%	样本数/人	比例/%
小学及以下（57 人）	15	26.3	32	56.1	10	17.5
初中（196 人）	39	19.9	97	49.5	60	30.6
高中及以上（72 人）	24	33.3	39	54.2	9	12.5
卡方检验	X^2=13.010，df=4，Sig.=0.011					

（4）从村干部身份的角度来看，调查对象是否当过村干部对国家低碳农业支持力度的认知存在显著影响（X^2=8.760，df=2，Sig.=0.013），在 0.05 水平上显著（表 4-10）。具体来说，没有当过村干部的调查对象认为国家对发展低碳农业支持力度很小的比例为 21.8%，而当过村干部的调查对象的这一比例为 32.8%。没有当过村干部的调查对象认为支持力度一般的比例为 50.6%，而当过村干部的调查对象的这一比例为 56.3%。没有当过村干部的调查对象认为支持力度很大的比例为 27.6%，而当过村干部的调查对象的这一比例为 10.9%。可见，与没有当过村干部的调查对象比较而言，当过村干部的调查对象认为支持力度很小和一般的比例都更高，认为支持力度很大的比例则更低。由此我们可以判断出：比较而言，没有当过村干部的调查对象更有可能认为国家对发展低碳农业的支持力度很大。

表 4-10　调查对象的村干部身份对国家低碳农业支持力度认知差异的影响

	国家对发展低碳农业的支持力度					
	很小		一般		很大	
	样本数/人	比例/%	样本数/人	比例/%	样本数/人	比例/%
没有当过（261 人）	57	21.8	132	50.6	72	27.6
当过（64 人）	21	32.8	36	56.3	7	10.9
卡方检验	X^2=8.760，df=2，Sig.=0.013					

（5）从党员身份的角度来看，调查对象是否具有党员身份对国家低碳农业支持力度的认知存在显著影响（X^2=6.212，df=2，Sig.=0.045），在 0.05 水平上显著（表 4-11）。具体来说，不具有党员身份的调查对象认为国家对发展低碳农业支持力度很小的比例为 22.9%，而具有党员身份的调查对象的这一比例为 29.6%。不具有党员身份的调查对象认为支持力度一般的比例为 50.2%，而具有党员身份的调查对象的这一比例为 59.3%。不具有党员身份的调查对象认为支持力度很大的

比例为 26.9%，而具有党员身份的调查对象的这一比例为 11.1%。可见，与不具有党员身份的调查对象比较而言，具有党员身份的调查对象认为支持力度很小和一般的比例都更高，认为支持力度很大的比例则明显要低一些。由此我们可以判断出：比较而言，不具有党员身份的调查对象更有可能认为国家对发展低碳农业的支持力度很大。

表 4-11　调查对象的党员身份对国家低碳农业支持力度认知差异的影响

	国家对发展低碳农业的支持力度					
	很小		一般		很大	
	样本数/人	比例/%	样本数/人	比例/%	样本数/人	比例/%
不是党员（271 人）	62	22.9	136	50.2	73	26.9
是党员（54 人）	16	29.6	32	59.3	6	11.1
卡方检验	X^2=6.212，df=2，Sig.=0.045					

4.1.3　对国家发展低碳农业的宣传力度的认识

当前，社会对低碳农业的了解程度并不高，很多人不了解什么是低碳农业。对于农民来说，由于知识水平有限，对低碳农业就更不了解了。在这一背景下，国家对低碳农业的宣传力度将如何在很大程度上影响低碳农业的发展。对于一个新生事物来说，首先要让人们了解它是什么，在此基础上才能来谈如何更好地发展。那么调查对象对国家低碳农业的宣传力度是怎么看的呢？根据调查结果显示，57.5%的调查对象认为国家对发展低碳农业的宣传力度一般，27.1%的调查对象认为国家对发展低碳农业宣传力度很小，只有 15.4%的调查对象认为国家对发展低碳农业宣传力度很大。从分析结果笔者发现：从整体来说，大部分调查对象认为国家对发展低碳农业的宣传力度并不大。通过将调查对象对国家低碳农业宣传力度的认知与调查对象的年龄、受教育程度、村干部身份、党员身份进行交互分析，笔者发现以下几点：

（1）从年龄的角度来看，不同年龄的调查对象对国家低碳农业宣传力度的认知存在显著差异（X^2=11.934，df=4，Sig.=0.018），在 0.05 水平上显著（表 4-12）。具体来说，30 岁及以下、31～40 岁、40 岁以上调查对象认为国家对发展低碳农业宣传力度很小的比例分别为 25.0%、33.3%、18.8%，认为宣传力度一般的比例分别为 55.0%、56.5%、59.8%，认为宣传力度很大的比例分别为 20.0%、10.1%、21.4%。从数据的变化我们可以发现：认为国家对低碳农业宣传力度很小比例最高的是 31～40 岁的调查对象，其次是 30 岁及以下的调查对象，比例最低的是 40

岁以上的调查对象。认为国家对低碳农业宣传力度很大比例最高的是 40 岁以上的调查对象，其次是 30 岁及以下的调查对象，比例最低的是 31～40 岁的调查对象。由此我们可以判断出：40 岁以上的对象最有可能认为国家对低碳农业的宣传力度很大，其次是 30 岁及以下的调查对象，31～40 岁的调查对象最不可能认为国家对低碳农业的宣传力度很大。

表 4-12　不同年龄调查对象对国家低碳农业宣传力度认知的差异

	国家对发展低碳农业的宣传力度					
	很小		一般		很大	
	样本数/人	比例/%	样本数/人	比例/%	样本数/人	比例/%
30 岁及以下（40 人）	10	25.0	22	55.0	8	20.0
31～40 岁（168 人）	56	33.3	95	56.5	17	10.1
40 岁以上（117 人）	22	18.8	70	59.8	25	21.4
卡方检验	X^2=11.934，df=4，Sig.=0.018					

（2）从受教育程度的角度来看，不同受教育程度的调查对象对国家低碳农业宣传力度的认知存在显著差异（X^2=11.389，df=4，Sig.=0.023），在 0.05 水平上显著（表 4-13）。具体来说，小学及以下、初中、高中及以上调查对象认为国家对发展低碳农业宣传力度很小的比例分别为 21.1%、25.5%、36.1%，认为宣传力度一般的比例分别为 68.4%、54.6%、56.9%，认为宣传力度很大的比例分别为 10.5%、19.9%、6.9%。从数据的变化我们可以发现：与小学及以下和初中这两类受教育程度的调查对象比较而言，高中及以上受教育程度的调查对象认为国家对低碳农业宣传力度很小的比例明显要高一些，而认为宣传力度很大的比例明显要低一些。由此我们可以判断出：与小学及以下和初中这两类受教育程度的调查对象比较而言，高中及以上受教育程度的调查对象更有可能对国家低碳农业宣传力度做出负面的评价。

表 4-13　不同受教育程度调查对象对国家低碳农业宣传力度认知的差异

	国家对发展低碳农业的宣传力度					
	很小		一般		很大	
	样本数/人	比例/%	样本数/人	比例/%	样本数/人	比例/%
小学及以下（57 人）	12	21.1	39	68.4	6	10.5
初中（196 人）	50	25.5	107	54.6	39	19.9
高中及以上（72 人）	26	36.1	41	56.9	5	6.9
卡方检验	X^2=11.389，df=4，Sig.=0.023					

（3）从村干部身份的角度来看，调查对象是否当过村干部对国家低碳农业宣传力度的认知存在显著影响（X^2=7.034，df=2，Sig.=0.030），在 0.05 水平上显著（表 4-14）。具体来说，没有当过村干部的调查对象认为国家对发展低碳农业宣传力度很小的比例为 26.4%，而当过村干部的调查对象的这一比例为 29.7%。没有当过村干部的调查对象认为宣传力度一般的比例为 55.6%，而当过村干部的调查对象的这一比例为 65.6%。没有当过村干部的调查对象认为宣传力度很大的比例为 18.0%，而当过村干部的调查对象的这一比例为 4.7%。可见，与没有当过村干部的调查对象比较而言，当过村干部的调查对象认为宣传力度很小和一般的比例都更高，认为宣传力度很大的比例则更低。由此我们可以判断出：比较而言，没有当过村干部的调查对象更有可能认为国家对发展低碳农业宣传力度很大。

表 4-14　调查对象的村干部身份对国家低碳农业宣传力度认知差异的影响

	国家对发展低碳农业的宣传力度					
	很小		一般		很大	
	样本数/人	比例/%	样本数/人	比例/%	样本数/人	比例/%
没有当过（261 人）	69	26.4	145	55.6	47	18.0
当过（64 人）	19	29.7	42	65.6	3	4.7
卡方检验	X^2=7.034，df=2，Sig.=0.030					

（4）从党员身份的角度来看，调查对象是否具有党员身份对国家低碳农业宣传力度的认知存在显著影响（X^2=4.818，df=2，Sig.=0.090），在 0.1 水平上显著（表 4-15）。具体来说，不具有党员身份的调查对象认为国家对发展低碳农业宣传力度很小的比例为 26.6%，而具有党员身份的调查对象的这一比例为 29.6%。不具有党员身份的调查对象认为宣传力度一般的比例为 56.1%，而具有党员身份的调查对象的这一比例为 64.8%。不具有党员身份的调查对象认为宣传力度很大的比例为 17.3%，而具有党员身份的调查对象的这一比例为 5.6%。可见，与不具有党员身份的调查对象比较而言，具有党员身份的调查对象认为宣传力度很小和一般的比例都更高，认为宣传力度很大的比例则明显要低一些。由此我们可以判断出：比较而言，不具有党员身份的调查对象更有可能认为国家对发展低碳农业的宣传力度很大。

表 4-15　调查对象的党员身份对国家低碳农业宣传力度认知差异的影响

	国家对发展低碳农业的宣传力度					
	很小		一般		很大	
	样本数/人	比例/%	样本数/人	比例/%	样本数/人	比例/%
不是党员（271 人）	72	26.6	152	56.1	47	17.3
是党员（54 人）	16	29.6	35	64.8	3	5.6
卡方检验	X^2=4.818，df=2，Sig.=0.090					

4.1.4　对国家发展低碳农业的激励措施的认知

低碳农业的发展离不开参与主体的积极参与和配合，这与国家能否有效调动参与主体参与的积极性和主动性有很大的关系。因此，国家对低碳农业的激励措施是否到位会在很大程度上影响低碳农业的发展。国家在这里面主要是起到引导作用。那么调查对象对国家发展低碳农业的激励措施是怎么看的呢？根据调查结果显示，55.1%的调查对象认为国家对发展低碳农业的激励措施一般，32.3%的调查对象认为国家对发展低碳农业的激励措施很少，只有 12.6%的调查对象认为国家对发展低碳农业的激励措施很多。从分析结果笔者发现：从整体来说，大部分调查对象认为国家对发展低碳农业的激励措施并不多。通过将调查对象对国家发展低碳农业激励措施的认知与调查对象的年龄、受教育程度、村干部身份、党员身份进行交互分析，笔者发现以下几点：

（1）从年龄的角度来看，虽然不同年龄的调查对象对国家发展低碳农业激励措施的认知不存在显著差异（X^2=5.031，df=4，Sig.=0.284），但是通过分析结果也能看出年龄的影响（表 4-16）。具体来说，30 岁及以下、31～40 岁、40 岁以上调查对象认为国家对发展低碳农业激励措施很少的比例分别为 30.0%、33.3%、31.6%，认为激励措施一般的比例分别为 60.0%、57.1%、50.4%，认为激励措施很多的比例分别为 10.0%、9.5%、17.9%。从数据的变化我们可以发现：与其他年龄段的调查对象比较而言，40 岁以上的调查对象认为激励措施一般的比例明显要低一些，而认为激励措施很多的比例明显要高一些。因此，我们可以判断出：与 30 岁及以下和 31～40 岁这两个年龄段的调查对象比较而言，40 岁以上的调查对象对国家发展低碳农业的激励措施更加持肯定态度。

表 4-16 不同年龄调查对象对国家低碳农业激励措施认知的差异

	国家对发展低碳农业的激励措施					
	很少		一般		很多	
	样本数/人	比例/%	样本数/人	比例/%	样本数/人	比例/%
30 岁及以下（40 人）	12	30.0	24	60.0	4	10.0
31～40 岁（168 人）	56	33.3	96	57.1	16	9.5
40 岁以上（117 人）	37	31.6	59	50.4	21	17.9
卡方检验	X^2=5.031，df=4，Sig.=0.284					

（2）从受教育程度的角度来看，虽然不同受教育程度的调查对象对国家发展低碳农业激励措施的认知不存在显著差异（X^2=6.716，df=4，Sig.=0.152），但是通过分析结果也能看出受教育程度的影响（表 4-17）。具体来说，小学及以下、初中、高中及以上调查对象认为国家对发展低碳农业激励措施很少的比例分别为 38.6%、27.6%、40.3%，认为激励措施一般的比例分别为 52.6%、57.1%、51.4%，认为激励措施很多的比例分别为 8.8%、15.3%、8.3%。从数据的变化我们可以发现：与其他受教育程度的调查对象比较而言，初中受教育程度的调查对象认为激励措施很少的比例明显要低一些，而认为激励措施很多的比例明显要高一些。因此，我们可以判断出：与小学及以下和高中及以上这两类受教育程度的调查对象比较而言，初中受教育程度的调查对象对国家发展低碳农业的激励措施更加持肯定态度。

表 4-17 不同受教育程度调查对象对国家低碳农业激励措施认知的差异

	国家对发展低碳农业的激励措施					
	很少		一般		很多	
	样本数/人	比例/%	样本数/人	比例/%	样本数/人	比例/%
小学及以下（57 人）	22	38.6	30	52.6	5	8.8
初中（196 人）	54	27.6	112	57.1	30	15.3
高中及以上（72 人）	29	40.3	37	51.4	6	8.3
卡方检验	X^2=6.716，df=4，Sig.=0.152					

（3）从村干部身份的角度来看，调查对象是否当过村干部对国家发展低碳农业激励措施的认知存在显著影响（X^2=6.923，df=2，Sig.=0.031），在 0.05 水平上显著（表 4-18）。具体来说，没有当过村干部的调查对象认为国家对发展低碳农业激励措施很少的比例为 30.7%，而当过村干部的调查对象的这一比例为 39.1%。

没有当过村干部的调查对象认为激励措施很多的比例为 14.9%，而当过村干部的调查对象的这一比例为 3.1%。可见，与没有当过村干部的调查对象比较而言，当过村干部的调查对象认为激励措施很少的比例更高，认为激励措施很多的比例则更低。由此我们可以判断出：比较而言，没有当过村干部的调查对象更有可能对国家发展低碳农业的激励措施持肯定态度。

表 4-18　调查对象的村干部身份对国家低碳农业激励措施认知差异的影响

	国家对发展低碳农业的激励措施					
	很少		一般		很多	
	样本数/人	比例/%	样本数/人	比例/%	样本数/人	比例/%
没有当过（261 人）	80	30.7	142	54.4	39	14.9
当过（64 人）	25	39.1	37	57.8	2	3.1
卡方检验	X^2=6.923，df=2，Sig.=0.031					

（4）从党员身份的角度来看，虽然调查对象是否具有党员身份对国家发展低碳农业激励措施的认知不存在显著影响（X^2=4.006，df=2，Sig.=0.135），但是通过分析结果也能看出党员身份的影响（表 4-19）。具体来说，不具有党员身份的调查对象认为国家对发展低碳农业激励措施很少的比例为 30.6%，而具有党员身份的调查对象的这一比例为 40.7%。不具有党员身份的调查对象认为激励措施很多的比例为 14.0%，而具有党员身份的调查对象的这一比例为 5.6%。可见，与不具有党员身份的调查对象比较而言，具有党员身份的调查对象认为激励措施很少的比例更高，认为激励措施很多的比例则明显要低一些。由此我们可以判断出：比较而言，不具有党员身份的调查对象更有可能对国家发展低碳农业的激励措施做出正面的评价。

表 4-19　调查对象的党员身份对国家低碳农业激励措施认知差异的影响

	国家对发展低碳农业的激励措施					
	很少		一般		很多	
	样本数/人	比例/%	样本数/人	比例/%	样本数/人	比例/%
不是党员（271 人）	83	30.6	150	55.4	38	14.0
是党员（54 人）	22	40.7	29	53.7	3	5.6
卡方检验	X^2=4.006，df=2，Sig.=0.135					

4.2 社会层面指标体系的构建及其测度

现代社会的一个显著特征是国家力量日渐式微，而社会力量日渐强大。中国由传统社会向现代社会转型的过程也就是官本位特征日益弱化的过程。对于低碳农业发展来说，我们会发现，社会层面因素的影响越来越大。当然，社会层面因素对低碳农业发展的影响也是多维度的。笔者将社会层面因素（*B*）具体操作化为农业生产污染环境情况（*B*1）、农业生产污染可控性（*B*2）、其他农民采用低碳农业技术情况（*B*3）、参加农业组织情况（*B*4）、农业组织对低碳农业发展作用（*B*5）、其他农民对低碳农业发展积极性（*B*6）6 个指标（表 4-20）。农业生产污染环境情况这一指标主要考察农业生产对环境污染带来的影响有多大，这可以反映出农业生产污染的严重程度。农业生产污染可控性这一指标主要考察农业生产的污染是否在控制范围之内，这一方面可以反映出农业生产污染的严重程度，另一方面可以反映出社会治理农业生产污染的能力。其他农民采用低碳农业技术情况这一指标主要考察农民采用低碳农业技术的普及程度。参加农业组织情况这一指标主要考察农民有没有参加各类农业组织。农业组织对低碳农业发展作用这一指标主要考察农业组织在低碳农业发展中所起作用的大小。其他农民对低碳农业发展积极性这一指标主要考察农民群体对低碳农业发展的积极性高低。

表 4-20　低碳农业发展影响因素之社会层面指标体系构建

一级指标	二级指标	指标具体内涵
社会维度（*B*）	农业生产污染环境情况（*B*1）	农业生产对环境污染带来的影响有多大
	农业生产污染可控性（*B*2）	农业生产的污染是否在控制范围之内
	其他农民采用低碳农业技术情况（*B*3）	农民采用低碳农业技术的普及程度
	参加农业组织情况（*B*4）	农民有没有参加各类农业组织
	农业组织对低碳农业发展作用（*B*5）	农业组织在低碳农业发展中所起作用的大小
	其他农民对低碳农业发展积极性（*B*6）	农民群体对低碳农业发展的积极性高低

社会层面因素对低碳农业发展的作用机制是因时而异、因地而异和因人而异的。社会层面因素对低碳农业发展作用机制的因时而异体现在：在不同的历史发展阶段，社会层面因素对低碳农业发展的影响是不同的。具体来说，在强国家—强社会和弱国家—强社会两个历史阶段，由于社会力量较强，因此，社会层面因素对低碳农业发展的影响是很大的，能够有效主导低碳农业发展，使低碳农业的

发展较为顺利；在弱国家—弱社会和强国家—弱社会两个历史阶段，由于社会力量较弱，因此，社会层面因素对低碳农业发展的影响往往较小，不能有效主导低碳农业发展，在这一历史背景下低碳农业的发展是比较困难的。社会层面因素对低碳农业发展作用机制的因地而异体现在：在不同经济社会发展程度的地区，社会层面因素对低碳农业发展的影响是不同的。具体来说，在经济社会比较落后的地区，往往处于弱国家—弱社会关系模式，由于社会力量较弱，因此，社会层面因素对低碳农业发展的影响是有限的；在经济社会中等发达的地区，往往处于强国家—弱社会关系模式，同样由于社会力量较弱，因此，社会层面因素对低碳农业发展的影响也是有限的；在经济社会比较发达的地区，往往处于强国家—强社会关系模式，由于社会力量较强，因此，社会层面因素对低碳农业发展的影响往往是比较大的。社会层面因素对低碳农业发展作用机制的因人而异体现在：对处于不同社会经济地位的农民来说，社会层面因素对低碳农业发展的影响是不同的。具体来说，对社会经济地位较低的农民来说，社会层面因素对其施加的影响往往较小；对处于中等社会经济地位的农民来说，社会层面因素对其施加的影响往往一般；而对于社会经济地位较高的农民来说，社会层面因素对其施加的影响往往较大。

4.2.1　对农业生产污染环境情况的认知

人们对低碳农业的态度与行动往往与农业生产的污染程度有很大的联系，我们知道，农业是重要的碳源，农业生产对环境的污染越大，人们对发展低碳农业的迫切程度就会越高。因此，农业生产污染环境情况是影响低碳农业发展的重要指标。那么调查对象对农业生产是否会污染环境这一问题是怎么看的呢？根据调查结果显示，41.5%的调查对象认为农业生产会污染环境，36.0%的调查对象认为农业生产不会污染环境，22.5%的调查对象表示不清楚。从分析结果笔者发现：从整体来说，多数调查对象还是认为农业生产是会污染环境的。通过将调查对象对农业生产污染环境情况的认知与调查对象的受教育程度、村干部身份进行交互分析，笔者发现以下两点：

（1）从受教育程度的角度来看，不同受教育程度的调查对象对农业生产污染环境情况的认知存在显著差异（X^2=9.093，df=4，Sig.=0.059），在 0.1 水平上显著（表 4-21）。具体来说，小学及以下、初中、高中及以上调查对象认为农业生产不会污染环境的比例分别为 31.6%、37.2%、36.1%，认为农业生产会污染环境的比例分别为 43.9%、36.7%、52.8%，表示不清楚的比例分别为 24.6%、26.0%、11.1%。从数据的变化我们可以发现：与小学及以下和高中及以上这两类受教育程度的调查对象比较而言，初中受教育程度的调查对象认为不会污染环境的比例是最高的，认为会污染环境的比例是最低的。由此可以推论出：比较而言，小学及以下和高中及以上这两类受教育程度的调查对象更倾向于认为农业生产会污染环境。

表 4-21 不同受教育程度调查对象对农业生产污染环境情况认知的差异

	农业生产是否会污染环境					
	不会		会		不清楚	
	样本数/人	比例/%	样本数/人	比例/%	样本数/人	比例/%
小学及以下（57 人）	18	31.6	25	43.9	14	24.6
初中（196 人）	73	37.2	72	36.7	51	26.0
高中及以上（72 人）	26	36.1	38	52.8	8	11.1
卡方检验	X^2=9.093，df=4，Sig.=0.059					

（2）从村干部身份的角度来看，调查对象是否当过村干部对农业生产污染环境情况的认知存在显著影响（X^2=14.406，df=2，Sig.=0.001），在 0.01 水平上显著（表 4-22）。具体来说，没有当过村干部的调查对象认为农业生产不会污染环境的比例为 36.0%，而当过村干部的调查对象的这一比例为 35.9%。没有当过村干部的调查对象认为农业生产会污染环境的比例为 37.5%，而当过村干部的调查对象的这一比例为 57.8%。没有当过村干部的调查对象表示不清楚的比例为 26.4%，而当过村干部的调查对象的这一比例为 6.3%。可见，与没有当过村干部的调查对象比较而言，当过村干部的调查对象认为不会的比例基本上差不多，认为会的比例明显要高，表示不清楚的比例明显要低。由此可以推论出：比较而言，当过村干部的调查对象更倾向于认为农业生产会污染环境。

表 4-22 调查对象的村干部身份对农业生产污染环境情况认知差异的影响

	农业生产是否会污染环境					
	不会		会		不清楚	
	样本数/人	比例/%	样本数/人	比例/%	样本数/人	比例/%
没有当过（261 人）	94	36.0	98	37.5	69	26.4
当过（64 人）	23	35.9	37	57.8	4	6.3
卡方检验	X^2=14.406，df=2，Sig.=0.001					

4.2.2 对农业生产污染的可控性的认知

农业生产污染的可控性会直接影响到人们对低碳农业的态度与行动。如果农业生产污染是可控的，说明农业污染的问题并不是很严重，这会降低人们对低碳农业重要性的认知，进而影响人们对低碳农业的态度与行动。如果农业生产污染是不可控的，说明农业污染的问题比较严重，这会增强人们对低碳农业重要性的认知，进而影响人们对低碳农业的态度与行动。因此，农业生产污染的可控性是影响低碳农业发展的重要指标。那么调查对象对农业生产污染的可控性是怎么看的呢？根据调查结果显示，59.4%的调查对象认为农业生产污染是可控的，26.5%的调查对象表示不清楚，14.2%的调查对象认为农业生产污染是不可控的。从分析结果笔者发现：从整体来说，大部分调查对象认为农业生产污染是可控的。通过将调查对象对农业生产污染可控性的判断与调查对象的性别、年龄、受教育程度、村干部身份、党员身份进行交互分析，笔者发现以下几点：

（1）从性别的角度来看，虽然不同性别的调查对象对农业生产污染可控性的判断不存在显著差异（X^2=1.721，df=2，Sig.=0.423），但是通过分析结果也能看出性别的影响（表 4-23）。具体来说，男性调查对象认为不可控的比例为 12.5%，而女性调查对象的这一比例为 15.6%。男性调查对象认为可控的比例为 63.2%，而女性调查对象的这一比例为 56.1%。男性调查对象表示不清楚的比例为 24.3%，而女性调查对象的这一比例为 28.3%。由此可以判断出：比较而言，男性调查对象更倾向于认为农业生产污染是可控的。

表 4-23　不同性别调查对象对农业生产污染可控性认知的差异

	农业生产污染的可控性					
	不可控		可控		不清楚	
	样本数/人	比例/%	样本数/人	比例/%	样本数/人	比例/%
男性（152 人）	19	12.5	96	63.2	37	24.3
女性（173 人）	27	15.6	97	56.1	49	28.3
卡方检验	X^2=1.721，df=2，Sig.=0.423					

（2）从年龄的角度来看，虽然不同年龄的调查对象对农业生产污染的可控性的判断不存在显著差异（X^2=3.647，df=4，Sig.=0.456），但是通过分析结果也能看出年龄的影响（表 4-24）。具体来说，30 岁及以下、31～40 岁、40 岁以上调查对象认为农业生产污染不可控的比例分别为 20.0%、15.5%、10.3%，认为可控的比例分别为 60.0%、58.9%、59.8%，表示不清楚的比例分别为 20.0%、25.6%、29.9%。从数据的变化我们可以发现：比较而言，年龄越大的调查对象认为不可控的比例越低，表示不清楚的比例越高，不同年龄段的调查对象认为可控的比例基本上差不多。由此我们可以推断出：年龄越大的调查对象越是倾向于认为农业污染是不可控的。

表 4-24 不同年龄调查对象对农业生产污染可控性认知的差异

	农业生产污染的可控性					
	不可控		可控		不清楚	
	样本数/人	比例/%	样本数/人	比例/%	样本数/人	比例/%
30 岁及以下（40 人）	8	20.0	24	60.0	8	20.0
31～40 岁（168 人）	26	15.5	99	58.9	43	25.6
40 岁以上（117 人）	12	10.3	70	59.8	35	29.9
卡方检验	X^2=3.647，df=4，Sig.=0.456					

（3）从受教育程度的角度来看，不同受教育程度的调查对象对农业生产污染可控性的判断存在显著差异（X^2=18.404，df=4，Sig.=0.001），在 0.01 水平上显著（表 4-25）。具体来说，小学及以下、初中、高中及以上调查对象认为农业生产污染不可控的比例分别为 12.3%、12.2%、20.8%，认为可控的比例分别为 49.1%、58.2%、70.8%，表示不清楚的比例分别为 38.6%、29.6%、8.3%。从数据的变化我们可以发现：高中及以上受教育程度的调查对象认为可控和不可控的比例都明显高于小学及以下和初中这两类受教育程度的调查对象，而表示不清楚的比例则明显低于小学及以下和初中这两类受教育程度的调查对象。由此我们可以判断出以下两点：① 认为不可控和可控的比例都很高说明高中及以上受教育程度的调查对象对这一问题的判断出现了明显的两极分化；② 表示不清楚的比例较低说明高中及以上受教育程度的调查对象对这一问题的判断更加明确。

表 4-25 不同受教育程度调查对象对农业生产污染可控性认知的差异

	农业生产污染的可控性					
	不可控		可控		不清楚	
	样本数/人	比例/%	样本数/人	比例/%	样本数/人	比例/%
小学及以下（57 人）	7	12.3	28	49.1	22	38.6
初中（196 人）	24	12.2	114	58.2	58	29.6
高中及以上（72 人）	15	20.8	51	70.8	6	8.3
卡方检验	X^2=18.404，df=4，Sig.=0.001					

（4）从村干部身份的角度来看，调查对象是否当过村干部对农业生产污染可控性的判断存在显著影响（X^2=33.530，df=2，Sig.=0.000），在 0.01 水平上显著（表 4-26）。具体来说，没有当过村干部的调查对象认为农业生产污染不可控的比例为 9.2%，而当过村干部的调查对象的这一比例为 34.4%。没有当过村干部的调

查对象认为农业生产污染可控的比例为 59.8%，而当过村干部的调查对象的这一比例为 57.8%。没有当过村干部的调查对象表示不清楚的比例为 31.0%，而当过村干部的调查对象的这一比例为 7.8%。可见，与没有当过村干部的调查对象比较而言，当过村干部的调查对象认为不可控的比例明显要高一些，认为可控的比例基本上差不多，表示不清楚的比例明显要低一些。由此我们可以判断出：比较而言，当过村干部的调查对象更倾向于认为农业生产污染是不可控的。

表 4-26　调查对象的村干部身份对农业生产污染可控性认知差异的影响

	农业生产污染的可控性					
	不可控		可控		不清楚	
	样本数/人	比例/%	样本数/人	比例/%	样本数/人	比例/%
没有当过（261 人）	24	9.2	156	59.8	81	31.0
当过（64 人）	22	34.4	37	57.8	5	7.8
卡方检验	X^2=33.530，df=2，Sig.=0.000					

（5）从党员身份的角度来看，调查对象是否具有党员身份对农业生产污染可控性的判断存在显著影响（X^2=16.704，df=2，Sig.=0.000），在 0.01 水平上显著（表 4-27）。具体来说，不具有党员身份的调查对象认为农业生产污染不可控的比例为 10.7%，而具有党员身份的调查对象的这一比例为 31.5%。不具有党员身份的调查对象认为农业生产污染可控的比例为 60.9%，而具有党员身份的调查对象的这一比例为 51.9%。不具有党员身份的调查对象表示不清楚的比例为 28.4%，而具有党员身份的调查对象的这一比例为 16.7%。可见，与不具有党员身份的调查对象比较而言，具有党员身份的调查对象认为不可控的比例明显要高一些，认为可控和不清楚的比例则明显都要低一些。由此我们可以判断出：比较而言，不具有党员身份的调查对象更倾向于认为农业生产污染是可控的。

表 4-27　调查对象的党员身份对农业生产污染可控性认知差异的影响

	农业生产污染的可控性					
	不可控		可控		不清楚	
	样本数/人	比例/%	样本数/人	比例/%	样本数/人	比例/%
不是党员（271 人）	29	10.7	165	60.9	77	28.4
是党员（54 人）	17	31.5	28	51.9	9	16.7
卡方检验	X^2=16.704，df=2，Sig.=0.000					

4.2.3 对其他农户在农业生产中运用低碳技术情况的认知

其他农户对农民的影响可以通过社会学习理论和从众心理理论这两个理论得到解释。社会学习理论最早是由美国心理学家班杜拉于 1997 年提出的，它强调观察学习和自我调节在引发人的行为中的作用，指出人总是生活在一定的社会条件下的，因此要在自然的社会情境中研究人的行为。社会学习理论认为，人的多数行为是通过观察别人的行为或行为的结果而学得的。个人也可以依靠观察学习迅速掌握大量的行为模式。社会学习理论重视榜样的作用，个人的行为可以通过观察学习获得。但是获得什么样的行为以及行为表现如何，则依赖于榜样作用。从众心理最早是由所罗门·阿希在其经典的心理学实验中提出来的。他认为个人受到外界人群行为的影响，会改变自己原来的知觉、判断和认识，使之表现出符合于公众舆论或多数人的行为方式。[①]由此可见，整个农民群体的低碳农业行动会影响到作为个体的农民的低碳农业行动。因此，其他农户在农业生产中运用低碳技术情况是影响低碳农业发展的一个重要指标。那么其他农户在农业生产中运用低碳技术情况如何呢？根据调查结果显示，51.7%的调查对象认为其他农户在农业生产中运用低碳技术情况一般，45.8%的调查对象认为其他农户在农业生产中运用低碳技术很少，只有 2.5%的调查对象认为其他农户在农业生产中运用低碳技术很多。从分析结果笔者发现：从整体来说，大部分调查对象认为其他农户在农业生产中运用低碳技术并不多。通过将调查对象对其他农户在农业生产中运用低碳技术情况的认知与调查对象的性别、年龄、村干部身份、党员身份进行交互分析，笔者发现以下几点：

（1）从性别的角度来看，虽然不同性别的调查对象对其他农户在农业生产中运用低碳技术情况的认知不存在显著差异（X^2=2.847，df=2，Sig.=0.241），但是通过分析结果也能看出性别的影响（表 4-28）。具体来说，男性调查对象认为其他农户在农业生产中运用低碳技术很少的比例为 50.7%，而女性调查对象的这一比例为 41.6%。男性调查对象认为其他农户在农业生产中运用低碳技术情况一般的比例为 46.7%，而女性调查对象的这一比例为 56.1%。男性调查对象认为其他农户在农业生产中运用低碳技术很多的比例为 2.6%，而女性调查对象的这一比例为 2.3%。可见，与女性调查对象比较而言，男性调查对象认为很少的比例更高，认为一般的比例更低，认为很多的比例相差无几。这说明：比较而言，女性调查对象对其他农户在农业生产中运用低碳技术情况的评价更高一些。

---

① 王晓辉，刘楠楠，张永. 居民低碳消费行为影响因素模型的建构[J]. 生态经济，2012（8）：16-19.

表 4-28　不同性别调查对象对其他农户运用低碳技术情况认知的差异

	其他农户在农业生产中运用低碳技术情况					
	很少		一般		很多	
	样本数/人	比例/%	样本数/人	比例/%	样本数/人	比例/%
男性（152 人）	77	50.7	71	46.7	4	2.6
女性（173 人）	72	41.6	97	56.1	4	2.3
卡方检验	X^2=2.847，df=2，Sig.=0.241					

（2）从年龄的角度来看，不同年龄的调查对象对其他农户在农业生产中运用低碳技术情况的认知存在显著差异（X^2=13.755，df=4，Sig.=0.008），在 0.01 水平上显著（表 4-29）。具体来说，30 岁及以下、31～40 岁、40 岁以上调查对象认为其他农户在农业生产中运用低碳技术很少的比例分别为 22.5%、44.6%、55.6%，认为其他农户在农业生产中运用低碳技术情况一般的比例分别为 72.5%、53.0%、42.7%，认为其他农户在农业生产中运用低碳技术很多的比例分别为 5.0%、2.4%、1.7%。从数据的变化我们可以发现：年龄越大的调查对象认为很少的比例越高，认为一般和很多的比例都越低。这说明：从整体上来说，年龄越大的调查对象对其他农户在农业生产中运用低碳技术情况的评价更低一些。

表 4-29　不同年龄调查对象对其他农户运用低碳技术情况认知的差异

	其他农户在农业生产中运用低碳技术情况					
	很少		一般		很多	
	样本数/人	比例/%	样本数/人	比例/%	样本数/人	比例/%
30 岁及以下（40 人）	9	22.5	29	72.5	2	5.0
31～40 岁（168 人）	75	44.6	89	53.0	4	2.4
40 岁以上（117 人）	65	55.6	50	42.7	2	1.7
卡方检验	X^2=13.755，df=4，Sig.=0.008					

（3）从村干部身份的角度来看，调查对象是否当过村干部对其他农户在农业生产中运用低碳技术情况的认知存在显著影响（X^2=15.106，df=2，Sig.=0.001），在 0.01 水平上显著（表 4-30）。具体来说，没有当过村干部的调查对象认为其他农户在农业生产中运用低碳技术很少的比例为 51.0%，而当过村干部的调查对象的这一比例为 25.0%。没有当过村干部的调查对象认为其他农户在农业生产中运用低碳技术情况一般的比例为 46.4%，而当过村干部的调查对象的这一比例为 73.4%。没有当过村干部的调查对象认为其他农户在农业生产中运用低碳技术很多

的比例为 2.7%，而当过村干部的调查对象的这一比例为 1.6%。可见，与没有当过村干部的调查对象比较而言，当过村干部的调查对象认为很少的比例明显要低一些，认为一般的比例明显要高一些，认为很多的比例则相差无几。由此可以推论出：比较而言，当过村干部的调查对象对其他农户在农业生产中运用低碳技术情况的评价更高一些。

表 4-30　村干部身份对其他农户运用低碳技术情况认知差异的影响

	其他农户在农业生产中运用低碳技术情况					
	很少		一般		很多	
	样本数/人	比例/%	样本数/人	比例/%	样本数/人	比例/%
没有当过（261 人）	133	51.0	121	46.4	7	2.7
当过（64 人）	16	25.0	47	73.4	1	1.6
卡方检验	X^2=15.106，df=2，Sig.=0.001					

（4）从党员身份的角度来看，虽然调查对象是否具有党员身份对其他农户在农业生产中运用低碳技术情况的认知不存在显著影响（X^2=2.305，df=2，Sig.=0.316），但是通过分析结果也能看出党员身份的影响（表 4-31）。具体来说，不具有党员身份的调查对象认为其他农户在农业生产中运用低碳技术很少的比例为 47.6%，而具有党员身份的调查对象的这一比例为 37.0%。不具有党员身份的调查对象认为其他农户在农业生产中运用低碳技术情况一般的比例为 49.8%，而具有党员身份的调查对象的这一比例为 61.1%。不具有党员身份的调查对象认为其他农户在农业生产中运用低碳技术很多的比例为 2.6%，而具有党员身份的调查对象的这一比例为 1.9%。可见，与不具有党员身份的调查对象比较而言，具有党员身份的调查对象认为很少的比例更低，认为一般的比例更高，认为很多的比例相差无几。由此可以判断出：比较而言，具有党员身份的调查对象对其他农户在农业生产中运用低碳技术情况的评价更高一些。

表 4-31　党员身份对其他农户运用低碳技术情况认知差异的影响

	其他农户在农业生产中运用低碳技术情况					
	很少		一般		很多	
	样本数/人	比例/%	样本数/人	比例/%	样本数/人	比例/%
不是党员（271 人）	129	47.6	135	49.8	7	2.6
是党员（54 人）	20	37.0	33	61.1	1	1.9
卡方检验	X^2=2.305，df=2，Sig.=0.316					

4.2.4　参加农业组织的情况

现代社会的重要特征之一就是组织化程度不断提高，越来越多的农民进入到各种各样的农业组织当中去，特别是在当前的中国这一特征更为明显。农民态度与行动往往在很大程度上会受到农业组织的影响。因此，农民参加农业组织情况会在很大程度上影响农民对低碳农业的态度与行动。那么调查对象是否有参加农业组织呢？根据调查结果显示，78.8%的调查对象表示没有参加农业组织。可见，大部分调查对象并没有参加农业组织。通过将调查对象参加农业组织情况与调查对象的性别、年龄、受教育程度、村干部身份进行交互分析，笔者发现以下几点：

（1）从性别的角度来看，不同性别的调查对象参加农业组织情况存在显著差异（X^2=3.907，df=1，Sig.=0.048），在 0.05 水平上显著（表 4-32）。具体来说，男性调查对象表示有参加农业组织的比例为 16.4%，而女性调查对象的这一比例为 25.4%。可见，与男性调查对象比较而言，女性调查对象有参加农业组织的比例更高。这说明：比较而言，女性调查对象在农业上的组织化程度更高。

表 4-32　不同性别调查对象参加农业组织情况的差异

	参加农业组织情况			
	没参加		参加	
	样本数/人	比例/%	样本数/人	比例/%
男性（152 人）	127	83.6	25	16.4
女性（173 人）	129	74.6	44	25.4
卡方检验	X^2=3.907，df=1，Sig.=0.048			

（2）从年龄的角度来看，不同年龄的调查对象参加农业组织情况存在显著差异（X^2=5.622，df=2，Sig.=0.060），在 0.1 水平上显著（表 4-33）。具体来说，30 岁及以下、31～40 岁、40 岁以上调查对象表示有参加农业组织的比例分别为 32.5%、22.6%、15.4%。从数据的变化我们可以发现：年龄越大的调查对象有参加农业组织的比例越低。这说明：年龄越大的调查对象在农业上的组织化程度越低。

（3）从受教育程度的角度来看，虽然不同受教育程度的调查对象参加农业组织情况不存在显著差异（X^2=1.688，df=2，Sig.=0.430），但是通过分析结果也能看出受教育程度的影响（表 4-34）。具体来说，小学及以下、初中、高中及以上调查对象表示有参加农业组织的比例分别为 17.5%、20.4%、26.4%。从数据的变化我们可以发现：受教育程度越高的调查对象有参加农业组织的比例越高。这说明：受教育程度越高的调查对象在农业上的组织化程度越高。

表 4-33　不同年龄调查对象参加农业组织情况的差异

	参加农业组织情况			
	没参加		参加	
	样本数/人	比例/%	样本数/人	比例/%
30 岁及以下（40 人）	27	67.5	13	32.5
31～40 岁（168 人）	130	77.4	38	22.6
40 岁以上（117 人）	99	84.6	18	15.4
卡方检验	X^2=5.622，df=2，Sig.=0.060			

表 4-34　不同受教育程度调查对象参加农业组织情况的差异

	参加农业组织情况			
	没参加		参加	
	样本数/人	比例/%	样本数/人	比例/%
小学及以下（57 人）	47	82.5	10	17.5
初中（196 人）	156	79.6	40	20.4
高中及以上（72 人）	53	73.6	19	26.4
卡方检验	X^2=1.688，df=2，Sig.=0.430			

（4）从村干部身份的角度来看，调查对象是否当过村干部对参加农业组织情况存在显著影响（X^2=4.784，df=1，Sig.=0.029），在 0.05 水平上显著（表 4-35）。具体来说，没有当过村干部的调查对象表示有参加农业组织的比例为 18.8%，而当过村干部的调查对象的这一比例为 31.3%。可见，与没有当过村干部的调查对象比较而言，当过村干部的调查对象表示有参加农业组织的比例明显高一些。这说明：比较而言，当过村干部的调查对象在农业上的组织化程度更高。

表 4-35　村干部身份对调查对象参加农业组织情况的差异

	参加农业组织情况			
	没参加		参加	
	样本数/人	比例/%	样本数/人	比例/%
没有当过（261 人）	212	81.2	49	18.8
当过（64 人）	44	68.8	20	31.3
卡方检验	X^2=4.784，df=1，Sig.=0.029			

4.2.5 对农业组织在推动低碳农业发展中的作用的评价

在农业现代化进程中，各类农业组织是非常重要的参与主体。因此，农业组织在低碳农业发展中发挥作用的大小会直接影响到低碳农业的发展。在美国，有关行业协会发挥组织协调的优势，积极推动低碳农业的发展。密苏里州农场局（MFB）是一个州级民间性质的农业协会，是美国农业协会（AFB）的一个分支机构。AFB 的总部设在华盛顿，负责收集全国各州农业协会提出的意见和建议，在农业税收、环境保护、政府投入等方面代表农户与国会打交道，争取有利的扶持政策。MFB 为会员提供 4 个方面的服务：① 代表会员的利益，参与全国性和密苏里州农业政策的评估与制定；② 向会员提供最新的农业技术、农产品价格等信息服务和农业保险；③ 通过实施项目，向会员推广普及先进适用的农业技术；④ 向年轻农场主提供学习培训机会，使其成长为职业农民。[①]可见，在美国农业组织对于低碳农业发展的作用是非常大的。那么中国的农业组织在推动低碳农业发展中的作用如何呢？根据调查结果显示，51.4%的调查对象认为作用一般，34.2%的调查对象认为作用很小，只有 14.5%的调查对象认为作用很大。从分析结果笔者发现：从整体来说，大部分调查对象认为农业组织在推动低碳农业发展中的作用是不大的。通过将调查对象对农业组织在推动低碳农业发展中作用的评价与调查对象的性别、村干部身份、党员身份进行交互分析，笔者发现以下几点：

（1）从性别的角度来看，不同性别的调查对象对农业组织在推动低碳农业发展中的作用的评价存在显著差异（X^2=6.454，df=2，Sig.=0.040），在 0.05 水平上显著（表 4-36）。具体来说，男性调查对象认为农业组织在推动低碳农业发展中的作用很小的比例为 31.6%，而女性调查对象的这一比例为 36.4%。男性调查对象认为农业组织在推动低碳农业发展中的作用一般的比例为 48.7%，而女性调查对象的这一比例为 53.8%。男性调查对象认为农业组织在推动低碳农业发展中的作用很大的比例为 19.7%，而女性调查对象的这一比例为 9.8%。可见，与女性调查对象比较而言，男性调查对象认为作用很小和一般的比例都更低，认为作用很大的比例更高。由此我们可以判断出：比较而言，男性调查对象对农业组织在推动低碳农业发展中作用的评价更高一些。

---

① 刘恒新，李斯华，何进. 美国低碳农业机械化技术发展及对中国的启示[J]. 世界农业，2012（6）：7-11.

表 4-36 不同性别调查对象对农业组织在推动低碳农业发展中作用评价的差异

	农业组织在推动低碳农业发展中的作用					
	很小		一般		很大	
	样本数/人	比例/%	样本数/人	比例/%	样本数/人	比例/%
男性（152 人）	48	31.6	74	48.7	30	19.7
女性（173 人）	63	36.4	93	53.8	17	9.8
卡方检验	X^2=6.454，df=2，Sig.=0.040					

（2）从村干部身份的角度来看，调查对象是否当过村干部对农业组织在推动低碳农业发展中作用的评价存在显著影响（X^2=15.909，df=2，Sig.=0.000），在 0.01 水平上显著（表 4-37）。具体来说，没有当过村干部的调查对象认为农业组织在推动低碳农业发展中的作用很小的比例为 29.1%，而当过村干部的调查对象的这一比例为 54.7%。没有当过村干部的调查对象认为农业组织在推动低碳农业发展中的作用一般的比例为 54.4%，而当过村干部的调查对象的这一比例为 39.0%。没有当过村干部的调查对象认为农业组织在推动低碳农业发展中的作用很大的比例为 16.5%，而当过村干部的调查对象的这一比例为 6.3%。可见，与没有当过村干部的调查对象比较而言，当过村干部的调查对象认为作用很小的比例明显要高一些，认为作用一般和很大的比例都明显要低一些。由此可以推论出：比较而言，没有当过村干部的调查对象对农业组织在推动低碳农业发展中作用的评价更高一些。

表 4-37 村干部身份对农业组织在推动低碳农业发展中作用评价差异的影响

	农业组织在推动低碳农业发展中的作用					
	很小		一般		很大	
	样本数/人	比例/%	样本数/人	比例/%	样本数/人	比例/%
没有当过（261 人）	76	29.1	142	54.4	43	16.5
当过（64 人）	35	54.7	25	39.0	4	6.3
卡方检验	X^2=15.909，df=2，Sig.=0.000					

（3）从党员身份的角度来看，虽然调查对象是否具有党员身份对农业组织在推动低碳农业发展中的作用的评价不存在显著影响（X^2=1.435，df=2，Sig.=0.488），但是通过分析结果也能看出党员身份的影响（表 4-38）。具体来说，不具有党员身份的调查对象认为农业组织在推动低碳农业发展中的作用很小的比例为 32.8%，而具有党员身份的调查对象的这一比例为 40.7%。不具有党员身份的调查对象认

为农业组织在推动低碳农业发展中的作用一般的比例为 52.8%，而具有党员身份的调查对象的这一比例为 44.4%。不具有党员身份的调查对象认为农业组织在推动低碳农业发展中的作用很大的比例为 14.4%，而具有党员身份的调查对象的这一比例为 14.8%。可见，与不具有党员身份的调查对象比较而言，具有党员身份的调查对象认为作用很小的比例更高，认为作用一般的比例更低，认为作用很大的比例相差无几。由此可以判断出：比较而言，不具有党员身份的调查对象对农业组织在推动低碳农业发展中作用的评价更高一些。

表 4-38　党员身份对农业组织在推动低碳农业发展中作用评价差异的影响

	农业组织在推动低碳农业发展中的作用					
	很小		一般		很大	
	样本数/人	比例/%	样本数/人	比例/%	样本数/人	比例/%
不是党员（271 人）	89	32.8	143	52.8	39	14.4
是党员（54 人）	22	40.7	24	44.4	8	14.8
卡方检验	X^2=1.435，df=2，Sig.=0.488					

4.2.6　对农民发展低碳农业积极性的评价

在农民群体当中，人们之间在态度与行动上是互相影响的。如果整个农民群体对发展低碳农业的积极性很高，作为个体的农民也很有可能对发展低碳农业表现出较高的积极性，反之则正好相反。那么调查对象对农民发展低碳农业积极性的评价如何呢？根据调查结果显示，55.4%的调查对象认为农民对发展低碳农业的积极性一般，30.8%的调查对象认为农民对发展低碳农业积极性很低，只有 13.8%的调查对象认为农民对发展低碳农业积极性很高。从分析结果笔者发现：从整体来说，调查对象对农民发展低碳农业积极性的评价是不高的。通过将调查对象对农民发展低碳农业积极性的评价与调查对象的年龄、村干部身份、党员身份进行交互分析，笔者发现以下几点：

（1）从年龄的角度来看，不同年龄的调查对象对农民发展低碳农业积极性的评价存在显著差异（X^2=10.058，df=4，Sig.=0.039），在 0.05 水平上显著（表 4-39）。具体来说，30 岁及以下、31～40 岁、40 岁以上调查对象认为农民对发展低碳农业积极性很低的比例分别为 37.5%、34.5%、23.1%，认为农民对发展低碳农业积极性很高的比例分别为 2.5%、13.1%、18.8%。可见，年龄越大的调查对象认为积极性很低的比例越低，认为积极性很高的比例越高。这说明：年龄越大的调查对象对农民发展低碳农业积极性的评价越高。

表 4-39 不同年龄调查对象对农民发展低碳农业积极性评价的差异

	农民对发展低碳农业的积极性					
	很低		一般		很高	
	样本数/人	比例/%	样本数/人	比例/%	样本数/人	比例/%
30 岁及以下（40 人）	15	37.5	24	60.0	1	2.5
31～40 岁（168 人）	58	34.5	88	52.4	22	13.1
40 岁以上（117 人）	27	23.1	68	58.1	22	18.8
卡方检验	X^2=10.058，df=4，Sig.=0.039					

（2）从村干部身份的角度来看，调查对象是否当过村干部对农民发展低碳农业积极性的评价存在显著差异（X^2=13.955，df=2，Sig.=0.001），在 0.01 水平上显著（表 4-40）。具体来说，没有当过村干部的调查对象认为农民对发展低碳农业积极性很低的比例为 26.4%，而当过村干部的调查对象的这一比例为 48.4%。没有当过村干部的调查对象认为农民对发展低碳农业积极性一般的比例为 57.5%，而当过村干部的调查对象的这一比例为 46.9%。没有当过村干部的调查对象认为农民对发展低碳农业积极性很高的比例为 16.1%，而当过村干部的调查对象的这一比例为 4.7%。可见，与没有当过村干部的调查对象比较而言，当过村干部的调查对象认为农民对发展低碳农业积极性很低的比例更高，认为农民对发展低碳农业积极性一般和积极性很高的比例则都更低。这说明：比较而言，没有当过村干部的调查对象对农民发展低碳农业积极性的评价更高。

表 4-40 调查对象的村干部身份对农民发展低碳农业积极性评价的影响

	农民对发展低碳农业的积极性					
	很低		一般		很高	
	样本数/人	比例/%	样本数/人	比例/%	样本数/人	比例/%
没有当过（261 人）	69	26.4	150	57.5	42	16.1
当过（64 人）	31	48.4	30	46.9	3	4.7
卡方检验	X^2=13.955，df=2，Sig.=0.001					

（3）从党员身份的角度来看，虽然调查对象是否具有党员身份对农民发展低碳农业积极性的评价不存在显著影响（X^2=4.089，df=2，Sig.=0.129），但是通过分析结果也能看出党员身份的影响（表 4-41）。具体来说，不具有党员身份的调查对象认为农民对发展低碳农业积极性很低的比例为 29.5%，而具有党员身份的调查对象的这一比例为 37.0%。不具有党员身份的调查对象认为农民对发展低碳农

业积极性很高的比例为 15.5%，而具有党员身份的调查对象的这一比例为 5.6%。可见，与不具有党员身份的调查对象比较而言，具有党员身份的调查对象认为农民对发展低碳农业积极性很低的比例更高，认为积极性很高的比例则更低。这说明：比较而言，不具有党员身份的调查对象对农民发展低碳农业积极性的评价更高。

表 4-41　调查对象的党员身份对农民发展低碳农业积极性评价的影响

	农民对发展低碳农业的积极性					
	很低		一般		很高	
	样本数/人	比例/%	样本数/人	比例/%	样本数/人	比例/%
不是党员（271 人）	80	29.5	149	55.0	42	15.5
是党员（54 人）	20	37.0	31	57.4	3	5.6
卡方检验	X^2=4.089，df=2，Sig.=0.129					

4.3　市场层面指标体系的构建及其测度

改革开放以来，随着我国市场经济体制的建立和不断完善，市场因素在经济社会领域发挥的作用越来越大。对于低碳农业发展来说，市场层面因素发挥着不可替代的作用，其对低碳农业发展的重要性日益凸显。当然，市场层面因素对低碳农业发展的影响也是多维度的。笔者将市场层面因素（*C*）具体操作化为低碳农产品畅销程度（*C*1）、低碳农产品生产成本（*C*2）、低碳农产品价格保证性（*C*3）、低碳农产品生产质量（*C*4）、低碳农产品市场欢迎度（*C*5）五个指标（表 4-42）。低碳农产品畅销程度这一指标主要考察低碳农产品销售的途径是否畅通，如果销售数量很多，说明产品是比较畅销的。低碳农产品生产成本这一指标主要考察为生产低碳农产品所需要的成本，这个成本是可以用货币来衡量的。低碳农产品价格保证性这一指标主要考察低碳农产品的价格是不是稳定，如果价格是稳定的，说明低碳农产品的价格是比较有保证的。低碳农产品生产质量这一指标主要考察低碳农产品的质量是否有保证。低碳农产品市场欢迎度这一指标主要考察低碳农产品在市场上是否会更受欢迎，如果低碳农产品在市场上比其他农产品更受欢迎，就说明低碳农产品的市场欢迎度很高。

表 4-42 低碳农业发展影响因素之市场层面指标体系构建

一级指标	二级指标	指标具体内涵
市场维度（*C*）	低碳农产品畅销程度（*C*1）	低碳农产品销售的途径是否畅通
	低碳农产品生产成本（*C*2）	为生产低碳农产品所需要的成本
	低碳农产品价格保证性（*C*3）	低碳农产品的价格是不是稳定
	低碳农产品生产质量（*C*4）	低碳农产品的质量是否有保证
	低碳农产品市场欢迎度（*C*5）	低碳农产品在市场上是否更受欢迎

市场层面因素对低碳农业发展的作用机制是因时而异、因地而异和因人而异的。市场层面因素对低碳农业发展作用机制的因时而异体现在：在不同的历史发展阶段，市场层面因素对低碳农业发展的影响是不同的。具体来说，在市场机制不是很完善的时期，市场层面因素对低碳农业发展的影响是有限的；在市场机制比较完善的时期，市场层面因素对低碳农业发展的影响是比较大的。市场层面因素对低碳农业发展作用机制的因地而异体现在：在不同经济社会发展程度的地区，市场层面因素对低碳农业发展的影响是不同的。具体来说，在经济社会比较落后的地区，其市场机制往往不完善，因此，在这些地区市场层面因素对低碳农业发展的影响是有限的；在经济社会比较发达的地区，其市场机制往往比较完善，因此，在这些地区市场层面因素对低碳农业发展的影响是很大的。市场层面因素对低碳农业发展作用机制的因人而异体现在：对处于不同社会经济地位的农民来说，市场层面因素对低碳农业发展的影响是不同的。由于社会经济地位越高的农民往往市场参与的可能性越大。因此，对社会经济地位较低的农民来说，市场层面因素对其施加的影响往往较小；对处于中等社会经济地位的农民来说，市场层面因素对其施加的影响往往一般；而对于社会经济地位较高的农民来说，市场层面因素对其施加的影响往往较大。

4.3.1 对低碳农产品畅销程度的评价

低碳农业是一个新生事物，对于低碳农业来说，其产品在市场上有比较好的销路，低碳农业才能实现很好的发展。因此，低碳农产品的畅销程度是影响低碳农业发展的重要指标。那么调查对象对低碳农产品的畅销程度[①]是怎么看的呢？根据调查结果显示，57.8%的调查对象认为低碳农产品的畅销程度一般，31.1%的调

① 为了使调查对象更加通俗易懂地理解“畅销程度”，笔者在设计问卷时将问题设置为“您认为低碳农产品好卖吗？”

查对象认为低碳农产品很畅销，11.1%的调查对象认为低碳农产品并不畅销。从整体来说，大部分调查对象认为低碳农产品的畅销程度一般。通过将调查对象对低碳农产品畅销程度的评价与调查对象的受教育程度进行交互分析，笔者发现：不同受教育程度的调查对象对低碳农产品畅销程度的评价存在显著差异（X^2=14.735，df=4，Sig.=0.005 ），在 0.01 水平上显著（表 4-43）。具体来说，小学及以下、初中、高中及以上调查对象认为低碳农产品不畅销的比例分别为 24.6%、7.7%、9.7%，认为低碳农产品很畅销的比例分别为 22.8%、31.1%、37.5%。从数据的变化我们可以发现：与其他受教育程度的调查对象比较而言，小学及以下受教育程度的调查对象认为低碳农产品不畅销的比例明显要高一些，而认为低碳农产品很畅销的比例则明显要低一些。因此，我们可以判断出：与小学及以下受教育程度的调查对象比较而言，初中和高中及以上这两类受教育程度的调查对象对低碳农产品畅销程度的评价更高。

表 4-43　不同受教育程度调查对象对低碳农产品畅销程度评价的差异

	低碳农产品的畅销程度					
	不畅销		一般		很畅销	
	样本数/人	比例/%	样本数/人	比例/%	样本数/人	比例/%
小学及以下（57 人）	14	24.6	30	52.6	13	22.8
初中（196 人）	15	7.7	120	61.2	61	31.1
高中及以上（72 人）	7	9.7	38	52.8	27	37.5
卡方检验	X^2=14.735 ，df=4，Sig.=0.005					

4.3.2　对低碳农产品成本的认知

在市场经济条件下，产品在市场上的竞争力往往与其生产成本有很大的关系。如果一个产品的生产成本能够低于其他同类产品，那么这一产品是比较有市场竞争力的。因此，对于低碳农业的发展来说，生产成本是影响其发展的重要影响因素之一。那么调查对象对低碳农产品的生产成本是怎么看的呢？根据调查结果显示，65.2%的调查对象认为低碳农产品的生产成本一般，22.2%的调查对象认为低碳农产品的生产成本很高，只有 12.6%的调查对象认为低碳农产品的生产成本不高。从分析结果笔者发现：从整体来说，大部分调查对象认为低碳农产品的生产成本一般。通过将调查对象对低碳农产品生产成本的认知与调查对象的性别、年龄、受教育程度进行交互分析，笔者发现以下几点：

（1）从性别的角度来看，虽然不同性别的调查对象对低碳农产品生产成本的认知不存在显著差异（X^2=2.871，df=2，Sig.=0.238），但是通过分析结果也能看出性别的影响（表 4-44）。具体来说，男性调查对象认为低碳农产品的生产成本不高的比例为 11.8%，而女性调查对象的这一比例为 13.3%。男性调查对象认为低碳农产品的生产成本一般的比例为 61.8%，而女性调查对象的这一比例为 68.2%。男性调查对象认为低碳农产品的生产成本很高的比例为 26.3%，而女性调查对象的这一比例为 18.5%。可见，与女性调查对象比较而言，男性调查对象认为生产成本不高和一般的比例都更低，认为生产成本很高的比例更高。这说明：比较而言，男性调查对象更有可能认为低碳农产品的生产成本很高。

表 4-44　不同性别调查对象对低碳农产品生产成本认知的差异

	低碳农产品的生产成本					
	不高		一般		很高	
	样本数/人	比例/%	样本数/人	比例/%	样本数/人	比例/%
男性（152 人）	18	11.8	94	61.8	40	26.3
女性（173 人）	23	13.3	118	68.2	32	18.5
卡方检验	X^2=2.871，df=2，Sig.=0.238					

（2）从年龄的角度来看，不同年龄的调查对象对国家低碳农业支持力度的认知存在显著差异（X^2=8.664，df=4，Sig.=0.070），在 0.1 水平上显著（表 4-45）。具体来说，30 岁及以下、31～40 岁、40 岁以上调查对象认为低碳农产品生产成本不高的比例分别为 20.0%、12.5%、10.3%，认为生产成本很高的比例分别为 12.5%、19.0%、29.9%。从数据的变化我们可以发现：年龄越大的调查对象认为低碳农产品生产成本不高的比例越低，认为低碳农产品生产成本很高的比例越高。由此我们可以判断出：年龄越大的调查对象越是有可能认为低碳农产品的生产成本很高。

表 4-45　不同年龄调查对象对低碳农产品生产成本认知的差异

	低碳农产品的生产成本					
	不高		一般		很高	
	样本数/人	比例/%	样本数/人	比例/%	样本数/人	比例/%
30 岁及以下（40 人）	8	20.0	27	67.5	5	12.5
31～40 岁（168 人）	21	12.5	115	68.5	32	19.0
40 岁以上（117 人）	12	10.3	70	59.8	35	29.9
卡方检验	X^2=8.664，df=4，Sig.=0.070					

（3）从受教育程度的角度来看，虽然不同受教育程度的调查对象对低碳农产品生产成本的认知不存在显著差异（X^2=5.339，df=4，Sig.=0.254），但是通过分析结果也能看出受教育程度的影响（表 4-46）。具体来说，小学及以下、初中、高中及以上调查对象认为低碳农产品生产成本不高的比例分别为 12.3%、13.3%、11.1%，认为低碳农产品生产成本一般的比例分别为 59.6%、68.9%、59.7%，认为低碳农产品生产成本很高的比例分别为 28.1%、17.9%、29.2%。从数据的变化我们可以发现以下两点：① 不同受教育程度的调查对象认为生产成本不高的比例相差无几。② 与小学及以下和高中及以上这两类受教育程度的调查对象比较而言，初中受教育程度的调查对象认为生产成本一般的比例明显要高一些，而认为生产成本很高的比例则明显要低一些。由此我们可以判断出：比较而言，小学及以下和高中及以上这两类受教育程度的调查对象更倾向于认为低碳农产品生产成本很高。

表 4-46　不同受教育程度调查对象对低碳农产品生产成本认知的差异

	低碳农产品的生产成本					
	不高		一般		很高	
	样本数/人	比例/%	样本数/人	比例/%	样本数/人	比例/%
小学及以下（57 人）	7	12.3	34	59.6	16	28.1
初中（196 人）	26	13.3	135	68.9	35	17.9
高中及以上（72 人）	8	11.1	43	59.7	21	29.2
卡方检验	X^2=5.339，df=4，Sig.=0.254					

4.3.3　对低碳农产品价格保证性的认知

对于市场上的低碳农产品来说，其价格能够保证一定的稳定性，低碳农产品才能有持久的生命力，低碳农业才能实现稳定、可持续的发展。因此，低碳农产品价格保证性是影响低碳农业发展的重要指标。那么调查对象对低碳农产品价格保证性是怎么看的呢？根据调查结果显示，38.2%的调查对象认为低碳农产品的价格有保证，36.6%的调查对象认为低碳农产品的价格是否有保证说不清楚，25.2%的调查对象认为低碳农产品的价格没有保证。从分析结果笔者发现：从整体来说，大部分调查对象对低碳农产品价格的保证性并不持肯定态度。通过将调查对象对低碳农产品价格保证性的判断与调查对象的性别、年龄、受教育程度、村干部身份、党员身份进行交互分析，笔者发现以下几点：

（1）从性别的角度来看，虽然不同性别的调查对象对低碳农产品价格保证性的判断不存在显著差异（X^2=3.562，df=2，Sig.=0.168），但是通过分析结果也能看出性别的影响（表 4-47）。具体来说，男性调查对象认为低碳农产品的价格没有保证的比例为 26.3%，而女性调查对象的这一比例为 24.3%。男性调查对象认为低碳农产品的价格有保证的比例为 32.9%，而女性调查对象的这一比例为 42.8%。男性调查对象认为低碳农产品价格的保证性说不清楚的比例为 40.8%，而女性调查对象的这一比例为 32.9%。可见，与男性调查对象比较而言，女性调查对象对低碳农产品价格保证性更倾向于持肯定态度。

表 4-47　不同性别调查对象对低碳农产品价格保证性认知的差异

	低碳农产品价格保证性					
	没有		有		说不清楚	
	样本数/人	比例/%	样本数/人	比例/%	样本数/人	比例/%
男性（152 人）	40	26.3	50	32.9	62	40.8
女性（173 人）	42	24.3	74	42.8	57	32.9
卡方检验	X^2=3.562，df=2，Sig.=0.168					

（2）从年龄的角度来看，不同年龄的调查对象对低碳农产品价格保证性的判断存在显著差异（X^2=18.354，df=4，Sig.=0.001），在 0.01 水平上显著（表 4-48）。具体来说，30 岁及以下、31～40 岁、40 岁以上调查对象认为低碳农产品的价格没有保证的比例分别为 27.5%、27.4%、21.4%，认为低碳农产品价格有保证的比例分别为 60.0%、38.1%、30.8%，认为说不清楚的比例分别为 12.5%、34.5%、47.9%。从数据的变化我们可以发现：不同年龄段的调查对象认为没有保证的比例相差无几，年龄越大的调查对象认为有保证的比例越低，而认为说不清楚的比例则越高。这说明：从整体上来说，年龄越小的调查对象越是有可能认为低碳农产品的价格有保证。

表 4-48　不同年龄调查对象对低碳农产品价格保证性认知的差异

	低碳农产品价格保证性					
	没有		有		说不清楚	
	样本数/人	比例/%	样本数/人	比例/%	样本数/人	比例/%
30 岁及以下（40 人）	11	27.5	24	60.0	5	12.5
31～40 岁（168 人）	46	27.4	64	38.1	58	34.5
40 岁以上（117 人）	25	21.4	36	30.8	56	47.9
卡方检验	X^2=18.354，df=4，Sig.=0.001					

（3）从受教育程度的角度来看，虽然不同受教育程度的调查对象对低碳农产品价格保证性的判断不存在显著差异（X^2=4.484，df=4，Sig.=0.344），但是通过分析结果也能看出受教育程度的影响（表 4-49）。具体来说，小学及以下、初中、高中及以上调查对象认为低碳农产品的价格没有保证的比例分别为 26.3%、25.0%、25.0%，认为低碳农产品价格有保证的比例分别为 31.6%、36.7%、47.2%，认为说不清楚的比例分别为 42.1%、38.3%、27.8%。从数据的变化我们可以发现：不同受教育程度的调查对象认为没有保证的比例相差无几，受教育程度越高的调查对象认为有保证的比例越高，而认为说不清楚的比例则越低。这说明：从整体上来说，受教育程度越高的调查对象越是有可能认为低碳农产品的价格有保证。

表 4-49　不同受教育程度调查对象对低碳农产品价格保证性认知的差异

	低碳农产品价格保证性					
	没有		有		说不清楚	
	样本数/人	比例/%	样本数/人	比例/%	样本数/人	比例/%
小学及以下（57 人）	15	26.3	18	31.6	24	42.1
初中（196 人）	49	25.0	72	36.7	75	38.3
高中及以上（72 人）	18	25.0	34	47.2	20	27.8
卡方检验	X^2=4.484，df=4，Sig.=0.344					

（4）从村干部身份的角度来看，调查对象是否当过村干部对低碳农产品价格保证性的判断存在显著影响（X^2=31.663，df=2，Sig.=0.000），在 0.01 水平上显著（表 4-50）。具体来说，没有当过村干部的调查对象认为低碳农产品价格没有保证的比例为 22.2%，而当过村干部的调查对象的这一比例为 37.5%。没有当过村干部的调查对象认为低碳农产品价格有保证的比例为 33.7%，而当过村干部的调查对象的这一比例为 56.3%。没有当过村干部的调查对象认为说不清楚的比例为 44.1%，而当过村干部的调查对象的这一比例为 6.3%。可见，与没有当过村干部的调查对象比较而言，当过村干部的调查对象认为没有保证和有保证的比例都要明显高一些，而认为说不清楚的比例明显要低很多。虽然当过村干部的调查对象对这一问题的判断表现出了一定的矛盾性，不仅是认为没有保证的比例高于没当过村干部的调查对象，认为有保证的比例也高于没当过村干部的调查对象。对于其中的原因，我们通过认为说不清楚的比例差异就能看出来。这说明：比较而言，当过村干部的调查对象对这一问题的判断更加明确。

表 4-50 调查对象的村干部身份对低碳农产品价格保证性认知差异的影响

	低碳农产品价格保证性					
	没有		有		说不清楚	
	样本数/人	比例/%	样本数/人	比例/%	样本数/人	比例/%
没有当过（261 人）	58	22.2	88	33.7	115	44.1
当过（64 人）	24	37.5	36	56.3	4	6.3
卡方检验	X^2=31.663，df=2，Sig.=0.000					

（5）从党员身份的角度来看，调查对象是否具有党员身份对低碳农产品价格保证性的判断存在显著影响（X^2=7.883，df=2，Sig.=0.019），在 0.05 水平上显著（表 4-51）。具体来说，不具有党员身份的调查对象认为低碳农产品价格没有保证的比例为 23.2%，而具有党员身份的调查对象的这一比例为 35.2%。不具有党员身份的调查对象认为低碳农产品价格有保证的比例为 36.9%，而具有党员身份的调查对象的这一比例为 44.4%。不具有党员身份的调查对象认为说不清楚的比例为 39.9%，而具有党员身份的调查对象的这一比例为 20.4%。可见，与不具有党员身份的调查对象比较而言，具有党员身份的调查对象认为没有保证和有保证的比例都要明显高一些，而认为说不清楚的比例明显要低一些。虽然具有党员身份的调查对象对这一问题的判断同样表现出了一定的矛盾性，不仅是认为没有保证的比例高于不具有党员身份的调查对象，认为有保证的比例也高于不具有党员身份的调查对象。对于其中的原因，我们通过认为说不清楚的比例差异就能看出来。这说明：比较而言，具有党员身份的调查对象对这一问题的判断更加明确。

表 4-51 调查对象的党员身份对低碳农产品价格保证性认知差异的影响

	低碳农产品价格保证性					
	没有		有		说不清楚	
	样本数/人	比例/%	样本数/人	比例/%	样本数/人	比例/%
不是党员（271 人）	63	23.2	100	36.9	108	39.9
是党员（54 人）	19	35.2	24	44.4	11	20.4
卡方检验	X^2=7.883，df=2，Sig.=0.019					

4.3.4　对低碳农产品生产质量保证性的认知

对于一个企业来说，产品质量是企业的生命力所在。对于低碳农业的发展来说也是一样，低碳农产品的质量是低碳农业生命力的源泉所在。因此，低碳农产品生产质量是影响低碳农业发展的重要指标。那么调查对象对低碳农产品生产质量保证性是怎么看的呢？根据调查结果显示，48.6%的调查对象认为低碳农产品的生产质量是有保证的，32.9%的调查对象认为低碳农产品的生产质量是否有保证说不清楚，18.5%的调查对象认为低碳农产品的生产质量没有保证。从分析结果笔者发现：从整体来说，调查对象对低碳农产品生产质量保证性的评价并不是很高。通过将调查对象对低碳农产品生产质量保证性的评价与调查对象的性别、年龄、村干部身份、党员身份进行交互分析，笔者发现以下几点：

（1）从性别的角度来看，不同性别的调查对象对低碳农产品生产质量保证性的评价存在显著差异（X^2=8.291，df=2，Sig.=0.016），在 0.05 水平上显著（表 4-52）。具体来说，男性调查对象认为低碳农产品的生产质量没有保证的比例为 15.1%，而女性调查对象的这一比例为 21.4%。男性调查对象认为低碳农产品的生产质量有保证的比例为 44.1%，而女性调查对象的这一比例为 52.6%。男性调查对象认为低碳农产品生产质量的保证性说不清楚的比例为 40.8%，而女性调查对象的这一比例为 26.0%。可见，与男性调查对象比较而言，女性调查对象认为没有保证和有保证的比例都要明显高一些，而认为说不清楚的比例明显要低一些。虽然女性调查对象对这一问题的判断也表现出了一定的矛盾性，不仅是认为没有保证的比例高于男性调查对象，认为有保证的比例也高于男性调查对象。对于其中的原因，我们通过认为说不清楚的比例差异也能看出来。这说明：比较而言，女性调查对象对这一问题的判断更加明确。

表 4-52　不同性别调查对象对低碳农产品生产质量保证性认知的差异

	低碳农产品生产质量保证性					
	没有		有		说不清楚	
	样本数/人	比例/%	样本数/人	比例/%	样本数/人	比例/%
男性（152 人）	23	15.1	67	44.1	62	40.8
女性（173 人）	37	21.4	91	52.6	45	26.0
卡方检验	X^2=8.291，df=2，Sig.=0.016					

（2）从年龄的角度来看，不同年龄的调查对象对低碳农产品生产质量保证性的判断存在显著差异（X^2=20.577，df=4，Sig.=0.000），在 0.01 水平上显著（表 4-53）。具体来说，30 岁及以下、31～40 岁、40 岁以上调查对象认为低碳农产品的生产质量没有保证的比例分别为 22.5%、23.8%、9.4%，认为低碳农产品生产质量有保证的比例分别为 67.5%、42.9%、50.4%，认为说不清楚的比例分别为 10.0%、33.3%、40.2%。从数据的变化我们可以发现：与其他年龄段的调查对象比较而言，30 岁及以下的调查对象认为低碳农产品生产质量没有保证和有保证的比例都很高，认为说不清楚的比例很低。这说明：比较而言，30 岁及以下的调查对象对这一问题的判断更加明确。

表 4-53　不同年龄调查对象对低碳农产品生产质量保证性认知的差异

	低碳农产品生产质量保证性					
	没有		有		说不清楚	
	样本数/人	比例/%	样本数/人	比例/%	样本数/人	比例/%
30 岁及以下（40 人）	9	22.5	27	67.5	4	10.0
31～40 岁（168 人）	40	23.8	72	42.9	56	33.3
40 岁以上（117 人）	11	9.4	59	50.4	47	40.2
卡方检验	X^2=20.577，df=4，Sig.=0.000					

（3）从村干部身份的角度来看，调查对象是否当过村干部对低碳农产品生产质量保证性的判断存在显著影响（X^2=27.211，df=2，Sig.=0.000），在 0.01 水平上显著（表 4-54）。具体来说，没有当过村干部的调查对象认为低碳农产品生产质量没有保证的比例为 14.2%，而当过村干部的调查对象的这一比例为 35.9%。没有当过村干部的调查对象认为低碳农产品生产质量有保证的比例为 47.1%，而当过村干部的调查对象的这一比例为 54.7%。没有当过村干部的调查对象认为说不清楚的比例为 38.7%，而当过村干部的调查对象的这一比例为 9.4%。可见，与没有当过村干部的调查对象比较而言，当过村干部的调查对象认为没有保证和有保证的比例都要明显高一些，而认为说不清楚的比例明显要低很多。虽然当过村干部的调查对象对这一问题的判断表现出了一定的矛盾性，不仅是认为没有保证的比例高于没当过村干部的调查对象，认为有保证的比例也高于没当过村干部的调查对象。对于其中的原因，我们通过认为说不清楚的比例差异就能看出来。这说明：比较而言，当过村干部的调查对象对低碳农产品生产质量保证性这一问题的判断更加明确。

表 4-54　调查对象的村干部身份对低碳农产品生产质量保证性认知差异的影响

	低碳农产品生产质量保证性					
	没有		有		说不清楚	
	样本数/人	比例/%	样本数/人	比例/%	样本数/人	比例/%
没有当过（261 人）	37	14.2	123	47.1	101	38.7
当过（64 人）	23	35.9	35	54.7	6	9.4
卡方检验	X^2=27.211，df=2，Sig.=0.000					

（4）从党员身份的角度来看，调查对象是否具有党员身份对低碳农产品生产质量保证性的判断存在显著影响（X^2=7.718，df=2，Sig.=0.021），在 0.05 水平上显著（表 4-55）。具体来说，不具有党员身份的调查对象认为低碳农产品生产质量没有保证的比例为 15.9%，而具有党员身份的调查对象的这一比例为 31.5%。不具有党员身份的调查对象认为低碳农产品生产质量有保证的比例为 49.4%，而具有党员身份的调查对象的这一比例为 44.4%。不具有党员身份的调查对象认为说不清楚的比例为 34.7%，而具有党员身份的调查对象的这一比例为 24.1%。可见，与不具有党员身份的调查对象比较而言，具有党员身份的调查对象认为没有保证的比例要明显高一些，而认为有保证和说不清楚的比例明显都要低一些。由此可以判断出：具有党员身份的调查对象更有可能对低碳农产品生产质量的保证性做出肯定的判断。

表 4-55　调查对象的党员身份对低碳农产品生产质量保证性认知差异的影响

	低碳农产品生产质量保证性					
	没有		有		说不清楚	
	样本数/人	比例/%	样本数/人	比例/%	样本数/人	比例/%
不是党员（271 人）	43	15.9	134	49.4	94	34.7
是党员（54 人）	17	31.5	24	44.4	13	24.1
卡方检验	X^2=7.718，df=2，Sig.=0.021					

4.3.5　对低碳农产品市场欢迎程度的认识

在市场经济条件下，新生事物的发展往往是由市场规律决定的，而市场欢迎度能够有效反映出新生事物是否符合市场规律。如果新生事物市场欢迎度很高，这说明新生事物比较好地符合了市场规律，就能实现很好的发展。如果新生事物市场欢迎度很低，这说明新生事物没能很好地符合市场规律，就不能实现很好的发展。因此，低碳农产品的市场欢迎度是影响低碳农业发展的重要指标。那么调查对象对低碳农产品的市场欢迎度是怎么看的呢？根据调查结果显示，60.6%的调查对象认为低碳农产品的市场欢迎度高，24.9%的调查对象认为低碳农产品的市场欢迎度说不清楚，14.5%的调查对象认为低碳农产品的市场欢迎度低。从分析结果笔者发现：从整体来说，大部分调查对象对低碳农产品的市场欢迎度是持肯定态度的。通过将调查对象对低碳农产品市场欢迎度的判断与调查对象的性别、年龄、村干部身份、党员身份进行交互分析，笔者发现以下几点：

（1）从性别的角度来看，不同性别的调查对象对低碳农产品市场欢迎度的判断存在显著差异（X^2=5.173，df=2，Sig.=0.075），在 0.1 水平上显著（表 4-56）。具体来说，男性调查对象认为低碳农产品的市场欢迎度低的比例为 9.9%，而女性调查对象的这一比例为 18.5%。男性调查对象认为低碳农产品的市场欢迎度高的比例为 62.5%，而女性调查对象的这一比例为 59.0%。男性调查对象认为低碳农产品的市场欢迎度说不清楚的比例为 27.6%，而女性调查对象的这一比例为 22.5%。可见，与女性调查对象比较而言，男性调查对象对低碳农产品市场欢迎度更倾向于持肯定态度。

表 4-56 不同性别调查对象对低碳农产品市场欢迎度认知的差异

	低碳农产品的市场欢迎度					
	低		高		说不清楚	
	样本数/人	比例/%	样本数/人	比例/%	样本数/人	比例/%
男性（152 人）	15	9.9	95	62.5	42	27.6
女性（173 人）	32	18.5	102	59.0	39	22.5
卡方检验	X^2=5.173，df=2，Sig.=0.075					

（2）从年龄的角度来看，不同年龄的调查对象对低碳农产品市场欢迎度的判断存在显著差异（X^2=15.667，df=4，Sig.=0.003），在 0.01 水平上显著（表 4-57）。具体来说，30 岁及以下、31～40 岁、40 岁以上调查对象认为低碳农产品的市场欢迎度低的比例分别为 25.0%、17.9%、6.0%，认为低碳农产品市场欢迎度高的比例分别为 65.0%、57.1%、64.1%，认为说不清楚的比例分别为 10.0%、25.0%、29.9%。从数据的变化我们可以发现：与其他年龄段的调查对象比较而言，30 岁及以下的调查对象认为市场欢迎度低和高的比例都是最高的，认为说不清楚的比例是最低的。这说明了两点：① 30 岁及以下的调查对象对这一问题的判断呈现出了两极分化的状况；② 比较而言，30 岁及以下的调查对象对这一问题的判断更加明确。

表 4-57　不同年龄调查对象对低碳农产品市场欢迎度认知的差异

	低碳农产品的市场欢迎度					
	低		高		说不清楚	
	样本数/人	比例/%	样本数/人	比例/%	样本数/人	比例/%
30 岁及以下（40 人）	10	25.0	26	65.0	4	10.0
31～40 岁（168 人）	30	17.9	96	57.1	42	25.0
40 岁以上（117 人）	7	6.0	75	64.1	35	29.9
卡方检验	X^2=15.667，df=4，Sig.=0.003					

（3）从村干部身份的角度来看，调查对象是否当过村干部对低碳农产品市场欢迎度的判断存在显著影响（X^2=24.081，df=2，Sig.=0.000），在 0.01 水平上显著（表 4-58）。具体来说，没有当过村干部的调查对象认为低碳农产品市场欢迎度低的比例为 10.7%，而当过村干部的调查对象的这一比例为 29.7%。没有当过村干部的调查对象认为低碳农产品市场欢迎度高的比例为 59.8%，而当过村干部的调查对象的这一比例为 64.1%。没有当过村干部的调查对象认为说不清楚的比例为 29.5%，而当过村干部的调查对象的这一比例为 6.3%。可见，与没有当过村干部的调查对象比较而言，当过村干部的调查对象认为市场欢迎度低和高的比例都要高一些，而认为说不清楚的比例明显要低很多。这说明了两点：① 当过村干部的调查对象对这一问题的判断呈现出了两极分化的状况；② 比较而言，当过村干部的调查对象对这一问题的判断更加明确。

表 4-58　调查对象的村干部身份对低碳农产品市场欢迎度认知差异的影响

	低碳农产品的市场欢迎度					
	低		高		说不清楚	
	样本数/人	比例/%	样本数/人	比例/%	样本数/人	比例/%
没有当过（261 人）	28	10.7	156	59.8	77	29.5
当过（64 人）	19	29.7	41	64.1	4	6.3
卡方检验	X^2=24.081，df=2，Sig.=0.000					

（4）从党员身份的角度来看，调查对象是否具有党员身份对低碳农产品市场欢迎度的判断存在显著影响（X^2=6.602，df=2，Sig.=0.037），在 0.05 水平上显著（表 4-59）。具体来说，不具有党员身份的调查对象认为低碳农产品市场欢迎度低的比例为 12.9%，而具有党员身份的调查对象的这一比例为 22.2%。不具有党员身份的调查对象认为低碳农产品市场欢迎度高的比例为 59.8%，而具有党员身份

的调查对象的这一比例为 64.8%。不具有党员身份的调查对象认为说不清楚的比例为 27.3%，而具有党员身份的调查对象的这一比例为 13.0%。可见，与不具有党员身份的调查对象比较而言，具有党员身份的调查对象认为市场欢迎度低和高的比例都要高一些，而认为说不清楚的比例明显要低一些。这说明了两点：① 具有党员身份的调查对象对这一问题的判断呈现出了两极分化的状况；② 比较而言，具有党员身份的调查对象对这一问题的判断更加明确。

表 4-59　调查对象的党员身份对低碳农产品市场欢迎度认知差异的影响

	低碳农产品的市场欢迎度					
	低		高		说不清楚	
	样本数/人	比例/%	样本数/人	比例/%	样本数/人	比例/%
不是党员（271 人）	35	12.9	162	59.8	74	27.3
是党员（54 人）	12	22.2	35	64.8	7	13.0
卡方检验	X^2=6.602，df=2，Sig.=0.037					

4.4　个人层面指标体系的构建及其测度

农民是低碳农业发展的主体，因此，农民个人层面的因素是低碳农业发展的重要影响因素。个人层面的因素会直接影响农民对低碳农业的态度与行动，而农民的态度与行动对低碳农业发展有着非常重要的影响。当然，个人层面因素对低碳农业发展的影响同样是多维度的。笔者将个人层面因素（*D*）具体操作化为土地流转情况（*D*1）、农业收入比重（*D*2）、将来继续务农情况（*D*3）、收入水平满意度（*D*4）、生活消费水平满意度（*D*5）、居住条件满意度（*D*6）、关注农业信息频率（*D*7）、参加涉农技术培训情况（*D*8）、农业污染关心度（*D*9）、农产品中农药存留关心度（*D*10）、环境保护意识（*D*11）11 个指标（表 4-60）。土地流转情况这一指标主要考察农民的土地有没有流转出去，是没有流转出去，还是部分流转出去了？还是全部流转出去了？农业收入比重这一指标主要考察在农民的年收入中农业收入所占的比例。将来继续务农情况这一指标主要考察农民将来是否会继续务农，可以反映出农民对务农的意愿。收入水平满意度这一指标主要考察农民对自己目前的收入水平是否满意。生活消费水平满意度这一指标主要考察农民对自己目前的生活消费水平是否满意。居住条件满意度这一指标主要考察农民对自己目前的居住条件是否满意。关注农业信息频率这一指标主要考察农民在日常生活中对农业信息的关注情况如何。参加涉农技术培训情况这一指标主要考察农民有没有参加过涉及农业方面的技术培训。农业污染关心度这一指标主要考察农民是否关心农业生产对环境造成的污染和破坏。农产品中农药存留关心度这一指标主要考察农民是否关心农产品中的农药存留情况。环境保护意识这一指标主要考察农民对环境的保护意识是否强烈。

表 4-60　低碳农业发展影响因素之个人层面指标体系构建

一级指标	二级指标	指标具体内涵
个人维度（*D*）	土地流转情况（*D*1）	农民的土地有没有流转出去
	农业收入比重（*D*2）	在农民的年收入中农业收入所占的比例
	将来继续务农情况（*D*3）	农民将来是否会继续务农
	收入水平满意度（*D*4）	农民对自己目前的收入水平是否满意
	生活消费水平满意度（*D*5）	农民对自己目前的生活消费水平是否满意
	居住条件满意度（*D*6）	农民对自己目前的居住条件是否满意
	关注农业信息频率（*D*7）	农民在日常生活中对农业信息的关注情况如何
	参加涉农技术培训情况（*D*8）	农民有没有参加过涉及农业方面的技术培训
	农业污染关心度（*D*9）	农民是否关心农业生产对环境造成的污染和破坏
	农产品中农药存留关心度（*D*10）	农民是否关心农产品中的农药存留情况
	环境保护意识（*D*11）	农民对环境的保护意识是否强烈

个人层面因素对低碳农业发展的作用机制是因时而异、因地而异和因人而异的。在第 2 章的理论研究部分，笔者在阐述理性选择理论相关内容时曾经提到过，理性是可以分为“经济理性”和“社会理性”的。这两种理性考虑的侧重点是有差异的，“经济理性”更加侧重于经济方面的因素，而“社会理性”更加侧重于社会、文化等方面的因素。应该说，“社会理性”是比“经济理性”层次更高的一种理性表现形式，“社会理性”是建立在“经济理性”基础上的，一般情况下，人们只有在满足了“经济理性”之后才会有“社会理性”，否则“社会理性”就成为了“空中楼阁”。笔者在阐述个人层面因素对低碳农业发展作用机制的因时而异、因地而异和因人而异正是基于这两种类型的理性而展开的。

个人层面因素对低碳农业发展作用机制的因时而异体现在：在不同的历史发展阶段，个人层面因素对低碳农业发展的影响是不同的。具体来说，在经济社会发展水平不是很高的时期，人们在低碳农业发展中的态度与行动更多的是基于“经济理性”；在经济社会发展水平较高的时期，人们在低碳农业发展中的态度与行动更多的是基于“社会理性”。个人层面因素对低碳农业发展作用机制的因地而异体现在：在不同经济社会发展程度的地区，个人层面因素对低碳农业发展的影响是不同的。具体来说，在经济社会比较落后的地区，人们在低碳农业发展中的态度与行动更多的是基于“经济理性”；在经济社会比较发达的地区，人们在低碳农业发展中的态度与行动更多的是基于“社会理性”。个人层面因素对低碳农业发展作用机制的因人而异体现在：对处于不同社会经济地位的农民来说，个人层面因素对低碳农业发展的影响是不同的。具体来说，对社会经济地位较低的农民来说，人们在低碳农业发展中的态度与行动更多的是基于“经济理性”；而对于社会经济地位较高的农民来说，人们在低碳农业发展中的态度与行动更多的是基于“社会理性”。

4.4.1 农民土地流转情况

一直以来，特别是在传统社会，土地都是农民安身立命的根基所在，是农民生存与生活的保障。可以说，土地对农民的重要性不言而喻。在低碳农业发展中，土地流转情况对农民的态度与行动发挥着直接影响。举一个极端化的例子来说，对于一个没有土地、不从事农业的农民来说，是不太会参与低碳农业发展的。因此，土地流转情况是个人层面影响低碳农业发展的重要指标。那么调查对象的土地流转情况如何呢？根据调查结果显示，57.2%的调查对象表示土地没有流转，28.0%的调查对象表示土地部分流转，14.8%的调查对象表示土地全部流转。从分析结果笔者发现：从整体来说，大部分调查对象没有流转土地。通过将调查对象流转土地情况与调查对象的年龄、受教育程度、村干部身份进行交互分析，笔者发现以下几点：

（1）从年龄的角度来看，虽然不同年龄的调查对象土地流转情况不存在显著差异（X^2=5.885，df=4，Sig.=0.208），但是通过分析结果也能看出年龄的影响（表4-61）。具体来说，30 岁及以下、31～40 岁、40 岁以上调查对象表示土地没有流转的比例分别为 40.0%、60.7%、58.1%，表示土地部分流转的比例分别为 40.0%、26.2%、26.5%，表示土地全部流转的比例分别为 20.0%、13.1%、15.4%。从数据的变化我们可以发现：与 31～40 岁和 40 岁以上这两个年龄段的调查对象比较而言，30 岁及以下的调查对象表示土地没有流转的比例明显要低一些，表示部分流转和全部流转的比例明显要高一些。由此可以判断出：比较而言，30 岁及以下的调查对象流转土地的可能性更大。

表 4-61　不同年龄调查对象土地流转情况的差异

	农民的土地流转情况					
	没有流转		部分流转		全部流转	
	样本数/人	比例/%	样本数/人	比例/%	样本数/人	比例/%
30 岁及以下（40 人）	16	40.0	16	40.0	8	20.0
31～40 岁（168 人）	102	60.7	44	26.2	22	13.1
40 岁以上（117 人）	68	58.1	31	26.5	18	15.4
卡方检验	X^2=5.885，df=4，Sig.=0.208					

（2）从受教育程度的角度来看，不同受教育程度的调查对象土地流转情况存在显著差异（X^2=10.660，df=4，Sig.=0.031），在 0.05 水平上显著（表 4-62）。具体来说，小学及以下、初中、高中及以上调查对象表示土地没有流转的比例分别为 71.9%、57.7%、44.4%，表示土地部分流转的比例分别为 21.1%、26.5%、37.5%，表示土地全部流转的比例分别为 7.0%、15.8%、18.1%。从数据的变化我们可以发现：受教育程度越高的调查对象土地没有流转的比例越低，土地部分流动和全部流转的比例则都越高。由此我们可以推断出：受教育程度越高的调查对象流转土地的可能性越大。

表 4-62　不同受教育程度调查对象土地流转情况的差异

	农民的土地流转情况					
	没有流转		部分流转		全部流转	
	样本数/人	比例/%	样本数/人	比例/%	样本数/人	比例/%
小学及以下（57 人）	41	71.9	12	21.1	4	7.0
初中（196 人）	113	57.7	52	26.5	31	15.8
高中及以上（72 人）	32	44.4	27	37.5	13	18.1
卡方检验	X^2=10.660，df=4，Sig.=0.031					

（3）从村干部身份的角度来看，调查对象是否当过村干部对土地流转情况存在显著影响（X^2=6.329，df=2，Sig.=0.042），在 0.05 水平上显著（表 4-63）。具体来说，没有当过村干部的调查对象表示土地没有流转的比例为 58.2%，而当过村干部的调查对象的这一比例为 53.1%。没有当过村干部的调查对象表示土地部分流转的比例为 25.3%，而当过村干部的调查对象的这一比例为 39.1%。没有当过村干部的调查对象表示土地全部流转的比例为 16.5%，而当过村干部的调查对

象的这一比例为7.8%。可见，与没有当过村干部的调查对象比较而言，当过村干部的调查对象土地没有流转和全部流转的比例都更低，而土地部分流转的比例更高。比较而言，没有当过村干部的调查对象呈现出更为明显的两极分化态势，要么是不流转，要么是全部流转，选择部分流转的比例相对较低。

表 4-63 调查对象的村干部身份对土地流转情况差异的影响

	农民的土地流转情况					
	没有流转		部分流转		全部流转	
	样本数/人	比例/%	样本数/人	比例/%	样本数/人	比例/%
没有当过（261人）	152	58.2	66	25.3	43	16.5
当过（64人）	34	53.1	25	39.1	5	7.8
卡方检验	X^2=6.329，df=2，Sig.=0.042					

4.4.2 农民的农业收入比重

现在的农民跟传统意义上的农民已经完全不同，特别是改革开放以来，随着大量农民外出打工，很多农民实际上已经不是真正意义上的农民，他们只是保留了农民身份而已，实际上他们并不从事农业生产，而是干着工人的活，也就成为了“农民工”。这种变化对低碳农业发展的影响是毋庸置疑的。那么怎样来有效衡量农民之间发生的这种变化呢？年收入中农业收入所占的比例就是一个很好的衡量指标，如果年收入中农业收入所占的比例越高，说明其“农性”越明显，反之，如果年收入中农业收入所占的比例越低，则说明其“非农性”越明显。因此，年收入中农业收入所占的比例是个人层面影响低碳农业发展的重要指标。那么调查对象的年收入中农业收入占的比例怎么样呢？根据调查结果显示，50.2%的调查对象年收入中农业收入占差不多一半的比例，35.7%的调查对象年收入中农业收入占的比例低于一半，14.2%的调查对象年收入中农业收入占的比例高于一半。从分析结果笔者发现：从整体来说，大部分调查对象年收入中农业收入占的比例是不高的。通过将调查对象年收入中农业收入占的比例情况与调查对象的性别、年龄、受教育程度、村干部身份、党员身份进行交互分析，笔者发现以下几点：

（1）从性别的角度来看，虽然不同性别的调查对象年收入中农业收入占的比例情况不存在显著差异（X^2=4.343，df=2，Sig.=0.114），但是通过分析结果也能看出性别的影响（表4-64）。具体来说，男性调查对象年收入中农业收入占的比例高于一半的比例为13.8%，而女性调查对象的这一比例为14.5%。男性调查对象年收入中农业收入占的比例差不多一半的比例为44.7%，而女性调查对象的这一比例为 54.9%。男性调查对象年收入中农业收入占的比例低于一半的比例为 41.4%，而女性调查对象的这一比例为 30.6%。可见，与女性调查对象比较而言，男性调查对象高于一半的比例基本上差不多，差不多一半的比例明显要低一些，低于一半的比例明显要高一些。由此可以推断出：比较而言，男性调查对象年收入中农业收入占的比例更低一些。

表 4-64　不同性别调查对象年收入中农业收入占的比例的差异

	年收入中农业收入占的比例					
	高于一半		差不多一半		低于一半	
	样本数/人	比例/%	样本数/人	比例/%	样本数/人	比例/%
男性（152 人）	21	13.8	68	44.7	63	41.4
女性（173 人）	25	14.5	95	54.9	53	30.6
卡方检验	X^2=4.343，df=2，Sig.=0.114					

（2）从年龄的角度来看，不同年龄的调查对象年收入中农业收入占的比例情况存在显著差异（X^2=11.429，df=4，Sig.=0.022），在 0.05 水平上显著（表 4-65）。具体来说，30 岁及以下、31～40 岁、40 岁以上调查对象年收入中农业收入占的比例高于一半的比例分别为 30.0%、12.5%、11.1%，差不多一半的比例分别为 47.5%、52.4%、47.9%，低于一半的比例分别为 22.5%、35.1%、41.0%。从数据的变化我们可以发现：年龄越大的调查对象年收入中农业收入占的比例高于一半的比例越低，差不多一半的比例相差不大，低于一半的比例越高。由此可以判断出：年龄越大的调查对象年收入中农业收入占的比例越低。

表 4-65　不同年龄调查对象年收入中农业收入占的比例的差异

	年收入中农业收入占的比例					
	高于一半		差不多一半		低于一半	
	样本数/人	比例/%	样本数/人	比例/%	样本数/人	比例/%
30 岁及以下（40 人）	12	30.0	19	47.5	9	22.5
31～40 岁（168 人）	21	12.5	88	52.4	59	35.1
40 岁以上（117 人）	13	11.1	56	47.9	48	41.0
卡方检验	X^2=11.429，df=4，Sig.=0.022					

（3）从受教育程度的角度来看，不同受教育程度的调查对象年收入中农业收入占的比例情况存在显著差异（X^2=8.647，df=4，Sig.=0.071），在 0.1 水平上显著（表 4-66）。具体来说，小学及以下、初中、高中及以上调查对象年收入中农业

收入占的比例高于一半的比例分别为 22.8%、14.8%、5.6%，差不多一半的比例分别为 47.4%、50.5%、51.4%，低于一半的比例分别为 29.8%、34.7%、43.1%。从数据的变化我们可以发现：受教育程度越高的调查对象年收入中农业收入占的比例高于一半的比例越低，差不多一半的比例相差不大，低于一半的比例越高。由此可以判断出：受教育程度越高的调查对象年收入中农业收入占的比例越低。

表 4-66 不同受教育程度调查对象年收入中农业收入占的比例的差异

	年收入中农业收入占的比例					
	高于一半		差不多一半		低于一半	
	样本数/人	比例/%	样本数/人	比例/%	样本数/人	比例/%
小学及以下（57 人）	13	22.8	27	47.4	17	29.8
初中（196 人）	29	14.8	99	50.5	68	34.7
高中及以上（72 人）	4	5.6	37	51.4	31	43.1
卡方检验	X^2=8.647，df=4，Sig.=0.071					

（4）从村干部身份的角度来看，调查对象是否当过村干部对年收入中农业收入占的比例情况存在显著影响（X^2=14.201，df=2，Sig.=0.001），在 0.01 水平上显著（表 4-67）。具体来说，没有当过村干部的调查对象年收入中农业收入占的比例高于一半的比例为 12.6%，而当过村干部的调查对象的这一比例为 20.3%。没有当过村干部的调查对象年收入中农业收入占的比例差不多一半的比例为 46.7%，而当过村干部的调查对象的这一比例为 64.1%。没有当过村干部的调查对象年收入中农业收入占的比例低于一半的比例为 40.6%，而当过村干部的调查对象的这一比例为 15.6%。可见，与没有当过村干部的调查对象比较而言，当过村干部的调查对象年收入中农业收入占的比例高于一半和差不多一半的比例都更高，低于一半的比例则更低。这说明：比较而言，没有当过村干部的调查对象年收入中农业收入占的比例更低。

表 4-67 调查对象的村干部身份对年收入中农业收入占的比例差异的影响

	年收入中农业收入占的比例					
	高于一半		差不多一半		低于一半	
	样本数/人	比例/%	样本数/人	比例/%	样本数/人	比例/%
没有当过（261 人）	33	12.6	122	46.7	106	40.6
当过（64 人）	13	20.3	41	64.1	10	15.6
卡方检验	X^2=14.201，df=2，Sig.=0.001					

（5）从党员身份的角度来看，调查对象是否具有党员身份对年收入中农业收入占的比例情况存在显著影响（X^2=9.670，df=2，Sig.=0.008），在 0.01 水平上显著（表 4-68）。具体来说，不具有党员身份的调查对象年收入中农业收入占的比例高于一半的比例为 11.8%，而具有党员身份的调查对象的这一比例为 25.9%。不具有党员身份的调查对象年收入中农业收入占的比例差不多一半的比例为 49.8%，而具有党员身份的调查对象的这一比例为 51.9%。不具有党员身份的调查对象年收入中农业收入占的比例低于一半的比例为 38.4%，而具有党员身份的调查对象的这一比例为 22.2%。可见，与不具有党员身份的调查对象比较而言，具有党员身份的调查对象高于一半的比例更高，低于一半的比例更低，差不多一半的比例相差无几。由此可以推断出：比较而言，不具有党员身份的调查对象年收入中农业收入占的比例更低。

表 4-68　调查对象的党员身份对年收入中农业收入占的比例差异的影响

	年收入中农业收入占的比例					
	高于一半		差不多一半		低于一半	
	样本数/人	比例/%	样本数/人	比例/%	样本数/人	比例/%
不是党员（271 人）	32	11.8	135	49.8	104	38.4
是党员（54 人）	14	25.9	28	51.9	12	22.2
卡方检验	X^2=9.670，df=2，Sig.=0.008					

4.4.3　农民将来继续务农情况

现在，真正意义上从事农业生产的农民越来越少，而且有继续减少的发展趋势。对于将来并不打算继续务农的农民来说，要想让他们积极参与到低碳农业发展中去是非常困难的。因此，笔者认为：农民将来是否会继续务农是个人层面影响低碳农业发展的重要指标。那么调查对象将来是否会继续务农呢？根据调查结果显示，43.7%的调查对象表示将来会继续务农，37.2%的调查对象表示将来是否务农要看情况，19.1%的调查对象表示将来不会务农。从分析结果笔者发现：从整体来说，多数调查对象将来还是会继续务农的。通过将调查对象将来务农情况与调查对象的性别、年龄、村干部身份、党员身份进行交互分析，笔者发现以下几点：

（1）从性别的角度来看，不同性别的调查对象将来务农情况存在显著差异（X^2=7.102，df=2，Sig.=0.029），在 0.05 水平上显著（表 4-69）。具体来说，男性调查对象表示将来不会继续务农的比例为 15.8%，而女性调查对象的这一比例为 22.0%。男性调查对象表示将来会继续务农的比例为 39.5%，而女性调查对象的这一比例为 47.4%。男性调查对象表示将来是否继续务农要看情况的比例为 44.7%，而女性调查对象的这一比例为 30.6%。可见，与男性调查对象比较而言，女性调查对象表示将来不会继续务农和会继续务农的比例都要高一些，表示要看情况的比例则要低一些。这说明：比较而言，女性调查对象在这一问题上表现出了更为明显的两极分化现象。

表 4-69　不同性别调查对象将来继续务农情况的差异

	将来是否会继续务农					
	不会		会		看情况	
	样本数/人	比例/%	样本数/人	比例/%	样本数/人	比例/%
男性（152 人）	24	15.8	60	39.5	68	44.7
女性（173 人）	38	22.0	82	47.4	53	30.6
卡方检验	X^2=7.102，df=2，Sig.=0.029					

（2）从年龄的角度来看，不同年龄的调查对象将来务农情况存在显著差异（X^2=15.604，df=4，Sig.=0.004），在 0.01 水平上显著（表 4-70）。具体来说，30 岁及以下、31～40 岁、40 岁以上调查对象表示将来不会继续务农的比例分别为 40.0%、16.7%、15.4%，将来会继续务农的比例分别为 30.0%、48.8%、41.0%，将来是否务农要看情况的比例分别为 30.0%、34.5%、43.6%。从数据的变化我们可以发现：与 31～40 岁和 40 岁以上这两个年龄段的调查对象比较而言，30 岁及以下的调查对象表示将来不会继续务农的比例明显要高一些，表示将来会继续务农的比例明显要低一些。由此可以判断出：比较而言，30 岁及以下的调查对象将来继续务农的可能性要小一些。

表 4-70　不同年龄调查对象将来继续务农情况的差异

	将来是否会继续务农					
	不会		会		看情况	
	样本数/人	比例/%	样本数/人	比例/%	样本数/人	比例/%
30 岁及以下（40 人）	16	40.0	12	30.0	12	30.0
31～40 岁（168 人）	28	16.7	82	48.8	58	34.5
40 岁以上（117 人）	18	15.4	48	41.0	51	43.6
卡方检验	X^2=15.604，df=4，Sig.=0.004					

（3）从村干部身份的角度来看，调查对象是否当过村干部对将来务农情况存在显著影响（X^2=24.367，df=2，Sig.=0.000），在 0.01 水平上显著（表 4-71）。具体来说，没有当过村干部的调查对象表示将来不会继续务农的比例为 18.0%，而当过村干部的调查对象的这一比例为 23.4%。没有当过村干部的调查对象表示将来会继续务农的比例为 38.3%，而当过村干部的调查对象的这一比例为 65.6%。没有当过村干部的调查对象表示将来是否务农要看情况的比例为 43.7%，而当过村干部的调查对象的这一比例为 10.9%。可见，与没有当过村干部的调查对象比较而言，当过村干部的调查对象表示不会和会的比例都更高，表示要看情况的比例更低。这说明：比较而言，当过村干部的调查对象在这一问题上表现出了更为明显的两极分化现象。

表 4-71　调查对象的村干部身份对将来继续务农情况的影响

	将来是否会继续务农					
	不会		会		看情况	
	样本数/人	比例/%	样本数/人	比例/%	样本数/人	比例/%
没有当过（261 人）	47	18.0	100	38.3	114	43.7
当过（64 人）	15	23.4	42	65.6	7	10.9
卡方检验	X^2=24.367，df=2，Sig.=0.000					

（4）从党员身份的角度来看，调查对象是否具有党员身份对将来务农情况存在显著影响（X^2=5.154，df=2，Sig.=0.076），在 0.1 水平上显著（表 4-72）。具体来说，不具有党员身份的调查对象表示将来不会继续务农的比例为 18.8%，而具有党员身份的调查对象的这一比例为 20.4%。不具有党员身份的调查对象表示将来会继续务农的比例为 41.3%，而具有党员身份的调查对象的这一比例为 55.6%。不具有党员身份的调查对象表示将来是否务农要看情况的比例为 39.9%，而具有党员身份的调查对象的这一比例为 24.1%。可见，与不具有党员身份的调查对象比较而言，具有党员身份的调查对象表示不会和会的比例都更高，表示要看情况的比例更低。这说明：比较而言，具有党员身份的调查对象在这一问题上同样表现出了更为明显的两极分化现象。

表 4-72 调查对象的党员身份对将来继续务农情况的影响

	将来是否会继续务农					
	不会		会		看情况	
	样本数/人	比例/%	样本数/人	比例/%	样本数/人	比例/%
不是党员（271 人）	51	18.8	112	41.3	108	39.9
是党员（54 人）	11	20.4	30	55.6	13	24.1
卡方检验	X^2=5.154，df=2，Sig.=0.076					

4.4.4 收入水平满意程度

低碳农业作为一个新生事物，处于发展的初级阶段，对各方面的投入要求也比较高，这就对农民的经济条件提出了较高的要求。笔者认为：经济条件越好的农民越是有可能积极参与到低碳农业发展中去。而收入水平满意度是衡量农民经济条件的重要指标。因此，笔者进而认为：收入水平满意度是个人层面影响低碳农业发展的重要指标。那么调查对象对收入水平满意程度如何呢？根据调查结果显示，63.7%的调查对象表示满意程度一般，25.8%的调查对象表示对收入水平不满意，10.5%的调查对象表示对收入水平满意。从分析结果笔者发现：从整体来说，调查对象对收入水平的满意程度并不高。通过将调查对象对收入水平的满意程度与调查对象的性别、受教育程度、村干部身份、党员身份进行交互分析，笔者发现以下几点：

（1）从性别的角度来看，不同性别的调查对象对收入水平的满意程度存在显著差异（X^2=5.237，df=2，Sig.=0.073），在 0.1 水平上显著（表 4-73）。具体来说，男性调查对象对收入水平不满意的比例为 28.3%，而女性调查对象的这一比例为 23.7%。男性调查对象对收入水平满意程度一般的比例为 57.9%，而女性调查对象的这一比例为 68.8%。男性调查对象对收入水平满意的比例为 13.8%，而女性调查对象的这一比例为 7.5%。可见，与女性调查对象比较而言，男性调查对象表示不满意和满意的比例都更高，表示满意程度一般的比例更低。由此可以推论出：比较而言，男性调查对象对这一问题表现出了更为明显的两极分化现象。

表 4-73 不同性别调查对象对收入水平满意程度的差异

	农民对收入水平的满意程度					
	不满意		一般		满意	
	样本数/人	比例/%	样本数/人	比例/%	样本数/人	比例/%
男性（152 人）	43	28.3	88	57.9	21	13.8
女性（173 人）	41	23.7	119	68.8	13	7.5
卡方检验	X^2=5.237，df=2，Sig.=0.073					

（2）从受教育程度的角度来看，不同受教育程度的调查对象对收入水平的满意程度存在显著差异（X^2=10.919，df=4，Sig.=0.027），在 0.05 水平上显著（表 4-74）。具体来说，小学及以下、初中、高中及以上调查对象对收入水平不满意的比例分别为 24.6%、27.6%、22.2%，满意程度一般的比例分别为 66.7%、65.3%、56.9%，满意的比例分别为 8.8%、7.1%、20.8%。从数据的变化我们可以发现：与小学及以下和初中这两类受教育程度的调查对象比较而言，高中及以上受教育程度的调查对象不满意和满意程度一般的比例要低一些，满意的比例要高一些。由此可以推断出：比较而言，高中及以上受教育程度的调查对象对收入水平的满意程度要高一些。

表 4-74　不同受教育程度调查对象对收入水平满意程度的差异

	农民对收入水平的满意程度					
	不满意		一般		满意	
	样本数/人	比例/%	样本数/人	比例/%	样本数/人	比例/%
小学及以下（57 人）	14	24.6	38	66.7	5	8.8
初中（196 人）	54	27.6	128	65.3	14	7.1
高中及以上（72 人）	16	22.2	41	56.9	15	20.8
卡方检验	X^2=10.919，df=4，Sig.=0.027					

（3）从村干部身份的角度来看，调查对象是否当过村干部对收入水平满意程度存在显著影响（X^2=4.924，df=2，Sig.=0.085），在 0.1 水平上显著（表 4-75）。具体来说，没有当过村干部的调查对象对收入水平不满意的比例为 23.4%，而当过村干部的调查对象的这一比例为 35.9%。没有当过村干部的调查对象对收入水平满意程度一般的比例为 65.1%，而当过村干部的调查对象的这一比例为 57.8%。没有当过村干部的调查对象对收入水平满意的比例为 11.5%，而当过村干部的调查对象的这一比例为 6.3%。可见，与没有当过村干部的调查对象比较而言，当过村干部的调查对象不满意的比例更高，满意程度一般和满意的比例则都更低。由此可以推断出：比较而言，没有当过村干部的调查对象对收入水平的满意程度要更高一些。

表 4-75　调查对象的村干部身份对收入水平满意程度差异的影响

	农民对收入水平的满意程度					
	不满意		一般		满意	
	样本数/人	比例/%	样本数/人	比例/%	样本数/人	比例/%
没有当过（261 人）	61	23.4	170	65.1	30	11.5
当过（64 人）	23	35.9	37	57.8	4	6.3
卡方检验	X^2=4.924，df=2，Sig.=0.085					

（4）从党员身份的角度来看，调查对象是否具有党员身份对收入水平满意程度存在显著影响（X^2=6.195，df=2，Sig.=0.045），在 0.05 水平上显著（表 4-76）。具体来说，不具有党员身份的调查对象对收入水平不满意的比例为 23.2%，而具有党员身份的调查对象的这一比例为 38.9%。不具有党员身份的调查对象对收入水平满意程度一般的比例为 66.4%，而具有党员身份的调查对象的这一比例为 50.0%。不具有党员身份的调查对象对收入水平满意的比例为 10.3%，而具有党员身份的调查对象的这一比例为 11.1%。可见，与不具有党员身份的调查对象比较而言，具有党员身份的调查对象不满意的比例要高一些，满意程度一般的比例要低一些，满意的比例则基本上差不多。由此可以推论出：比较而言，不具有党员身份的调查对象对收入水平的满意程度要更高一些。

表 4-76　调查对象的党员身份对收入水平满意程度差异的影响

	农民对收入水平的满意程度					
	不满意		一般		满意	
	样本数/人	比例/%	样本数/人	比例/%	样本数/人	比例/%
不是党员（271 人）	63	23.2	180	66.4	28	10.3
是党员（54 人）	21	38.9	27	50.0	6	11.1
卡方检验	X^2=6.195，df=2，Sig.=0.045					

4.4.5　生活水平满意程度

生活水平满意度也是衡量农民经济条件的重要指标。一般情况下，农民对生活水平的满意度越高往往说明农民的经济条件越好，也就越有可能积极参与到低碳农业发展当中去。因此，笔者同样进而推论出：生活水平满意度是个人层面影响低碳农业发展的重要指标。那么调查对象对生活水平满意程度如何呢？根据调查结果显示，65.5%的调查对象表示满意程度一般，22.2%的调查对象表示对生活水平不满意，只有 12.3%的调查对象表示对生活水平满意。从分析结果笔者发现：从整体来说，调查对象对生活水平的满意程度并不高。通过将调查对象对生活水平的满意程度与调查对象的性别、年龄、村干部身份、党员身份进行交互分析，笔者发现以下几点：

（1）从性别的角度来看，虽然不同性别的调查对象对生活水平的满意程度不存在显著差异（X^2=3.562，df=2，Sig.=0.168），但是通过分析结果也能看出性别的影响（表 4-77）。具体来说，男性调查对象对生活水平不满意的比例为 24.3%，而女性调查对象的这一比例为 20.2%。男性调查对象对生活水平满意程度一般的比例为 60.5%，而女性调查对象的这一比例为 69.9%。男性调查对象对生活水平满意的比例为 15.1%，而女性调查对象的这一比例为 9.8%。可见，与女性调查对象比较而言，男性调查对象表示不满意和满意的比例都更高，表示满意程度一般的比例更低。由此可以推论出：比较而言，男性调查对象对这一问题表现出了更为明显的两极分化现象。

表 4-77　不同性别调查对象对生活水平满意程度的差异

	农民对生活水平的满意程度					
	不满意		一般		满意	
	样本数/人	比例/%	样本数/人	比例/%	样本数/人	比例/%
男性（152 人）	37	24.3	92	60.5	23	15.1
女性（173 人）	35	20.2	121	69.9	17	9.8
卡方检验	X^2=3.562，df=2，Sig.=0.168					

（2）从年龄的角度来看，虽然不同年龄的调查对象对生活水平的满意程度不存在显著差异（X^2=5.250，df=4，Sig.=0.263），但是通过分析结果也能看出年龄的影响（表 4-78）。具体来说，30 岁及以下、31～40 岁、40 岁以上调查对象对生活水平不满意的比例分别为 22.5%、23.2%、20.5%，对生活水平的满意程度一般的比例分别为 62.5%、68.5%、62.4%，对生活水平满意的比例分别为 15.0%、8.3%、17.1%。从数据的变化我们可以发现：与 30 岁及以下和 40 岁以上这两个年龄段的调查对象比较而言，31～40 岁的调查对象不满意的比例相差无几，满意程度一般的比例更高，满意的比例更低。由此比较而言，30 岁及以下和 40 岁以上这两个年龄段的调查对象对生活水平的满意程度更高一些。

表 4-78 不同年龄调查对象对生活水平满意程度的差异

	农民对生活水平的满意程度					
	不满意		一般		满意	
	样本数/人	比例/%	样本数/人	比例/%	样本数/人	比例/%
30 岁及以下（40 人）	9	22.5	25	62.5	6	15.0
31～40 岁（168 人）	39	23.2	115	68.5	14	8.3
40 岁以上（117 人）	24	20.5	73	62.4	20	17.1
卡方检验	X^2=5.250，df=4，Sig.=0.263					

（3）从村干部身份的角度来看，调查对象是否当过村干部对生活水平满意程度存在显著影响（X^2=7.959，df=2，Sig.=0.019），在 0.05 水平上显著（表 4-79）。具体来说，没有当过村干部的调查对象对生活水平不满意的比例为 19.5%，而当过村干部的调查对象的这一比例为 32.8%。没有当过村干部的调查对象对生活水平满意程度一般的比例为 66.3%，而当过村干部的调查对象的这一比例为 62.5%。没有当过村干部的调查对象对生活水平满意的比例为 14.2%，而当过村干部的调查对象的这一比例为 4.7%。可见，与没有当过村干部的调查对象比较而言，当过村干部的调查对象不满意的比例更高，满意程度一般和满意的比例则都更低。由此可以推断出：比较而言，没有当过村干部的调查对象对生活水平的满意程度要更高一些。

表 4-79 调查对象的村干部身份对生活水平满意程度差异的影响

	农民对生活水平的满意程度					
	不满意		一般		满意	
	样本数/人	比例/%	样本数/人	比例/%	样本数/人	比例/%
没有当过（261 人）	51	19.5	173	66.3	37	14.2
当过（64 人）	21	32.8	40	62.5	3	4.7
卡方检验	X^2=7.959，df=2，Sig.=0.019					

（4）从党员身份的角度来看，虽然调查对象是否具有党员身份对生活水平满意程度不存在显著影响（X^2=3.422，df=2，Sig.=0.181），但是通过分析结果也能看出党员身份的影响（表 4-80）。具体来说，不具有党员身份的调查对象对生活水平不满意的比例为 20.3%，而具有党员身份的调查对象的这一比例为 31.5%。不具有党员身份的调查对象对生活水平满意程度一般的比例为 66.8%，而具有党员身份的调查对象的这一比例为 59.3%。不具有党员身份的调查对象对生活水平满

意的比例为 12.9%，而具有党员身份的调查对象的这一比例为 9.3%。可见，与不具有党员身份的调查对象比较而言，具有党员身份的调查对象不满意的比例要高一些，满意程度一般和满意的比例都要低一些。由此可以推论出：比较而言，不具有党员身份的调查对象对生活水平的满意程度要更高一些。

表 4-80　调查对象的党员身份对生活水平满意程度差异的影响

	农民对生活水平的满意程度					
	不满意		一般		满意	
	样本数/人	比例/%	样本数/人	比例/%	样本数/人	比例/%
不是党员（271 人）	55	20.3	181	66.8	35	12.9
是党员（54 人）	17	31.5	32	59.3	5	9.3
卡方检验	X^2=3.422，df=2，Sig.=0.181					

4.4.6　居住条件满意程度

居住条件满意度也是衡量农民经济条件的重要指标。一般情况下，农民对居住条件的满意度越高往往说明农民的经济条件越好，也就越有可能积极参与到低碳农业发展当中去。因此，笔者同样进而推论出：居住条件满意度是个人层面影响低碳农业发展的重要指标。那么调查对象对居住条件满意程度如何呢？根据调查结果显示，58.5%的调查对象表示对居住条件满意程度一般，22.2%的调查对象表示对居住条件满意，19.4%的调查对象表示对居住条件不满意。从分析结果笔者发现：从整体来说，调查对象对居住条件的满意程度并不高。通过将调查对象对居住条件的满意程度与调查对象的性别、年龄、村干部身份、党员身份进行交互分析，笔者发现以下几点：

（1）从性别的角度来看，虽然不同性别的调查对象对居住条件的满意程度不存在显著差异（X^2=2.315，df=2，Sig.=0.341），但是通过分析结果也能看出性别的影响（表 4-81）。具体来说，男性调查对象对居住条件不满意的比例为 16.4%，而女性调查对象的这一比例为 22.0%。男性调查对象对居住条件满意程度一般的比例为 58.6%，而女性调查对象的这一比例为 58.4%。男性调查对象对居住条件满意的比例为 25.0%，而女性调查对象的这一比例为 19.7%。可见，与女性调查对象比较而言，男性调查对象不满意的比例更低，满意程度一般的比例基本上一样，满意的比例更高。由此可以推论出：比较而言，男性调查对象对居住条件的满意程度更高一些。

表 4-81 不同性别调查对象对居住条件满意程度的差异

	农民对居住条件的满意程度					
	不满意		一般		满意	
	样本数/人	比例/%	样本数/人	比例/%	样本数/人	比例/%
男性（152 人）	25	16.4	89	58.6	38	25.0
女性（173 人）	38	22.0	101	58.4	34	19.7
卡方检验	X^2=2.315，df=2，Sig.=0.341					

（2）从年龄的角度来看，不同年龄的调查对象对居住条件的满意程度存在显著差异（X^2=17.778，df=4，Sig.=0.001），在 0.01 水平上显著（表 4-82）。具体来说，30 岁及以下、31～40 岁、40 岁以上调查对象对居住条件不满意的比例分别为 30.0%、22.0%、12.0%，满意程度一般的比例分别为 60.0%、60.7%、54.7%，满意的比例分别为 10.0%、17.3%、33.3%。从数据的变化我们可以发现：年龄越大的调查对象不满意的比例越低，满意程度一般的比例相差不大，满意的比例越高。由此可以判断出：年龄越大的调查对象对居住条件的满意程度越高。

表 4-82 不同年龄调查对象对居住条件满意程度的差异

	农民对居住条件的满意程度					
	不满意		一般		满意	
	样本数/人	比例/%	样本数/人	比例/%	样本数/人	比例/%
30 岁及以下（40 人）	12	30.0	24	60.0	4	10.0
31～40 岁（168 人）	37	22.0	102	60.7	29	17.3
40 岁以上（117 人）	14	12.0	64	54.7	39	33.3
卡方检验	X^2=17.778，df=4，Sig.=0.001					

（3）从村干部身份的角度来看，调查对象是否当过村干部对居住条件满意程度存在显著影响（X^2=16.038，df=2，Sig.=0.000），在 0.01 水平上显著（表 4-83）。具体来说，没有当过村干部的调查对象对居住条件不满意的比例为 16.9%，而当过村干部的调查对象的这一比例为 29.7%。没有当过村干部的调查对象对居住条件满意程度一般的比例为 56.7%，而当过村干部的调查对象的这一比例为 65.6%。没有当过村干部的调查对象对居住条件满意的比例为 26.4%，而当过村干部的调查对象的这一比例为 4.7%。可见，与没有当过村干部的调查对象比较而言，当过村干部的调查对象不满意和满意程度一般的比例都更高，满意的比例则更低。由此可以推断出：没有当过村干部的调查对象对居住条件的满意程度要更高一些。

表 4-83　调查对象的村干部身份对居住条件满意程度差异的影响

	农民对居住条件的满意程度					
	不满意		一般		满意	
	样本数/人	比例/%	样本数/人	比例/%	样本数/人	比例/%
没有当过（261 人）	44	16.9	148	56.7	69	26.4
当过（64 人）	19	29.7	42	65.6	3	4.7
卡方检验	X^2=16.038，df=2，Sig.=0.000					

（4）从党员身份的角度来看，调查对象是否具有党员身份对居住条件满意程度存在显著影响（X^2=13.295，df=2，Sig.=0.001），在 0.01 水平上显著（表 4-84）。具体来说，不具有党员身份的调查对象对居住条件不满意的比例为 16.2%，而具有党员身份的调查对象的这一比例为 35.2%。不具有党员身份的调查对象对居住条件满意程度一般的比例为 59.0%，而具有党员身份的调查对象的这一比例为 55.6%。不具有党员身份的调查对象对居住条件满意的比例为 24.8%，而具有党员身份的调查对象的这一比例为 9.2%。可见，与不具有党员身份的调查对象比较而言，具有党员身份的调查对象不满意的比例更高，满意程度一般的比例相差无几，满意的比例更低。由此可以推论出：比较而言，不具有党员身份的调查对象对居住条件的满意程度更高一些。

表 4-84　调查对象的党员身份对居住条件满意程度差异的影响

	农民对居住条件的满意程度					
	不满意		一般		满意	
	样本数/人	比例/%	样本数/人	比例/%	样本数/人	比例/%
不是党员（271 人）	44	16.2	160	59.0	67	24.8
是党员（54 人）	19	35.2	30	55.6	5	9.2
卡方检验	X^2=13.295，df=2，Sig.=0.001					

4.4.7　关注农业信息频率

低碳农业作为一个新生事物，很多农民对低碳农业根本不了解，在这种情况下农民是不太会积极参与到低碳农业发展中去的。可以说，农民对低碳农业的了解情况会直接影响农民对低碳农业的态度与行动。而农民对低碳农业的了解情况往往与农民对农业信息的关注程度有关。如果农民对农业信息是非常关注的，那么其更有可能了解什么是低碳农业，进而更有可能积极参与到低碳农业发展当中去。因此，笔者认为，农民关注农业信息的频率是个人层面影响低碳农业发展的重要指标。那么调查对象关注农业信息的频率如何呢？根据调查结果显示，68.0%的调查对象表示频率一般，24.3%的调查对象表示频率很低，7.7%的调查对象表示频率很高。从分析结果笔者发现：从整体来说，调查对象关注农业信息的频率并不高。通过将调查对象关注农业信息的频率与调查对象的性别、年龄、受教育程度进行交互分析，笔者发现以下几点：

（1）从性别的角度来看，不同性别的调查对象关注农业信息的频率存在显著差异（X^2=6.434，df=2，Sig.=0.040），在 0.05 水平上显著（表 4-85）。具体来说，男性调查对象关注农业信息的频率很低的比例为 19.1%，而女性调查对象的这一比例为 28.9%。男性调查对象关注农业信息频率一般的比例为 70.4%，而女性调查对象的这一比例为 65.9%。男性调查对象关注农业信息的频率很高的比例为 10.5%，而女性调查对象的这一比例为 5.2%。可见，与女性调查对象比较而言，男性调查对象频率很低的比例更低，频率一般和很高的比例则都更高。这说明：比较而言，男性调查对象对农业信息关注的频率更高。

表 4-85　不同性别调查对象关注农业信息频率的差异

	农民关注农业信息的频率					
	很低		一般		很高	
	样本数/人	比例/%	样本数/人	比例/%	样本数/人	比例/%
男性（152 人）	29	19.1	107	70.4	16	10.5
女性（173 人）	50	28.9	114	65.9	9	5.2
卡方检验	X^2=6.434，df=2，Sig.=0.040					

（2）从年龄的角度来看，虽然不同年龄的调查对象关注农业信息的频率不存在显著差异（X^2=4.179，df=4，Sig.=0.382），但是通过分析结果也能看出年龄的影响（表 4-86）。具体来说，30 岁及以下、31～40 岁、40 岁以上调查对象关注农业信息频率很低的比例分别为 32.5%、24.4%、21.4%，关注农业信息频率一般的比例分别为 55.0%、69.0%、70.9%，关注农业信息的频率很高的比例分别为 12.5%、6.5%、7.7%。从数据的变化我们可以发现：与 31～40 岁和 40 岁以上这两个年龄段的调查对象比较而言，30 岁及以下的调查对象频率很低和很高的比例都更高，频率一般的比例更低。由此可以推论出：比较而言，30 岁及以下的调查对象在这

一问题上表现出了明显的两极分化现象。

表 4-86　不同年龄调查对象关注农业信息频率的差异

	农民关注农业信息的频率					
	很低		一般		很高	
	样本数/人	比例/%	样本数/人	比例/%	样本数/人	比例/%
30 岁及以下（40 人）	13	32.5	22	55.0	5	12.5
31～40 岁（168 人）	41	24.4	116	69.0	11	6.5
40 岁以上（117 人）	25	21.4	83	70.9	9	7.7
卡方检验	X^2=4.179，df=4，Sig.=0.382					

（3）从受教育程度的角度来看，虽然不同受教育程度的调查对象关注农业信息的频率不存在显著差异（X^2=4.071，df=4，Sig.=0.396），但是通过分析结果也能看出受教育程度的影响（表 4-87）。具体来说，小学及以下、初中、高中及以上调查对象关注农业信息频率很低的比例分别为 33.3%、24.0%、18.1%，频率一般的比例分别为 59.6%、68.4%、73.6%，频率很高的比例分别为 7.0%、7.7%、8.3%。从数据的变化我们可以发现：受教育程度越高的调查对象关注农业信息频率很低的比例越低，频率一般和很高的比例都越高。由此可以推断出：受教育程度越高的调查对象关注农业信息的频率也越高。

表 4-87　不同受教育程度调查对象关注农业信息频率的差异

	农民关注农业信息的频率					
	很低		一般		很高	
	样本数/人	比例/%	样本数/人	比例/%	样本数/人	比例/%
小学及以下（57 人）	19	33.3	34	59.6	4	7.0
初中（196 人）	47	24.0	134	68.4	15	7.7
高中及以上（72 人）	13	18.1	53	73.6	6	8.3
卡方检验	X^2=4.071，df=4，Sig.=0.396					

4.4.8　参加涉农技术培训情况

低碳农业作为一个新生事物，往往对农业技术有一定要求。而参加涉农技术培训是农民获得农业技术的重要途径之一。因此，笔者认为，农民参加涉农技术培训的情况是个人层面影响低碳农业发展的重要指标。那么调查对象参加涉农技术培训情况如何呢？根据调查结果显示，只有 28.9%的调查对象表示参加过涉农技术培训。从分析结果笔者发现：从整体来说，调查对象参加涉农技术培训的情况并不乐观。通过将调查对象参加涉农技术培训的情况与调查对象的性别、年龄、受教育程度、村干部身份、党员身份进行交互分析，笔者发现以下几点：

（1）从性别的角度来看，虽然不同性别的调查对象参加涉农技术培训的情况不存在显著差异（X^2=2.138，df=1，Sig.=0.144），但是通过分析结果也能看出性别的影响（表 4-88）。具体来说，男性调查对象表示参加过涉农技术培训的比例为 25.0%，女性调查对象的这一比例为 32.4%。从数据的变化我们可以发现：比较而言，女性调查对象表示参加过涉农技术培训的比例更高一些。由此我们可以判断出：女性调查对象参加过涉农技术培训的可能性更大。

表 4-88　不同受教育程度调查对象参加涉农技术培训情况的差异

	参加涉农技术培训情况			
	没有参加过		参加过	
	样本数/人	比例/%	样本数/人	比例/%
男性（152 人）	114	75.0	38	25.0
女性（173 人）	117	67.6	56	32.4
卡方检验	X^2=2.138，df=1，Sig.=0.144			

（2）从年龄的角度来看，虽然不同年龄的调查对象参加涉农技术培训的情况不存在显著差异（X^2=1.861，df=2，Sig.=0.394），但是通过分析结果也能看出年龄的影响（表 4-89）。具体来说，30 岁及以下、31～40 岁、40 岁以上调查对象表示参加过涉农技术培训的比例分别为 35.0%、30.4%、24.8%。从数据的变化我们可以发现：年龄越大的调查对象表示参加过涉农技术培训的比例越低。由此可以推断出：年龄越大的调查对象参加过涉农技术培训的可能性反而越小。

表 4-89　不同受教育程度调查对象参加涉农技术培训情况的差异

	参加涉农技术培训情况			
	没有参加过		参加过	
	样本数/人	比例/%	样本数/人	比例/%
30 岁及以下（40 人）	26	65.0	14	35.0
31～40 岁（168 人）	117	69.6	51	30.4
40 岁以上（117 人）	88	75.2	29	24.8
卡方检验	X^2=1.861，df=2，Sig.=0.394			

（3）从受教育程度的角度来看，不同受教育程度的调查对象参加涉农技术培训的情况存在显著差异（X^2=11.761，df=2，Sig.=0.003），在 0.01 水平上显著（表 4-90）。具体来说，小学及以下、初中、高中及以上调查对象表示参加过涉农技术培训的比例分别为 38.6%、21.9%、40.3%。从数据的变化我们可以发现：比较而言，初中受教育程度的调查对象表示参加过涉农技术培训的比例明显要低一些。由此可以推断出：与初中受教育程度的调查对象比较而言，小学及以下和高中及以上这两类受教育程度的调查对象参加过涉农技术培训的可能性更大。

表 4-90　不同受教育程度调查对象参加涉农技术培训情况的差异

	参加涉农技术培训情况			
	没有参加过		参加过	
	样本数/人	比例/%	样本数/人	比例/%
小学及以下（57 人）	35	61.4	22	38.6
初中（196 人）	153	78.1	43	21.9
高中及以上（72 人）	43	59.7	29	40.3
卡方检验	X^2=11.761，df=2，Sig.=0.003			

（4）从村干部身份的角度来看，调查对象是否当过村干部对参加涉农技术培训情况存在显著影响（X^2=52.219，df=1，Sig.=0.000），在 0.01 水平上显著（表 4-91）。具体来说，没有当过村干部的调查对象表示参加过涉农技术培训的比例为 19.9%，而当过村干部的调查对象的这一比例为 65.6%。可见，与没有当过村干部的调查对象比较而言，当过村干部的调查对象表示参加过涉农技术培训的比例要高很多。由此比较而言，当过村干部的调查对象参加过涉农技术培训的可能性更大。

表 4-91　村干部身份对调查对象参加涉农技术培训情况的影响

	参加涉农技术培训情况			
	没有参加过		参加过	
	样本数/人	比例/%	样本数/人	比例/%
没有当过（261 人）	209	80.1	52	19.9
当过（64 人）	22	34.4	42	65.6
卡方检验	X^2=52.219，df=1，Sig.=0.000			

（5）从党员身份的角度来看，调查对象是否具有党员身份对参加涉农技术培训的情况存在显著影响（X^2=11.643，df=1，Sig.=0.001），在0.01水平上显著（表4-92）。具体来说，不具有党员身份的调查对象表示参加过涉农技术培训的比例为25.1%，而具有党员身份的调查对象的这一比例为48.1%。可见，与不具有党员身份的调查对象比较而言，具有党员身份的调查对象参加过涉农技术培训的比例更高。由此比较而言，具有党员身份的调查对象参加过涉农技术培训的可能性更大。

表4-92 党员身份对调查对象参加涉农技术培训情况的影响

	参加涉农技术培训情况			
	没有参加过		参加过	
	样本数/人	比例/%	样本数/人	比例/%
不是党员（271人）	203	74.9	68	25.1
是党员（54人）	28	51.9	26	48.1
卡方检验	X^2=11.643，df=1，Sig.=0.001			

4.4.9 对农业污染关心程度

发展低碳农业的方式是通过减少碳源、增加碳汇来实现的。当前，农业生产对自然环境的影响日益加重，减少农业生产对环境的污染和破坏是发展低碳农业的重要目的之一。农民对环境污染的关心度会影响农民参与低碳农业发展的态度与行动。因此，笔者认为，农民对环境污染的关心度是个人层面影响低碳农业发展的重要指标。那么调查对象对农业污染的关心程度如何呢？根据调查结果显示，43.1%的调查对象表示对农业污染关心程度一般，34.2%的调查对象表示对农业污染很关心，22.8%的调查对象表示不关心农业污染。从分析结果笔者发现：多数调查对象对农业污染的关心程度一般。通过将调查对象对农业污染的关心程度与调查对象的性别、年龄、受教育程度、村干部身份、党员身份进行交互分析，笔者发现以下几点：

（1）从性别的角度来看，不同性别的调查对象对农业污染的关心程度存在显著差异（X^2=14.221，df=2，Sig.=0.001），在0.01水平上显著（表4-93）。具体来说，男性调查对象不关心农业污染的比例为19.1%，而女性调查对象的这一比例为26.0%。男性调查对象对农业污染关心程度一般的比例为36.2%，而女性调查对象的这一比例为49.1%。男性调查对象对农业污染很关心的比例为44.7%，而女性调查对象的这一比例为24.9%。可见，与女性调查对象比较而言，男性调查对象对农业污染不关心和关心程度一般的比例都更低，而很关心的比例更高。由此比较而言，男性调查对象更加关心农业污染。

表 4-93　不同性别调查对象对农业污染关心程度的差异

	对农业污染的关心程度					
	不关心		一般		很关心	
	样本数/人	比例/%	样本数/人	比例/%	样本数/人	比例/%
男性（152 人）	29	19.1	55	36.2	68	44.7
女性（173 人）	45	26.0	85	49.1	43	24.9
卡方检验	X^2=14.221，df=2，Sig.=0.001					

（2）从年龄的角度来看，不同年龄的调查对象对农业污染的关心程度存在显著差异（X^2=14.791，df=4，Sig.=0.005），在 0.01 水平上显著（表 4-94）。具体来说，30 岁及以下、31～40 岁、40 岁以上调查对象对农业污染不关心的比例分别为 25.0%、26.2%、17.1%，关心程度一般的比例分别为 57.5%、44.0%、36.8%，很关心的比例分别为 17.5%、29.8%、46.2%。从数据的变化我们可以发现：40 岁以上的调查对象不关心农业污染的比例明显低于 30 岁及以下和 31～40 岁这两个年龄段的调查对象。年龄越大的调查对象关心程度一般的比例越低，很关心的比例越高。由此可以推断出：从整体来说，年龄越大的调查对象越关心农业污染。

表 4-94　不同年龄调查对象对农业污染关心程度的差异

	对农业污染的关心程度					
	不关心		一般		很关心	
	样本数/人	比例/%	样本数/人	比例/%	样本数/人	比例/%
30 岁及以下（40 人）	10	25.0	23	57.5	7	17.5
31～40 岁（168 人）	44	26.2	74	44.0	50	29.8
40 岁以上（117 人）	20	17.1	43	36.8	54	46.2
卡方检验	X^2=14.791，df=4，Sig.=0.005					

（3）从受教育程度的角度来看，不同受教育程度的调查对象对农业污染的关心程度存在显著差异（X^2=8.853，df=4，Sig.=0.065），在 0.1 水平上显著（表 4-95）。具体来说，小学及以下、初中、高中及以上调查对象对农业污染不关心的比例分别为 28.1%、20.4%、25.0%，关心程度一般的比例分别为 52.6%、39.8%、44.4%，很关心的比例分别为 19.3%、39.8%、30.6%。从数据的变化我们可以发现：对农

业污染不关心和关心程度一般比例最高的都是小学及以下受教育程度的调查对象，其次都是高中及以上受教育程度的调查对象，比例最低的都是初中受教育程度的调查对象。对农业污染很关心比例最高的是初中受教育程度的调查对象，其次是高中及以上受教育程度的调查对象，比例最低的是小学及以下受教育程度的调查对象。由此可以推断出：对农业污染关心程度最高的是初中受教育程度的调查对象，其次是高中及以上受教育程度的调查对象，对农业污染关心程度最低的是小学及以下受教育程度的调查对象。

表 4-95 不同受教育程度调查对象对农业污染关心程度的差异

	对农业污染的关心程度					
	不关心		一般		很关心	
	样本数/人	比例/%	样本数/人	比例/%	样本数/人	比例/%
小学及以下（57 人）	16	28.1	30	52.6	11	19.3
初中（196 人）	40	20.4	78	39.8	78	39.8
高中及以上（72 人）	18	25.0	32	44.4	22	30.6
卡方检验	X^2=8.853，df=4，Sig.=0.065					

（4）从村干部身份的角度来看，调查对象是否当过村干部对农业污染的关心程度存在显著影响（X^2=36.621，df=2，Sig.=0.000），在 0.01 水平上显著（表 4-96）。具体来说，没有当过村干部的调查对象对农业污染不关心的比例为 16.9%，而当过村干部的调查对象的这一比例为 46.9%。没有当过村干部的调查对象对农业污染关心程度一般的比例为 42.5%，而当过村干部的调查对象的这一比例为 45.3%。没有当过村干部的调查对象对农业污染很关心的比例为 40.6%，而当过村干部的调查对象的这一比例为 7.8%。可见，与没有当过村干部的调查对象比较而言，当过村干部的调查对象不关心农业污染的比例更高，关心程度一般的比例相差无几，很关心的比例更低。由此可以推断出：比较而言，没有当过村干部的调查对象更加关心农业污染。

表 4-96 调查对象的村干部身份对农业污染关心程度差异的影响

	对农业污染的关心程度					
	不关心		一般		很关心	
	样本数/人	比例/%	样本数/人	比例/%	样本数/人	比例/%
没有当过（261 人）	44	16.9	111	42.5	106	40.6
当过（64 人）	30	46.9	29	45.3	5	7.8
卡方检验	X^2=36.621，df=2，Sig.=0.000					

（5）从党员身份的角度来看，虽然调查对象是否具有党员身份对农业污染的关心程度不存在显著影响（X^2=2.650，df=2，Sig.=0.266），但是通过分析结果也能看出党员身份的影响（表 4-97）。具体来说，不具有党员身份的调查对象对农业污染不关心的比例为 21.4%，而具有党员身份的调查对象的这一比例为 29.6%。不具有党员身份的调查对象对农业污染关心程度一般的比例为 42.8%，而具有党员身份的调查对象的这一比例为 44.4%。不具有党员身份的调查对象很关心农业污染的比例为 35.8%，而具有党员身份的调查对象的这一比例为 25.9%。可见，与不具有党员身份的调查对象比较而言，具有党员身份的调查对象不关心农业污染的比例更高，关心程度一般的比例相差无几，很关心农业污染的比例更低。由此可以推论出：比较而言，不具有党员身份的调查对象更加关心农业污染。

表 4-97　调查对象的党员身份对农业污染关心程度差异的影响

	对农业污染的关心程度					
	不关心		一般		很关心	
	样本数/人	比例/%	样本数/人	比例/%	样本数/人	比例/%
不是党员（271 人）	58	21.4	116	42.8	97	35.8
是党员（54 人）	16	29.6	24	44.4	14	25.9
卡方检验	X^2=2.650，df=2，Sig.=0.266					

4.4.10　对农产品中农药存留的关心度

对农产品中农药存留的关心程度也会直接影响农民参与低碳农业发展的态度与行动。因此，笔者认为，农民对农产品中农药存留的关心程度同样也是个人层面影响低碳农业发展的重要指标。那么调查对象是否关心农产品中的农药存留呢？根据调查结果显示，52.3%的调查对象表示很关心农产品中的农药存留，40.9%的调查对象表示对农产品中农药存留关心程度一般，6.8%的调查对象表示不关心农产品中的农药存留。从分析结果笔者发现：大多数调查对象还是很关心农产品中的农药存留的。通过将调查对象对农产品中农药存留的关心程度与调查对象的性别、年龄、受教育程度、村干部身份进行交互分析，笔者发现以下几点：

（1）从性别的角度来看，不同性别的调查对象对农产品中农药存留的关心程度存在显著差异（X^2=13.476，df=2，Sig.=0.001），在 0.01 水平上显著（表 4-98）。具体来说，男性调查对象不关心农产品中农药存留的比例为 5.3%，而女性调查对象的这一比例为 8.1%。男性调查对象对农产品中农药存留关心程度一般的比例为

31.6%，而女性调查对象的这一比例为 49.1%。男性调查对象很关心农产品中农药存留的比例为 63.2%，而女性调查对象的这一比例为 42.8%。可见，与女性调查对象比较而言，男性调查对象对农产品中农药存留不关心和关心程度一般的比例都更低，而很关心的比例更高。由此可以推断出：比较而言，男性调查对象更加关心农产品中的农药存留。

表 4-98　不同性别调查对象对农产品中农药存留关心程度的差异

	对农产品中农药存留的关心程度					
	不关心		一般		很关心	
	样本数/人	比例/%	样本数/人	比例/%	样本数/人	比例/%
男性（152 人）	8	5.3	48	31.6	96	63.2
女性（173 人）	14	8.1	85	49.1	74	42.8
卡方检验	X^2=13.476，df=2，Sig.=0.001					

（2）从年龄的角度来看，不同年龄的调查对象对农产品中农药存留的关心程度存在显著差异（X^2=17.343，df=4，Sig.=0.002），在 0.01 水平上显著（表 4-99）。具体来说，30 岁及以下、31～40 岁、40 岁以上调查对象对农产品中农药存留不关心的比例分别为 2.5%、8.3%、6.0%，关心程度一般的比例分别为 67.5%、41.1%、31.6%，很关心的比例分别为 30.0%、50.6%、62.4%。从数据的变化我们可以发现：年龄越大的调查对象表示关心程度一般的比例越低，很关心的比例越高。各个年龄段的调查对象表示不关心的比例相差不大。由此可以推断出：从整体来说，年龄越大的调查对象越是关心农产品中的农药存留。

表 4-99　不同年龄调查对象对农产品中农药存留关心程度的差异

	对农产品中农药存留的关心程度					
	不关心		一般		很关心	
	样本数/人	比例/%	样本数/人	比例/%	样本数/人	比例/%
30 岁及以下（40 人）	1	2.5	27	67.5	12	30.0
31～40 岁（168 人）	14	8.3	69	41.1	85	50.6
40 岁以上（117 人）	7	6.0	37	31.6	73	62.4
卡方检验	X^2=17.343，df=4，Sig.=0.002					

（3）从受教育程度的角度来看，不同受教育程度的调查对象对农产品中农药存留的关心程度存在显著差异（X^2=22.955，df=4，Sig.=0.000），在 0.01 水平上

显著（表 4-100）。具体来说，小学及以下、初中、高中及以上调查对象对农产品中农药存留不关心的比例分别为 14.0%、6.1%、2.8%，关心程度一般的比例分别为 47.4%、32.7%、58.3%，很关心的比例分别为 38.6%、61.2%、38.9%。从数据的变化我们可以发现：比较而言，初中受教育程度的调查对象表示不关心的比例比较低，表示关心程度一般的比例是最低的，表示很关心的比例是最高的。由此可以推断出：与其他受教育程度的调查对象比较而言，初中受教育程度的调查对象更加关心农产品中的农药存留。

表 4-100　不同受教育程度调查对象对农产品中农药存留关心程度的差异

	对农产品中农药存留的关心程度					
	不关心		一般		很关心	
	样本数/人	比例/%	样本数/人	比例/%	样本数/人	比例/%
小学及以下（57 人）	8	14.0	27	47.4	22	38.6
初中（196 人）	12	6.1	64	32.7	120	61.2
高中及以上（72 人）	2	2.8	42	58.3	28	38.9
卡方检验	X^2=22.955，df=4，Sig.=0.000					

（4）从村干部身份的角度来看，调查对象是否当过村干部对农产品中农药存留的关心程度存在显著影响（X^2=27.906，df=2，Sig.=0.000），在 0.01 水平上显著（表 4-101）。具体来说，没有当过村干部的调查对象对农产品中农药存留不关心的比例为 6.5%，而当过村干部的调查对象的这一比例为 7.8%。没有当过村干部的调查对象对农产品中农药存留关心程度一般的比例为 34.1%，而当过村干部的调查对象的这一比例为 68.8%。没有当过村干部的调查对象很关心农产品中农药存留的比例为 59.4%，而当过村干部的调查对象的这一比例为 23.4%。可见，与没有当过村干部的调查对象比较而言，当过村干部的调查对象不关心农产品中农药存留的比例相差无几，关心程度一般的比例更高，很关心的比例更低。由此可以推断出：比较而言，没有当过村干部的调查对象更加关心农产品中的农药存留。

表 4-101　调查对象的村干部身份对农产品中农药存留关心程度的影响

	对农产品中农药存留的关心程度					
	不关心		一般		很关心	
	样本数/人	比例/%	样本数/人	比例/%	样本数/人	比例/%
没有当过（261 人）	17	6.5	89	34.1	155	59.4
当过（64 人）	5	7.8	44	68.8	15	23.4
卡方检验	X^2=27.906，df=2，Sig.=0.000					

4.4.11 农民的环境保护意识

环境保护意识也会直接影响农民参与低碳农业发展的态度与行动。环境保护意识越强的农民往往越有可能积极参与到低碳农业发展当中去，反之则越不可能积极参与到低碳农业发展当中去。因此，笔者认为，农民的环境保护意识同样也是个人层面影响低碳农业发展的重要指标。低碳农业上的环境保护意识表现出来的是一种低碳责任意识。关于低碳责任意识的概念，可以追溯到 Hines 等对环境责任意识的定义，即个人对环境问题或为解决环境问题采取的某种行为所表现出来的责任感和道德感。Stern 等利用实证研究证明了环境责任感对居民环境行为的正向影响。[①]那么调查对象的环境保护意识如何呢？根据调查结果显示，63.4%的调查对象表示自己的环境保护意识一般，27.4%的调查对象表示自己的环境保护意识很强，9.2%的调查对象表示自己的环境保护意识不强。从分析结果笔者发现：大多数调查对象的环境保护意识一般。通过将调查对象环境保护意识的强弱与调查对象的性别、年龄、受教育程度、村干部身份进行交互分析，笔者发现以下几点：

（1）从性别的角度来看，不同性别的调查对象环境保护意识存在显著差异（X^2=26.176，df=2，Sig.=0.000），在 0.01 水平上显著（表 4-102）。具体来说，男性调查对象环境保护意识不强的比例为 8.6%，而女性调查对象的这一比例为 9.8%。男性调查对象环境保护意识一般的比例为 50.7%，而女性调查对象的这一比例为 74.6%。男性调查对象环境保护意识很强的比例为 40.8%，而女性调查对象的这一比例为 15.6%。可见，与女性调查对象比较而言，男性调查对象环境保护意识不强的比例相差无几，环境保护意识一般的比例更低，环境保护意识很强的比例更高。由此可以推断出：比较而言，男性调查对象的环境保护意识更强。

表 4-102 不同性别调查对象环境保护意识的差异

	农民的环境保护意识					
	不强		一般		很强	
	样本数/人	比例/%	样本数/人	比例/%	样本数/人	比例/%
男性（152 人）	13	8.6	77	50.7	62	40.8
女性（173 人）	17	9.8	129	74.6	27	15.6
卡方检验	X^2=26.176，df=2，Sig.=0.000					

① 王晓辉，刘楠楠，张永. 居民低碳消费行为影响因素模型的建构[J]. 生态经济，2012（8）：16-19.

（2）从年龄的角度来看，不同年龄的调查对象环境保护意识存在显著差异（X^2=7.973，df=4，Sig.=0.093），在 0.1 水平上显著（表 4-103）。具体来说，30 岁及以下、31～40 岁、40 岁以上调查对象环境保护意识不强的比例分别为 7.5%、8.9%、10.3%，环境保护意识一般的比例分别为 72.5%、67.9%、53.8%，环境保护意识很强的比例分别为 20.0%、23.2%、35.9%。从数据的变化我们可以发现：年龄越大的调查对象表示环境保护意识不强的比例越高，环境保护意识一般的比例越低，环境保护意识很强的比例越高。由此可以推断出：年龄越大的调查对象环境保护意识两极分化的现象越明显。

表 4-103　不同年龄调查对象环境保护意识的差异

	农民的环境保护意识					
	不强		一般		很强	
	样本数/人	比例/%	样本数/人	比例/%	样本数/人	比例/%
30 岁及以下（40 人）	3	7.5	29	72.5	8	20.0
31～40 岁（168 人）	15	8.9	114	67.9	39	23.2
40 岁以上（117 人）	12	10.3	63	53.8	42	35.9
卡方检验	X^2=7.973，df=4，Sig.=0.093					

（3）从受教育程度的角度来看，虽然不同受教育程度的调查对象环境保护意识不存在显著差异（X^2=3.695，df=4，Sig.=0.449），但是通过分析结果也能看出受教育程度的影响（表 4-104）。具体来说，小学及以下、初中、高中及以上调查对象环境保护意识不强的比例分别为 15.8%、7.7%、8.3%，环境保护意识一般的比例分别为 59.6%、64.8%、62.5%，环境保护意识很强的比例分别为 24.6%、27.6%、29.2%。从数据的变化我们可以发现：比较而言，小学及以下受教育程度的调查对象表示环境保护意识一般和很强的比例都是最低的，表示环境保护意识不强的比例是最高的。由此可以推断出：与其他受教育程度的调查对象比较而言，小学及以下受教育程度的调查对象的环境保护意识最弱。

表 4-104　不同受教育程度调查对象环境保护意识的差异

	农民的环境保护意识					
	不强		一般		很强	
	样本数/人	比例/%	样本数/人	比例/%	样本数/人	比例/%
小学及以下（57 人）	9	15.8	34	59.6	14	24.6
初中（196 人）	15	7.7	127	64.8	54	27.6
高中及以上（72 人）	6	8.3	45	62.5	21	29.2
卡方检验	X^2=3.695，df=4，Sig.=0.449					

（4）从村干部身份的角度来看，调查对象是否当过村干部对环境保护意识存在显著影响（X^2=4.896，df=2，Sig.=0.086），在 0.1 水平上显著（表 4-105）。具体来说，没有当过村干部的调查对象环境保护意识不强的比例为 9.6%，而当过村干部的调查对象的这一比例为 7.8%。没有当过村干部的调查对象环境保护意识一般的比例为 60.5%，而当过村干部的调查对象的这一比例为 75.0%。没有当过村干部的调查对象环境保护意识很强的比例为 29.9%，而当过村干部的调查对象的这一比例为 17.2%。可见，与没有当过村干部的调查对象比较而言，当过村干部的调查对象环境保护意识不强的比例相差无几，环境保护意识一般的比例更高，环境保护意识很强的比例更低。由此可以推断出：比较而言，没有当过村干部的调查对象环境保护意识更强一些。

表 4-105　调查对象的村干部身份对环境保护意识的影响

	农民的环境保护意识					
	不强		一般		很强	
	样本数/人	比例/%	样本数/人	比例/%	样本数/人	比例/%
没有当过（261 人）	25	9.6	158	60.5	78	29.9
当过（64 人）	5	7.8	48	75.0	11	17.2
卡方检验	X^2=4.896，df–2，Sig.=0.086					

第 5 章 农民对低碳农业的态度与行动差异影响因素的实证研究

本章的研究主题是农民对低碳农业的态度与行动差异的影响因素分析，研究假设是农民对低碳农业的态度与行动受国家、社会、市场和个人“四维度”因素的影响。国家、社会、市场和个人“四维度”因素是研究当中的自变量，而农民对低碳农业的态度与行动则是研究中的因变量。在研究国家、社会、市场和个人“四维度”因素对农民低碳农业态度与行动影响的时候，首先关注的通常就是解释变量和被解释变量之间的相关性问题，由此自然而然地就会想到采用多因素的回归分析方法。然而如果仅仅采用单因素的分析方法，那么只能证明某一个因素对农民低碳农业态度与行动的影响，无法判明所有因素交互作用下的情况以及各个因素的综合作用状况。因此，为了更进一步地分析国家、社会、市场和个人“四维度”因素对农民低碳农业态度与行动的影响，必须要建立一个合理的数学模型。Logistic 回归模型是有关人口问题研究中的经典模型，采用 Logistic 回归模型可以很好地解决本章的研究问题。在传统的回归模型中，因变量的取值范围在负无穷大到正无穷大之间，这一点在本章的研究中并不适用。因此，笔者在本章采用的 Logistic 回归模型，将因变量的取值范围限制在[0，1]范围内。本章分析采用的是 SPSS19.0 版本中的 Binary logistic 分析方法，该分析方法适合于因变量为二分类变量的事件。

5.1 农民低碳农业可行性认知差异的影响因素研究

5.1.1 研究假设及变量的选择

本部分的研究主题是农民对低碳农业可行性认知差异的影响因素分析。国内有些学者也对农民低碳农业认知差异的影响因素进行了相关研究，汪翔等依据江苏省 3 个地级市农民的调查数据，采用结构方程模型分析了影响农户低碳养殖认知的主要因素。他们归纳出了影响农户低碳养殖认知的因素主要有个体特征、社会资本、养殖状况和环保意识这 4 个方面。其中，个体特征包括受教育程度、年龄和是否参加过培训；社会资本包括产销合作模式和是否是村干部；养殖状况包括养殖规模和地域因素；环保意识包括对生猪养殖是否有污染和养殖污染是否可控两方面的认识。①王志刚等从生产组织模式出发，分析了合作社的运营对农户认知的影响。②吕亚荣等从收入的角度出发，认为家庭人均收入、养殖业收入对认知的影响较为显著。③笔者在借鉴以往研究的基础上，提出了本部分的研究假设：国家、社会、市场和个人“四维度”因素对农民低碳农业可行性认知存在显著影响。国家、社会、市场和个人“四维度”因素是研究当中的自变量，而农民对低碳农业可行性的认知则是研究中的因变量。笔者由该研究假设衍生出了以下 4 个更加具体的研究假设。

（1）假设 1，国家层面的因素会影响农民对低碳农业可行性的认知。笔者用 3 个指标来衡量国家层面的因素，即国家对低碳农业重视程度、国家对低碳农业支持力度、国家对低碳农业激励措施。因此，假设 1 就有了以下 3 个分假设：

☞ 假设 1.1: 国家对低碳农业重视程度会影响农民对低碳农业可行性的认知。

☞ 假设 1.2: 国家对低碳农业支持力度会影响农民对低碳农业可行性的认知。

☞ 假设 1.3: 国家对低碳农业激励措施会影响农民对低碳农业可行性的认知。

（2）假设 2，社会层面的因素会影响农民对低碳农业可行性的认知。笔者用 3 个指标来衡量社会层面的因素，即农业污染可控性、其他农民采用低碳农业技术情况、发展低碳农业必要性。因此，假设 2 就有了以下 3 个分假设：

☞ 假设 2.1: 农民对农业污染可控性的认知会影响其对低碳农业可行性的认知。

☞ 假设 2.2: 其他农民采用低碳农业技术情况会影响农民对低碳农业可行性的认知。

☞ 假设 2.3: 农民对发展低碳农业必要性的认知会影响其对低碳农业可行性的认知。

（3）假设 3，市场层面的因素会影响农民对低碳农业可行性的认知。笔者用 4 个指标来衡量市场层面的因素，即低碳农产品畅销程度、低碳农产品生产成本、低碳农产品价格保证性、低碳农产品市场欢迎度。因此，假设 3 就有了以下 4 个

---

① 汪翔，陆五一，周力. 基于结构方程模型的农户低碳养殖认知分析[J]. 江苏农业学报，2013（1）：189-194.

② 王志刚，汪超，许晓源. 农户认知和采纳创意农业的机制：基于北京城郊四区果树产业的问卷调查[J]. 中国农村观察，2010（4）：33-43.

③ 吕亚荣，陈淑芬. 农民对气候变化的认知及适应性行为分析[J]. 中国农村经济，2010（7）：75-86.

分假设：

☞ 假设 3.1：低碳农产品的畅销程度会影响农民对低碳农业可行性的认知。

☞ 假设 3.2：低碳农产品的生产成本会影响农民对低碳农业可行性的认知。

☞ 假设 3.3：低碳农产品价格的保证性会影响农民对低碳农业可行性的认知。

☞ 假设 3.4：低碳农产品的市场欢迎度会影响农民对低碳农业可行性的认知。

（4）假设 4，个人层面的因素会影响农民对低碳农业可行性的认知。笔者用 6 个指标来衡量个人层面的因素，即耕地面积、农业收入比重、参加低碳农业技术培训意愿、低碳农业了解程度、农业污染关心度、农产品中农药存留关心情况。因此，假设 4 就有了以下 6 个分假设：

☞ 假设 4.1：耕地面积会影响农民对低碳农业可行性的认知。

☞ 假设 4.2：农业收入比重会影响农民对低碳农业可行性的认知。

☞ 假设 4.3：参加低碳农业技术培训意愿会影响农民对低碳农业可行性的认知。

☞ 假设 4.4：农民对低碳农业的了解程度会影响其对低碳农业可行性的认知。

☞ 假设 4.5：农民对农业污染的关心度会影响其对低碳农业可行性的认知。

☞ 假设 4.6：农民对农产品中农药存留的关心情况会影响其对低碳农业可行性的认知。

笔者使用的是 Logistic 回归分析方法，根据 Logistic 回归分析数据的处理要求，笔者对自变量和因变量进行了转换，其中对于农民低碳农业可行性认知这个因变量，笔者将认为有可行性赋值为 1，认为没有可行性赋值为 0。自变量的赋值情况如表 5-1 所示。

表 5-1　自变量的定义

变量定义	变量定义
国家层面自变量	很高=1，反之=0
国家低碳农业重视程度（以不重视为参照组）	低碳农产品价格保证性（以没有为参照组）
一般=1，反之=0	有=1，反之=0
很重视=1，反之=0	说不清楚=1，反之=0
国家低碳农业支持力度（以很小为参照组）	低碳农产品市场欢迎度（以很低为参照组）
一般=1，反之=0	很高=1，反之=0
很大=1，反之=0	说不清楚=1，反之=0
国家低碳农业激励措施（以很少为参照组）	**个人层面自变量**
一般=1，反之=0	耕地面积（以 2 亩及以下为参照组）
很多=1，反之=0	2～5 亩=1，反之=0

变量定义	变量定义
社会层面自变量	5 亩以上=1，反之=0
农业生产污染可控性（以不可控为参照组）	农业收入比重（以高于一半为参照组）
可控=1，反之=0	差不多一半=1，反之=0
不清楚=1，反之=0	低于一半=1，反之=0
其他农民采用低碳农业技术（很多=1，很少=0）	对农产品中农药存留关心情况（关心=1，不关心=0）
发展低碳农业必要性（有=1，没有=0）	低碳农业技术培训意愿（以不愿意为参照组）
市场层面自变量	意愿一般=1，反之=0
低碳农产品畅销程度（以不畅销为参照组）	愿意=1，反之=0
一般=1，反之=0	低碳农业了解程度（了解=1，不了解=0）
很畅销=1，反之=0	对农业污染关心度（以不关心为参照组）
低碳农产品生产成本（以很低为参照组）	一般=1，反之=0
一般=1，反之=0	很关心=1，反之=0

5.1.2 自变量与因变量的描述性分析

通过对自变量与因变量基本情况表（表 5-2）的分析比较，笔者发现以下几方面的显著特征：从因变量来看，大部分调查对象认为低碳农业具有可行性，这一比例达到了 52.3%。可见，多数调查对象还是认为低碳农业是可行的。从自变量来看，可以分为以下 4 个方面。

（1）在国家层面自变量上，53.8%的调查对象认为国家对低碳农业的重视程度一般，认为很重视的只占 27.4%，说明国家对低碳农业的重视程度还是有待加强；51.7%的调查对象认为国家对低碳农业支持力度一般，认为支持力度很大的仅占 24.3%，这说明国家对低碳农业的支持力度还是有待进一步加强；55.1%的调查对象认为国家对低碳农业的激励措施一般，认为激励措施很多的仅占 12.6%，这同样说明国家对低碳农业的激励措施也是有待进一步加强。

（2）在社会层面自变量上，大部分调查对象认为农业污染是可控的，这一比例达到了 59.4%；54.2%的调查对象表示其他农民采用低碳农业技术的很多；大多数调查对象认为发展低碳农业是有必要的，这一比例达到了 77.8%。

（3）在市场层面自变量上，低碳农产品的畅销程度并不高，57.8%的调查对象表示低碳农产品的畅销程度一般；65.2%的调查对象认为低碳农产品的生产成本一般；低碳农产品的价格保证性并不是很好，只有 38.2%的调查对象认为低碳农产品的价格有保证，有 36.6%的调查对象认为说不清楚，25.2%的调查对象认为没有保证；60.6%的调查对象表示低碳农产品的市场欢迎度很高，认为市场欢迎度很低的仅占 14.5%，这说明调查对象对低碳农产品的市场欢迎度还是比较有信心的。

（4）在个人层面自变量上，多数调查对象的耕地面积都在 2 亩以上，这一比例达到了 76.4%；大部分调查对象农业收入的比重都不高，农业收入比重高于一半的比例只占调查对象的 14.2%；多数调查对象对农产品中农药存留还是比较关心的，这一比例达到了 52.3%；调查对象对于低碳农业技术培训的意愿也不是很强，意愿一般的调查对象占到了 44.9%，表示有意愿的只占 33.2%；大多数调查对象还是了解低碳农业的，这一比例达到了 63.1%；有不少调查对象表示对农业污染的关心度一般，这一比例达到了 43.1%，表示关心的占到了 34.2%，表示不关心的比例为 22.8%。

表 5-2　自变量与因变量的基本情况

变量		选项	样本数/人	比例/%
因变量	低碳农业可行性[1]	不可行	155	47.7
		可行	170	52.3
自变量	国家层面自变量			
	国家对低碳农业重视程度	不重视	61	18.8
		一般	175	53.8
		很重视	89	27.4
	国家对低碳农业支持力度	很小	78	24.0
		一般	168	51.7
		很大	79	24.3
	国家对低碳农业激励措施	很少	105	32.3
		一般	179	55.1
		很多	41	12.6
	社会层面自变量			
	农业生产污染可控性	不可控	46	14.2
		可控	193	59.4
		不清楚	86	26.4
	其他农民采用低碳农业技术	很少	149	45.8
		很多	176	54.2
	发展低碳农业必要性	没有必要	72	22.2
		有必要	253	77.8

① 在调查问卷中，低碳农业可行性的回答选项有三项，分别是“没有”“有”“说不清楚”，笔者将“有”归入了“可行”，将“没有”“说不清楚”归入了“不可行”。

变量		选项	样本数/人	比例/%
自变量	市场层面自变量			
	低碳农产品畅销程度	不畅销	36	11.1
		一般	188	57.8
		很畅销	101	31.1
	低碳农产品生产成本	很低	41	12.6
		一般	212	65.2
		很高	72	22.2
	低碳农产品价格保证性	没有保证	82	25.2
		有保证	124	38.2
		说不清楚	119	36.6
	低碳农产品市场欢迎度	很低	47	14.5
		很高	197	60.6
		说不清楚	81	24.9
	个人层面自变量			
	耕地面积	2 亩及以下	77	23.7
		2～5 亩	138	42.5
		5 亩以上	110	33.9
	农业收入比重	高于一半	46	14.2
		差不多一半	163	50.2
		低于一半	116	35.6
	对农产品农药存留的关心度	不关心	155	47.7
		关心	170	52.3
	低碳农业技术培训意愿	不愿意	71	21.9
		意愿一般	146	44.9
		愿意	108	33.2
	低碳农业了解情况	不了解	120	36.9
		了解	205	63.1
	对农业污染关心度	不关心	74	22.8
		一般	140	43.1
		关心	111	34.1

5.1.3 农民低碳农业可行性认知差异影响因素的模型分析

通过农民对低碳农业可行性认知差异影响因素的 Logistic 回归分析（表 5-3），可以发现：整个模型的 Nagelkerke R^2 为 0.537，这说明所有的这些影响因素能够解释结果的 53.7%。整个模型的卡方检验显著，从各个变量影响的显著性水平来看，假设 2.1、假设 3.2、假设 3.3、假设 4.2 得到了部分证实，假设 2.2、假设 2.3、假设 3.1、假设 3.4、假设 4.1、假设 4.3、假设 4.4、假设 4.5、假设 4.6 得到了完全证实，而剩下的假设并没有得到证实。通过对农民低碳农业可行性认知差异影响因素的 Logistic 回归模型的分析，笔者发现 4 个层面对农民低碳农业可行性认知差异的影响规律。

表 5-3　农民低碳农业可行性认知差异影响因素的 Logistic 回归模型

影响因素（括号内为参照组）	回归系数（*B*）	标准误差（S.E）	Wald 统计量	自由度（df）	显著性水平（Sig.）	发生比 Exp（*B*）
国家层面影响因素						
国家对低碳农业重视程度：一般	−0.489	0.472	1.073	1	0.300	0.613
（不重视）　很重视	−0.802	0.702	1.307	1	0.253	0.448
国家对低碳农业支持力度：一般	0.494	0.468	1.114	1	0.291	1.639
（很小）　很大	0.952	0.698	1.857	1	0.173	2.590
国家对低碳农业激励措施：一般	−0.423	0.401	1.113	1	0.291	0.655
（很少）　很多	−0.911	0.617	2.180	1	0.140	0.402
社会层面影响因素						
农业污染的可控性：　可控	1.243	0.503	6.104	1	0.013	3.466
（不可控）　不清楚	0.125	0.564	0.049	1	0.825	1.133
很多其他农民采用低碳农业技术（很少）	0.683	0.368	3.442	1	0.064	1.981
有必要发展低碳农业　（没有）	1.939	0.462	17.638	1	0.000	6.952
市场层面影响因素						
低碳农产品畅销程度：一般	1.254	0.647	3.754	1	0.053	3.505
（不畅销）　很畅销	1.374	0.660	4.340	1	0.037	3.953
低碳农产品生产成本：一般	0.370	0.511	0.524	1	0.469	1.447
（很低）　很高	1.391	0.582	5.712	1	0.017	4.020
低碳农产品价格保证性：有	0.886	0.421	4.427	1	0.035	2.425
（没有）　说不清楚	0.057	0.518	0.012	1	0.912	1.059
低碳农产品市场欢迎度：很高	−1.108	0.483	5.275	1	0.022	0.330
（很低）　说不清楚	−2.044	0.627	10.640	1	0.001	0.130
个人层面影响因素						
耕地面积：　2～5 亩	1.235	0.429	8.278	1	0.004	3.439
（2 亩及以下）　5 亩以上	1.143	0.443	6.668	1	0.010	3.136
农业收入比重：　差不多一半	−0.834	0.481	3.005	1	0.083	0.434
（高于一半）　低于一半	0.490	0.510	0.923	1	0.337	1.632

影响因素（括号内为参照组）	回归系数（B）	标准误差（S.E）	Wald 统计量	自由度（df）	显著性水平（Sig.）	发生比 Exp（B）
关心农产品中农药存留（不关心）	−0.699	0.403	3.003	1	0.083	0.497
低碳农业技术培训意愿：一般	0.778	0.418	3.474	1	0.062	2.178
（不愿意）　　愿意	0.977	0.497	3.861	1	0.049	2.656
了解低碳农业　　（不了解）	0.682	0.398	2.931	1	0.087	1.978
对农业污染关心度：　一般	1.248	0.439	8.076	1	0.004	3.484
（不关心）　　很关心	2.363	0.600	15.524	1	0.000	10.628
常数	−5.951	1.169	25.916	1	0.000	0.003
N①	325					
Nagelkerke R^2 ②	0.537					
−2 Log likelihood ③	282.421					
卡方值	167.432					

注：① N 表示整个数据模型分析的样本量大小。

② Nagelkerke R^2 表示 Ligistic 回归模型的拟合优度，取值在 0～1，越靠近 1 说明模型拟合越好。

③ −2 Log likelihood 是−2 倍的对数似然值，用来表示模型拟合效果，其值越小模型拟合越好。

5.1.3.1 国家层面因素对农民低碳农业可行性认知差异的影响

（1）从国家对低碳农业重视程度变量来看，虽然这一变量的影响并不显著，但是通过分析结果也能看出该变量的影响。与认为国家对低碳农业不重视的农民比较而言，认为国家对低碳农业重视程度一般的农民表示低碳农业具有可行性的可能性是其 61.3%，认为国家对低碳农业很重视的农民表示低碳农业具有可行性的可能性是其 44.8%。从分析结果可以判断出：越是认为国家对低碳农业重视的农民表示低碳农业具有可行性的可能性反而越小。

（2）从国家对低碳农业支持力度变量来看，虽然这一变量的影响并不显著，但是通过分析结果也能看出该变量的影响。与认为国家对低碳农业支持力度很小的农民比较而言，认为国家对低碳农业支持力度一般的农民表示低碳农业具有可行性的可能性是其 1.639 倍，认为国家对低碳农业支持力度很大的农民表示低碳农业具有可行性的可能性是其 2.590 倍。从分析结果可以判断出：越是认为国家对低碳农业支持力度大的农民表示低碳农业具有可行性的可能性也越大。

（3）从国家对低碳农业激励措施变量来看，虽然这一变量的影响并不显著，但是通过分析结果也能看出该变量的影响。与认为国家对低碳农业激励措施很少的农民比较而言，认为国家对低碳农业激励措施一般的农民表示低碳农业具有可行性的可能性是其 65.5%，认为国家对低碳农业激励措施很多的农民表示低碳农业具有可行性的可能性是其 40.2%。从分析结果可以判断出：越是认为国家对低碳农业激励措施多的农民表示低碳农业具有可行性的可能性反而越小。

5.1.3.2　社会层面因素对农民低碳农业可行性认知差异的影响

（1）从农业污染可控性变量来看，可控这个因素在 0.05 水平上显著，而不清楚这个因素并不显著，因此，假设 2.1 得到部分证实。从分析结果可以发现：与认为农业污染不可控的农民比较而言，认为农业污染可控的农民表示低碳农业具有可行性的可能性是其 3.466 倍。由此可以判断出：认为农业污染可控的农民表示低碳农业具有可行性的可能性大于认为农业污染不可控的农民。我们知道，低碳农业的目的之一就是减少农业生产对环境造成的污染，因此，我们可以认为：农业污染是否可控会直接影响到低碳农业的可行性。

（2）从其他农民采用低碳农业技术变量来看，这一变量在 0.1 水平上显著，因此，假设 2.2 得到完全证实。从分析结果可以发现：与认为其他农民很少采用低碳农业技术的农民比较而言，认为其他农民很多采用低碳农业技术的农民表示低碳农业具有可行性的可能性是其 1.981 倍。由此可以判断出：认为其他农民很多采用低碳农业技术的农民表示低碳农业具有可行性的可能性明显大于认为其他农民很少采用低碳农业技术的农民。可见，农民对低碳农业可行性的认知是受其他农民的低碳行动影响的，其作用方向是正向的。

（3）从发展低碳农业必要性变量来看，这一变量在 0.01 水平上显著，因此，假设 2.3 得到完全证实。从分析结果可以发现：与认为没有必要发展低碳农业的农民比较而言，认为有必要发展低碳农业的农民表示低碳农业具有可行性的可能性是其 6.952 倍。由此可以判断出：认为有必要发展低碳农业的农民表示低碳农业具有可行性的可能性要远远大于认为没有必要发展低碳农业的农民。可见，农民对发展低碳农业必要性的认知会直接影响其对低碳农业可行性的认知，其作用方向是正向的。

5.1.3.3　市场层面因素对农民低碳农业可行性认知差异的影响

（1）从低碳农产品畅销程度变量来看，畅销度一般这个因素在 0.1 水平上显著，很畅销这个因素在 0.05 水平上显著，因此，假设 3.1 得到完全证实。从分析结果可以发现：与认为低碳农产品不畅销的农民比较而言，认为低碳农产品畅销度一般的农民认为低碳农业具有可行性的可能性是其 3.505 倍，认为低碳农产品很畅销的农民认为低碳农业具有可行性的可能性是其 3.953 倍。由此可以判断出：越是认为低碳农产品畅销的农民越是有可能认为低碳农业具有可行性。可见，低碳农产品的畅销程度会直接影响到低碳农业的可行性。如果低碳农产品没有销路，低碳农业是很难有可行性的。

（2）从低碳农产品生产成本变量来看，一般这个因素的影响并不显著，很高这个因素在 0.05 水平上显著，因此，假设 3.2 得到部分证实。从分析结果可以发现：与认为低碳农产品生产成本很低的农民比较而言，认为低碳农产品生产成本一般的农民认为低碳农业具有可行性的可能性是其 1.447 倍，认为低碳农产品生产成本很高的农民认为低碳农业具有可行性的可能性是其 4.020 倍。虽然一般这个因素的影响并不显著，但是通过分析结果我们可以判断出：越是认为低碳农产品生产成本高的农民越是有可能认为低碳农业具有可行性。

（3）从低碳农产品价格保证性变量来看，有保证这个因素在 0.05 水平上显著，认为低碳农产品价格有保证的农民认为低碳农业具有可行性的可能性要大于认为低碳农产品价格没有保证的农民，说不清楚这个因素的影响并不显著，因此，假设 3.3 得到部分证实。从分析结果可以发现：与认为低碳农产品价格没有保证的农民比较而言，认为低碳农产品价格有保证的农民认为低碳农业具有可行性的可能性是其 2.425 倍。通过分析结果我们可以判断出：认为低碳农产品价格有保证的农民认为低碳农业具有可行性的可能性要大于认为低碳农产品价格没有保证的农民。可见，低碳农产品的价格是否能保证会直接影响农民对低碳农业可行性的认知。

（4）从低碳农产品市场欢迎度变量来看，市场欢迎度很高这个因素在 0.05 水平上显著，说不清楚这个因素在 0.01 水平上显著，因此，假设 3.4 得到完全证实。从分析结果可以发现：与认为低碳农产品市场欢迎度很低的农民比较而言，认为低碳农产品市场欢迎度很高的农民认为低碳农业具有可行性的可能性是其 33.0%，认为低碳农产品市场欢迎度说不清楚的农民认为低碳农业具有可行性的可能性是其 13.0%。通过分析结果我们可以判断出：认为低碳农业具有可行性可能性最大的是认为低碳农产品市场欢迎度很低的农民，其次是认为低碳农产品市场欢迎度很高的农民，可能性最小的是认为低碳农产品市场欢迎度说不清楚的农民。

5.1.3.4 个人层面因素对农民低碳农业可行性认知差异的影响

（1）从耕地面积变量来看，2～5 亩这个因素在 0.01 水平上显著，5 亩以上这个因素也是在 0.01 水平上显著，因此，假设 4.1 得到完全证实。从分析结果可以发现：与耕地面积在 2 亩及以下的农民比较而言，耕地面积在 2～5 亩的农民认为低碳农业具有可行性的可能性是其 3.439 倍，耕地面积在 5 亩以上的农民认为低碳农业具有可行性的可能性是其 3.136 倍。通过分析结果我们可以判断出：认为低碳农业具有可行性可能性最大的是耕地面积在 2～5 亩的农民，其次是耕地面积在 5 亩以上的农民，可能性最小的是耕地面积在 2 亩及以下的农民。

（2）从农业收入比重变量来看，差不多一半这个因素在 0.1 水平上显著，低于一半这个因素的影响并不显著，因此，假设 4.2 得到部分证实。从分析结果可以发现：与农业收入高于一半的农民比较而言，农业收入占差不多一半的农民认为低碳农业具有可行性的可能性是其 43.4%。虽然低于一半这个因素的影响并不显著，但是通过分析结果我们可以判断出：认为低碳农业具有可行性可能性最大的是农业收入低于一半的农民，其次是农业收入高于一半的农民，可能性最小的是农业收入占差不多一半的农民。

（3）从关心农产品中农药存留变量来看，这一变量在 0.1 水平上显著，因此，假设 4.3 得到完全证实。从分析结果可以发现：与不关心农产品中农药存留的农民比较而言，关心农产品中农药存留的农民认为低碳农业具有可行性的可能性是其 49.7%。通过分析结果我们可以判断出：关心农产品中农药存留的农民认为低碳农业具有可行性的可能性要小于不关心农产品中农药存留的农民。

（4）从低碳农业技术培训意愿变量来看，意愿一般这个因素在 0.1 水平上显著，愿意这个因素在 0.05 水平上显著，因此，假设 4.4 得到完全证实。从分析结果可以发现：与不愿意参加低碳农业技术培训的农民比较而言，参加低碳农业技术培训意愿一般的农民认为低碳农业具有可行性的可能性是其 2.178 倍，愿意参加低碳农业技术培训的农民认为低碳农业具有可行性的可能性是其 2.656 倍。通过分析结果我们可以判断出：参加低碳农业技术培训意愿越强的农民认为低碳农业具有可行性的可能性也越大。可见，参加低碳农业技术培训的意愿对农民低碳农业可行性认知具有显著的正向影响。

（5）从低碳农业了解程度变量来看，这一变量在 0.1 水平上显著，因此，假设 4.5 得到完全证实。从分析结果可以发现：与不了解低碳农业的农民比较而言，了解低碳农业的农民认为低碳农业具有可行性的可能性是其 1.978 倍。通过分析结果我们可以判断出：了解低碳农业的农民认为低碳农业具有可行性的可能性要大于不了解低碳农业的农民。可见，低碳农业了解程度对农民低碳农业可行性认知具有显著的正向影响。

（6）从农业污染关心度变量来看，关心度一般这个因素在 0.01 水平上显著，很关心这个因素也是在 0.01 水平上显著，因此，假设 4.6 得到完全证实。从分析结果可以发现：与不关心农业污染的农民比较而言，对农业污染关心度一般的农民认为低碳农业具有可行性的可能性是其 3.484 倍，很关心农业污染的农民认为低碳农业具有可行性的可能性是其 10.628 倍。通过分析结果我们可以判断出：越是关心农业污染的农民认为低碳农业具有可行性的可能性也越大。可见，对农业污染的关心度对农民低碳农业可行性认知具有显著的正向影响。

5.1.4 小结

本部分的研究主题是农民对低碳农业可行性认知差异的影响因素分析。通过以上的分析笔者得出以下四方面结论：

（1）从国家层面因素对农民低碳农业可行性认知的影响来看：越是认为国家对低碳农业重视的农民表示低碳农业具有可行性的可能性反而越小；越是认为国家对低碳农业支持力度大的农民表示低碳农业具有可行性的可能性也越大；越是认为国家对低碳农业激励措施多的农民表示低碳农业具有可行性的可能性反而越小。

（2）从社会层面因素对农民低碳农业可行性认知的影响来看：认为农业污染可控的农民表示低碳农业具有可行性的可能性大于认为农业污染不可控的农民；认为其他农民很多采用低碳农业技术的农民表示低碳农业具有可行性的可能性明显大于认为其他农民很少采用低碳农业技术的农民；认为有必要发展低碳农业的农民表示低碳农业具有可行性的可能性要远远大于认为没有必要发展低碳农业的农民。

（3）从市场层面因素对农民低碳农业可行性认知的影响来看：越是认为低碳农产品畅销的农民越是有可能认为低碳农业具有可行性；越是认为低碳农产品生产成本高的农民越是有可能认为低碳农业具有可行性；认为低碳农产品价格有保证的农民认为低碳农业具有可行性的可能性要大于认为低碳农产品价格没有保证的农民；认为低碳农业具有可行性可能性最大的是认为低碳农产品市场欢迎度很低的农民，其次是认为低碳农产品市场欢迎度很高的农民，可能性最小的是认为低碳农产品市场欢迎度说不清楚的农民。

（4）从个人层面因素对农民低碳农业可行性认知的影响来看：认为低碳农业具有可行性可能性最大的是耕地面积在2～5亩的农民，其次是耕地面积在5亩以上的农民，可能性最小的是耕地面积在2亩及以下的农民；认为低碳农业具有可行性可能性最大的是农业收入低于一半的农民，其次是农业收入高于一半的农民，可能性最小的是农业收入占差不多一半的农民；关心农产品中农药存留的农民认为低碳农业具有可行性的可能性要小于不关心农产品中农药存留的农民；参加低碳农业技术培训意愿越强的农民认为低碳农业具有可行性的可能性也越大；了解低碳农业的农民认为低碳农业具有可行性的可能性要大于不了解低碳农业的农民；越是关心农业污染的农民认为低碳农业具有可行性的可能性也越大。

5.2　农民低碳农业技术需求差异的影响因素研究

5.2.1　研究假设及变量的选择

本部分的研究主题是农民对低碳农业技术需求差异的影响因素分析。国内有些学者也对农民低碳农业需求差异的影响因素进行了相关研究，如杜婷婷的研究指出，农户对节水等低碳技术的需求受农户自身因素、经济因素、自然环境因素和政策因素的综合影响。她假定影响农户低碳技术需求的因素有以下十类：① 土地规模。农户的耕地面积越大，由于规模效应，农户获得的好处越多，从而采用农业技术的需求越强。② 农户经济状况。农户经济状况受农户的风险承担能力、资金分配等因素的影响。③ 教育因素。教育因素是影响农户低碳农业技术需求的重要因素。④ 年龄。年龄对农户低碳农业技术需求有重要作用。⑤ 农户兼业程度的高低。随着农村工业和服务业的发展，兼业农户越来越多，用农业收入占总收入的百分比来表示。⑥ 农户获得信息的渠道。农户获得农业低碳技术信息的多少影响农户对待农业低碳技术的态度。⑦ 地形状况。不同的地域水资源短缺程度不同，农户节水意识也不相同。⑧ 政府对采用技术的奖励和扶持力度。政府对农户采用技术的奖励和扶持力度越大，农户越倾向于使用新技术。⑨ 对农资价格调控的评价。农资价格是对农户低碳技术的制约因素。农户对政府对农资价格调控的满意度越高，对低碳技术需求意愿越大。⑩ 对信用社提供信贷服务评价。农户在选择技术的过程中信用社资金扶持力度越大，农民容易获得资金，对低碳技术的需求就越大。[①]笔者在借鉴以往研究的基础上，提出了本部分的研究假设：国家、社会、市场和个人“四维度”因素对农民的低碳农业技术需求存在显著影响。国家、社会、市场和个人“四维度”因素是研究当中的自变量，而农民的低碳农业技术需求则是研究中的因变量。笔者由该研究假设衍生出了以下4个更加具体的研究假设。

（1）假设1，国家层面的因素会影响农民对低碳农业技术的需求。笔者用4个指标来衡量国家层面的因素，即国家对低碳农业重视程度、国家对低碳农业支持力度、国家对低碳农业宣传力度、国家对低碳农业激励措施。因此，假设1就有了以下4个分假设：

☞　假设1.1：国家对低碳农业重视程度的高低会影响农民对低碳农业技术的

① 杜婷婷．农户采用节水、节能、节肥低碳技术的影响因素分析——基于1077户种稻大户的调查[J]．商，2012（21）：188-189.

需求。

☞ 假设 1.2：国家对低碳农业支持力度的大小会影响农民对低碳技术的需求。

☞ 假设 1.3：国家对低碳农业宣传力度的大小会影响农民对低碳农业技术的需求。

☞ 假设 1.4：国家对低碳农业激励措施的多少会影响农民对低碳农业技术的需求。

（2）假设 2，社会层面的因素会影响农民对低碳农业技术的需求。笔者用 4 个指标来衡量社会层面的因素，即发展低碳农业必要性、参加农业组织、低碳农业可行性、其他农民对低碳农业积极性。因此，假设 2 就有了以下 4 个分假设：

☞ 假设 2.1：农民对发展低碳农业必要性的认知会影响其对低碳农业技术的需求。

☞ 假设 2.2：农民是否参加农业组织会影响其对低碳农业技术的需求。

☞ 假设 2.3：农民对低碳农业可行性的认知会影响其对低碳农业技术的需求。

☞ 假设 2.4：其他农民对低碳农业的积极性高低会影响农民对低碳农业技术的需求。

（3）假设 3，市场层面的因素会影响农民对低碳农业技术的需求。笔者用 4 个指标来衡量市场层面的因素，即低碳农产品畅销程度、低碳农产品生产成本、低碳农产品质量、低碳农产品市场欢迎度。因此，假设 3 就有了以下 4 个分假设：

☞ 假设 3.1：低碳农产品的畅销程度会影响农民对低碳农业技术的需求。

☞ 假设 3.2：低碳农产品生产成本的高低会影响农民对低碳农业技术的需求。

☞ 假设 3.3：低碳农产品质量的高低会影响农民对低碳农业技术的需求。

☞ 假设 3.4：低碳农产品市场欢迎度的高低会影响农民对低碳农业技术的需求。

（4）假设 4，个人层面的因素会影响农民对低碳农业技术的需求。笔者用 6 个指标来衡量个人层面的因素，即受教育程度、关注农业信息频率、采用低碳农业技术意愿、低碳农业了解程度、农业污染关心度、环境保护意识。因此，假设 4 就有了以下 6 个分假设：

☞ 假设 4.1：农民的受教育程度会影响其对低碳农业技术的需求。

☞ 假设 4.2：农民关注农业信息的频率会影响其对低碳农业技术的需求。

☞ 假设 4.3：农民采用低碳农业技术的意愿会影响其对低碳农业技术的需求。

☞ 假设 4.4：农民对低碳农业的了解程度会影响其对低碳农业技术的需求。

☞ 假设 4.5：农民对农业污染的关心度会影响其对低碳农业技术的需求。

☞ 假设 4.6：农民环境保护意识的强弱会影响其对低碳农业技术的需求。

笔者使用的是Logistic回归分析方法，根据Logistic回归分析数据的处理要求，笔者对自变量和因变量进行了转换，其中对于农民低碳农业技术需求这个因变量，笔者将有需求赋值为 1，没有需求赋值为 0。自变量的赋值情况如表 5-4 所示。

表 5-4　自变量的定义

变量定义	变量定义
国家层面自变量	很畅销=1，反之=0
国家对低碳农业支持力度（以很小为参照组）	低碳农产品生产成本（以很低为参照组）
一般=1，反之=0	一般=1，反之=0
很大=1，反之=0	很高=1，反之=0
国家对低碳农业重视程度（以不重视为参照组）	低碳农产品质量（以没有保证为参照组）
一般=1，反之=0	有保证=1，反之=0
很重视=1，反之=0	说不清楚=1，反之=0
国家对低碳农业宣传力度（以很小为参照组）	低碳农产品市场欢迎度（以很低为参照组）
一般=1，反之=0	很高=1，反之=0
很大=1，反之=0	说不清楚=1，反之=0
国家对低碳农业激励措施（以很少为参照组）	**个人层面自变量**
一般=1，反之=0	受教育程度（以小学及以下为参照组）
很多=1，反之=0	初中=1，反之=0
社会层面自变量	高中及以上=1，反之=0
发展低碳农业必要性（有=1，没有=0）	关注农业信息频率（经常=1，很少=0）
参加农业组织（有=1，没有=0）	对农业污染关心度（以不关心为参照组）
低碳农业可行性（以不可行为参照组）	一般=1，反之=0
可行=1，反之=0	很关心=1，反之=0
说不清楚=1，反之=0	环境保护意识（以不强为参照组）
其他农民对低碳农业积极性（以很低为参照组）	一般=1，反之=0
一般=1，反之=0	很强=1，反之=0
很高=1，反之=0	低碳农业了解程度（了解=1，不了解=0）
市场层面自变量	采用低碳农业技术意愿（以很弱为参照组）
低碳农产品畅销程度（以不畅销为参照组）	一般=1，反之=0
一般=1，反之=0	很强=1，反之=0

5.2.2　自变量与因变量的描述性分析

通过对自变量与因变量基本情况表（表 5-5）的分析比较，笔者发现以下几方面的显著特征：从因变量来看，大部分调查对象表示对低碳农业技术有需求，这一比例达到了54.8%。从自变量来看，可以分为以下4个方面。

（1）在国家层面自变量上，53.8%的调查对象认为国家对低碳农业的重视程度一般，认为很重视的只占27.4%，说明国家对低碳农业的重视程度还是有待加强；51.7%的调查对象认为国家对低碳农业支持力度一般，认为支持力度很大的仅占24.3%，这说明国家对低碳农业的支持力度还是有待进一步加强；57.5%的调查对象认为国家对低碳农业宣传力度一般，认为宣传力度很大的只占15.4%，这说明国家对低碳农业的宣传力度还是有待进一步加强；55.1%的调查对象认为国家对低碳农业的激励措施一般，认为激励措施很多的仅占12.6%，这同样说明国家对低碳农业的激励措施也是有待进一步加强。

（2）在社会层面自变量上，大多数调查对象认为发展低碳农业是有必要的，这一比例达到了77.8%；参加农业组织的调查对象相对而言较少，78.8%的调查对象没有参加农业组织；虽然有52.3%的调查对象表示发展低碳农业是可行的，但是有21.8%的调查对象认为不可行，还有25.8%的调查对象表示说不清楚，可见，调查对象对低碳农业的可行性还是持多元化观点的；55.4%的调查对象表示其他农民对发展低碳农业的积极性一般，表示积极性很高的比例也只有13.8%，这说明调查对象对发展低碳农业的积极性整体不高。

（3）在市场层面自变量上，57.8%的调查对象表示低碳农产品的畅销程度一般；65.2%的调查对象认为低碳农产品的生产成本一般；虽然48.6%的调查对象表示低碳农产品的质量是有保证的，但是有18.5%的调查对象认为没有保证，还有32.9%的调查对象表示说不清楚，可见，调查对象对低碳农产品的质量也是持多元化观点的；60.6%的调查对象表示低碳农产品的市场欢迎度很高，认为市场欢迎度很低的仅占14.5%，这说明调查对象对低碳农产品的市场欢迎度还是比较有信心的。

（4）在个人层面自变量上，受教育程度以初中居多，占到了60.3%，可见调查对象的受教育程度并不高；大部分调查对象表示经常关注农业信息，这一比例达到了75.7%；大多数调查对象对采用低碳农业技术还是有意愿的，表示意愿很弱的只占9.5%；大多数调查对象还是了解低碳农业的，这一比例达到了63.1%；有不少调查对象表示对农业污染的关心度一般，这一比例达到了43.1%，表示关心的占到了34.2%，表示不关心的比例为22.8%；63.4%的调查对象表示自己的环境保护意识一般，当然认为自己环境保护意识很弱的比例也不高，只有9.2%。

表 5-5　自变量与因变量的基本情况

变量		选项	样本数/人	比例/%
因变量	低碳农业技术需求	没有	147	45.2
		有	178	54.8
自变量	国家层面自变量			
	国家对低碳农业重视程度	不重视	61	18.8
		一般	175	53.8
		很重视	89	27.4
	国家对低碳农业支持力度	很小	78	24.0
		一般	168	51.7
		很大	79	24.3
	国家对低碳农业宣传力度	很小	88	27.1
		一般	187	57.5
		很大	50	15.4
	国家对低碳农业激励措施	很少	105	32.3
		一般	179	55.1
		很多	41	12.6
	社会层面自变量			
	发展低碳农业必要性	没有必要	72	22.2
		有必要	253	77.8
	参加农业组织	没有参加	256	78.8
		有参加	69	21.2
	低碳农业可行性	不可行	71	21.8
		可行	170	52.3
		说不清楚	84	25.8
	其他农民低碳农业积极性	很低	100	30.8
		一般	180	55.4
		很高	45	13.8
	市场层面自变量			
	低碳农产品畅销程度	不畅销	36	11.1
		一般	188	57.8
		很畅销	101	31.1
	低碳农产品生产成本	很低	41	12.6
		一般	212	65.2
		很高	72	22.2
	低碳农产品质量	没有保证	60	18.5
		有保证	158	48.6
		说不清楚	107	32.9

变量		选项	样本数/人	比例/%
自变量	低碳农产品市场欢迎度	很低	47	14.5
		很高	197	60.6
		说不清楚	81	24.9
	个人层面自变量			
	受教育程度	小学及以下	57	17.5
		初中	196	60.3
		高中及以上	72	22.2
	关注农业信息频率	很少	79	24.4
		经常	246	75.7
	采用低碳农业技术意愿	很弱	31	9.5
		一般	150	46.2
		很强	144	44.3
	低碳农业了解情况	不了解	120	36.9
		了解	205	63.1
	对农业污染关心度	不关心	74	22.8
		一般	140	43.1
		关心	111	34.2
	环境保护意识	很弱	30	9.2
		一般	206	63.4
		很强	89	27.4

5.2.3 农民低碳农业技术需求差异影响因素的模型分析

通过农民对低碳农业技术需求差异影响因素的 Logistic 回归分析（表 5-6），可以发现：整个模型的 Nagelkerke R^2 为 0.371，这说明所有的这些影响因素能够解释结果的 37.1%。整个模型的卡方检验显著，从各个变量影响的显著性水平来看，假设 1.3、假设 3.2、假设 3.4、假设 4.5 得到了部分证实，假设 1.4、假设 2.4、假设 4.2、假设 4.4、假设 4.6 得到了完全证实，而剩下的假设并没有得到证实。通过对农民低碳农业技术需求差异影响因素的 Logistic 回归模型的分析，笔者发现 4 个方面的规律。

表 5-6　农民低碳农业技术需求差异影响因素的 Logistic 回归模型

影响因素（括号内为参照组）		回归系数（*B*）	标准误差（S.E）	Wald 统计量	自由度（df）	显著性水平（Sig.）	发生比 Exp（*B*）
国家层面影响因素							
国家对低碳农业重视程度：	一般	0.482	0.422	1.306	1	0.253	1.619
（不重视）	很重视	0.374	0.662	0.320	1	0.572	1.454
国家对低碳农业支持力度：	一般	−0.446	0.396	1.270	1	0.260	0.640
（很小）	很大	0.135	0.659	0.042	1	0.837	1.145
国家对低碳农业宣传力度：	一般	−0.282	0.372	0.576	1	0.448	0.754
（很小）	很大	1.123	0.676	2.757	1	0.097	3.075
国家对低碳农业激励措施：	一般	−0.804	0.339	5.609	1	0.018	0.448
（很少）	很多	−1.525	0.668	5.218	1	0.022	0.218
社会层面影响因素							
有必要发展低碳农业	（没有）	0.649	0.401	2.623	1	0.105	1.914
有参加农业组织	（没有）	−0.521	0.345	2.276	1	0.131	0.594
低碳农业可行性：	可行	−0.602	0.417	2.090	1	0.148	0.548
（不可行）	说不清楚	−0.837	0.537	2.429	1	0.119	0.433
其他农民低碳农业积极性：	一般	0.729	0.335	4.746	1	0.029	2.073
（很低）	很高	1.570	0.608	6.671	1	0.010	4.808
市场层面影响因素							
低碳农产品畅销程度：	一般	−0.435	0.509	0.731	1	0.393	0.647
（不畅销）	很畅销	−0.325	0.548	0.352	1	0.553	0.722
低碳农产品生产成本：	一般	0.209	0.481	0.189	1	0.663	1.233
（很低）	很高	1.247	0.545	5.246	1	0.022	3.482
低碳农产品质量：	有保证	0.304	0.380	0.639	1	0.424	1.355
（没有保证）	说不清楚	−0.216	0.537	0.161	1	0.688	0.806
低碳农产品市场欢迎度：	很高	−1.026	0.441	5.412	1	0.020	0.359
（很低）	说不清楚	−0.863	0.588	2.150	1	0.143	0.422
个人层面影响因素							
受教育程度：	初中	−0.113	0.387	0.085	1	0.771	0.893
（小学及以下）	高中及以上	−0.707	0.460	2.365	1	0.124	0.493
经常关注农业信息	（很少）	1.004	0.360	7.793	1	0.005	2.728
采用低碳农业技术意愿：	一般	0.784	0.501	2.453	1	0.117	2.191
（很弱）	很强	0.867	0.548	2.506	1	0.113	2.380
了解低碳农业	（不了解）	1.476	0.362	16.609	1	0.000	4.374
对农业污染关心度：	一般	0.545	0.410	1.768	1	0.184	1.725
（不关心）	很关心	0.952	0.548	3.021	1	0.082	2.591

影响因素（括号内为参照组）		回归系数（B）	标准误差（S.E）	Wald 统计量	自由度（df）	显著性水平（Sig.）	发生比 Exp（B）
环境保护意识：（很弱）	一般	1.277	0.588	4.716	1	0.030	3.586
	很强	1.164	0.621	3.517	1	0.061	3.203
常数		−2.990	0.903	10.971	1	0.001	0.050
N		325					
Nagelkerke R^2		0.371					
−2 Log likelihood		341.940					
卡方值		105.644					

5.2.3.1 国家层面因素对农民低碳农业技术需求差异的影响

（1）从国家对低碳农业宣传力度变量来看，宣传力度很大这个因素在 0.1 水平上显著，宣传力度一般这个因素并不显著，因此，假设 1.3 得到部分证实。与认为国家对低碳农业宣传力度很小的农民比较而言，认为国家对低碳农业宣传力度很大的农民对低碳农业技术有需求的可能性是其 3.075 倍。从分析结果可以判断出：认为国家对低碳农业宣传力度很大的农民对低碳农业技术有需求的可能性明显大于认为国家对低碳农业宣传力度很小的农民。认为国家对低碳农业宣传力度很大的农民对低碳农业往往是比较了解的，他们通过国家的宣传对低碳农业有着较多认识，知道发展低碳农业的重要性所在，代表了未来农业的发展方向，因此，他们对低碳农业技术的需求是比较明显的。

（2）从国家对低碳农业激励措施变量来看，激励措施一般这个因素在 0.05 水平上显著，激励措施很多这个因素也是在 0.05 水平上显著，因此，假设 1.4 得到完全证实。与认为国家对低碳农业激励措施很少的农民比较而言，认为国家对低碳农业激励措施一般的农民对低碳农业技术有需求的可能性是其 44.8%，认为国家对低碳农业激励措施很多的农民对低碳农业技术有需求的可能性是其 21.8%。从分析结果可以判断出：认为国家对低碳农业激励措施越多的农民对低碳农业技术有需求的可能性反而越小。这一分析结果是与笔者的预期相反的，国家对低碳农业激励措施的多少对农民对低碳农业技术的需求应该是起到正向作用的，也就是说，国家对低碳农业激励措施越多，农民对低碳农业技术的需求也应该越大。但是分析结果正好相反，国家对低碳农业激励措施的多少对农民对低碳农业技术的需求起的是负向作用。其原因在哪里呢？一方面，调查对象从事农业生产基本上都是小规模的，对于他们来说，国家对低碳农业的激励措施对这些农民从事农业生产的影响并不大；另一方面，调查对象只是知道国家出台了不少的激励措施，但是这些措施并没有使他们在农业生产中获得太多的利益，也就是说，这些农民并没有深刻体会到低碳农业发展带来的益处，从而使得他们对低碳农业技术的需求不大。

5.2.3.2 社会层面因素对农民低碳农业技术需求差异的影响

从其他农民对低碳农业积极性变量来看，积极性一般这个因素在 0.05 水平上显著，积极性很高这个因素在 0.01 水平上显著，因此，假设 2.4 得到完全证实。与认为其他农民对低碳农业积极性很低的农民比较而言，认为其他农民对低碳农业积极性一般的农民对低碳农业技术有需求的可能性是其 2.073 倍，认为其他农民对低碳农业积极性很高的农民对低碳农业技术有需求的可能性是其 4.808 倍。从分析结果可以判断出：越是认为其他农民对低碳农业积极性越高的农民对低碳农业技术有需求的可能性也越大。对于这一分析结果也是比较好理解的，其他农民对发展低碳农业的积极性高会影响到农民自身对低碳农业的积极性，进而使得这些农民对低碳农业技术有着强烈的需求。

5.2.3.3 市场层面因素对农民低碳农业技术需求差异的影响

（1）从低碳农产品生产成本变量来看，生产成本很高这个因素在 0.05 水平上显著，生产成本一般这个因素并不显著，因此，假设 3.2 得到部分证实。与认为低碳农产品生产成本很低的农民比较而言，认为低碳农产品生产成本一般的农民对低碳农业技术有需求的可能性是其 1.233 倍，认为低碳农产品生产成本很高的农民对低碳农业技术有需求的可能性是其 3.482 倍。由此可以判断出：认为低碳农产品生产成本越高的农民对低碳农业技术有需求的可能性越大。为什么认为低碳农产品生产成本越高的农民对低碳农业技术的需求还是越高呢？由此可见，生产成本高并没有阻挡住农民对低碳农业技术的需求，其原因在于：虽然低碳农产品的生产成本较高，但是低碳农产品的市场认可度是比较高的，收益也是比较高的，因此，成本高并不会阻挡住农民对低碳农业技术的需求。

（2）从低碳农产品市场欢迎度变量来看，市场欢迎度很高这个因素在 0.05 水平上显著，说不清楚这个因素并不显著，因此，假设 3.4 得到部分证实。与认为低碳农产品市场欢迎度很低的农民比较而言，认为低碳农产品市场欢迎度很高的农民对低碳农业技术有需求的可能性是其 35.9%，认为低碳农产品市场欢迎度说不清楚的农民对低碳农业技术有需求的可能性是其 42.2%。虽然说不清楚这个因素并不显著，但是从分析结果可以发现：认为低碳农产品市场欢迎度很低的农民对低碳农业技术有需求的可能性要明显大于认为低碳农产品市场欢迎度很高和说不清楚的农民。为什么认为低碳农产品市场欢迎度很低的农民对低碳农业技术有需求的可能性反而大呢？认为低碳农产品市场欢迎度低的农民，他们认为低碳农产品并没有打开市场，还没有获得市场的认可，但是低碳农产品代表了未来人们对农产品需求的方向，市场的发展前景是非常好的，所以他们希望通过学习低碳农业技术来生产低碳农产品。而对于认为低碳农产品市场欢迎度高的农民来说，他们认为低碳农产品的市场发展的已经比较好了，市场对低碳农产品的需求量也比较大，而自己小规模的经营模式并没有多大竞争力，也很难在市场中获益，因此，他们对低碳农业技术的需求并不大。对于那些认为低碳农产品市场欢迎度说不清楚的农民来说，他们对低碳农业技术的需求不高是比较好理解的。这些农民一直处于犹豫或者观望的状态，使得他们对低碳农业技术没有什么需求。

5.2.3.4 个人层面因素对农民低碳农业技术需求差异的影响

（1）虽然农民的受教育程度变量对低碳农业技术需求的影响并不显著，但是通过分析发现：与小学及以下受教育程度的农民比较而言，初中受教育程度的农民对低碳农业技术有需求的可能性是其 89.3%，高中及以上受教育程度的农民对低碳农业技术有需求的可能性是其 49.3%。由此可以判断出：受教育程度越高的农民，其对低碳农业技术有需求的可能性反而越小。这是一个非常有意思的现象，为什么受教育程度高的农民反而对低碳农业技术有需求的可能性越小呢？受教育程度越高的农民掌握低碳农业技术的可能性越大，因此会降低其对低碳农业技术的需求。

（2）从农民关注农业信息频率变量来看，这一变量在 0.01 水平上显著，因此，假设 4.2 得到完全证实。与很少关注农业信息的农民比较而言，经常关注农业信息的农民对低碳农业技术有需求的可能性是其 2.728 倍。由此可以判断出：经常关注农业信息的农民对低碳农业技术有需求的可能性要明显大于很少关注农业信息的农民。究其原因，经常关注农业信息的农民对低碳农业的了解程度更高，从而使其对低碳农业技术有需求的可能性更大。

（3）虽然采用低碳农业技术意愿变量对低碳农业技术需求的影响并不显著，但是通过分析发现：与采用低碳农业技术意愿很弱的农民比较而言，采用低碳农业技术意愿一般的农民对低碳农业技术有需求的可能性是其 2.191 倍，采用低碳农业技术意愿很强的农民对低碳农业技术有需求的可能性是其 2.380 倍。由此可以判断出：采用低碳农业技术意愿越强烈的农民，其对低碳农业技术有需求的可能性也越大。

（4）从农民的低碳农业了解程度变量来看，这一变量在 0.01 水平上显著，显著性水平非常高，因此，假设 4.4 得到完全证实。从分析结果可以发现：与对低碳农业不了解的农民比较而言，对低碳农业了解的农民对低碳农业技术有需求的可能性是其 4.374 倍。由此可以判断出：对低碳农业了解的农民对低碳农业技术有需求的可能性要远远大于对低碳农业不了解的农民。按照正常的逻辑关系，对低碳农业技术的需求应该是建立在对低碳农业了解的基础上的，如果对低碳农业根本不了解，甚至根本就没有听说过，就很难对低碳农业技术有需求。因此，低碳农业了解程度势必会对低碳农业技术需求产生显著影响。

（5）从农业污染关心度变量来看，很关心这个因素在 0.1 水平上显著，而关心度一般这个因素并不显著，因此，假设 4.5 得到部分证实。从分析结果可以发现：与对农业污染不关心的农民比较而言，对农业污染关心度一般的农民对低碳农业技术有需求的可能性是其 1.725 倍，对农业污染很关心的农民对低碳农业技术有需求的可能性是其 2.591 倍。虽然关心度一般这个因素并不显著，但是从分析结果可以判断出：对农业污染越是关心的农民对低碳农业技术有需求的可能性也会越大。我们知道，我们的农业生产在很多方面都会对环境造成污染，而发展低碳农业的目的在于保护环境，因此，关心农业污染的农民，自然会希望通过发展低碳农业来降低农业对环境的污染和破坏。这也就使得对农业污染关心度这一变量会对农民的低碳农业技术需求产生显著影响。

（6）从环境保护意识变量来看，环境保护意识一般这个因素在 0.05 水平上显著，环境保护意识很强这个因素在 0.1 水平上显著，因此，假设 4.6 得到完全证实。与环境保护意识很弱的农民比较而言，环境保护意识一般的农民对低碳农业技术有需求的可能性是其 3.586 倍，环境保护意识很强的农民对低碳农业技术有需求的可能性是其 3.203 倍。从分析结果可以判断出：环境保护意识一般和很强的农民对低碳农业技术有需求的可能性要明显大于环境保护意识很弱的农民。比较而言，环保意识强的农民，往往更希望降低农业生产对环境的污染，也就更希望通过低碳农业技术来降低农业生产对环境的污染，因此，这些农民往往对低碳农业技术有着较大的需求。

5.2.4　小结

本部分的研究主题是农民对低碳农业技术需求差异的影响因素分析。笔者通过以上分析得出以下结论：

（1）从国家层面因素对农民低碳农业技术需求的影响来看：认为国家对低碳农业宣传力度很大的农民对低碳农业技术有需求的可能性明显大于认为国家对低碳农业宣传力度很小的农民；认为国家对低碳农业激励措施越多的农民对低碳农业技术有需求的可能性反而越小。

（2）从社会层面因素对农民低碳农业技术需求的影响来看：越是认为其他农民对低碳农业积极性越高的农民对低碳农业技术有需求的可能性也越大。

（3）从市场层面因素对农民低碳农业技术需求的影响来看：认为低碳农产品

生产成本越高的农民对低碳农业技术有需求的可能性越大；认为低碳农产品市场欢迎度很低的农民对低碳农业技术有需求的可能性要明显大于认为低碳农产品市场欢迎度很高和说不清楚的农民。

（4）从个人层面因素对农民低碳农业技术需求的影响来看：受教育程度越高的农民，其对低碳农业技术有需求的可能性反而越小；经常关注农业信息的农民对低碳农业技术有需求的可能性要明显大于很少关注农业信息的农民；采用低碳农业技术意愿越强烈的农民，其对低碳农业技术有需求的可能性也越大；对低碳农业了解的农民对低碳农业技术有需求的可能性要远远大于对低碳农业不了解的农民；对农业污染越是关心的农民对低碳农业技术有需求的可能性也会越大；环境保护意识一般和很强的农民对低碳农业技术有需求的可能性要明显大于环境保护意识很弱的农民。

5.3 农民参加低碳农业技术培训意愿差异的影响因素研究

5.3.1 研究假设及变量的选择

本部分的研究主题是农民参加低碳农业技术培训意愿差异的影响因素分析。国内有些学者也对农民发展低碳农业意愿差异的影响因素进行了相关研究，如陈昌洪的研究以四川省农业标准化示范区农户典型调查数据为依据，运用 Logistic 模型对农户采用低碳农业标准化生产意愿及影响因素进行了分析。他将影响因素分为五大类：① 农户户主特征变量。从理论上说，户主越年轻，接受新技术越快，越愿意采用低碳农业标准化生产方式。户主文化程度高的农户实施农业标准化生产的积极性高于文化程度低的农户。农户家庭平均纯收入越高实施农业标准化的可能性越大，但这主要看农户家庭收入主要来源于农业还是非农业。一般说来女性比男性保守，实施农业标准化的意愿低。② 标准化认知程度变量。理论上，农户对低碳农业标准化生产的认知度越高，越愿意实施低碳农业标准化生产，如果在本地或附近都没有标准化生产，农户会处于观望状态。农户参加标准化的培训，认识到低碳农业标准化的作用，掌握标准化技术，就越愿意采用低碳农业标准化生产，否则也会观望。③ 组织化特征变量。农户参加农业合作经济组织，他们信息灵通，对低碳农业标准化的功能认识清楚，具有规模经济效应，组织化程度越高，就越愿意实施低碳农业标准化生产。④ 标准化农产品预期变量。如果按照低碳农业标准化生产出的农产品售卖时价格高且有保证，农户越愿意采用标准化生产；如果按照标准化生产出的农产品质量有保证，能够得到政府的认证认可，赢得好声誉，农户越愿意实施低碳农业标准化生产；如果按照标准化生产方式，其生产成本低，农户也愿意实施低碳农业标准化生产。⑤政府支持变量。从理论上说，政府支持力度越大的地区，低碳农业标准化生产的实施力度就越大，农户实施低碳农业标准化生产的意愿越强烈。[①]笔者在借鉴以往研究的基础上，提出了本部分的研究假设：国家、社会、市场和个人“四维度”因素对农民参加低碳农业技术培训意愿存在显著影响。国家、社会、市场和个人“四维度”因素是研究当中的自变量，而农民参加低碳农业技术培训意愿则是研究中的因变量。笔者由该研究假设衍生出了以下 4 个更加具体的研究假设。

（1）假设 1，国家层面的因素会影响农民参加低碳农业技术培训意愿。笔者用 1 个指标来衡量国家层面的因素：国家对低碳农业重视程度。因此，假设 1 就有了以下分假设：

- ☞ 假设 1.1：国家对低碳农业重视程度的高低会影响农民参加低碳农业技术培训意愿。

（2）假设 2，社会层面的因素会影响农民参加低碳农业技术培训意愿。笔者用 7 个指标来衡量社会层面的因素，即农业生产污染环境情况、农业生产污染可控性、其他农民采用低碳农业技术情况、发展低碳农业必要性、农业组织在低碳农业发展中作用、低碳农业可行性、其他农民对低碳农业积极性。因此，假设 2 就有了以下 7 个分假设：

- ☞ 假设 2.1：农民对农业生产污染环境的认知会影响其参加低碳农业技术培训的意愿。
- ☞ 假设 2.2：农民对农业生产污染可控性的认知会影响其参加低碳农业技术培训的意愿。
- ☞ 假设 2.3：其他农民采用低碳农业技术情况会影响农民参加低碳农业技术培训的意愿。
- ☞ 假设 2.4：农民对发展低碳农业必要性的认知会影响其参加低碳农业技术培训的意愿。
- ☞ 假设 2.5 农业组织在低碳农业发展中作用会影响农民参加低碳农业技术培训的意愿。
- ☞ 假设 2.6：农民对低碳农业可行性的认知会影响其参加低碳农业技术培训的意愿。

---

① 陈昌洪. 农户选择低碳农业标准化的意愿及影响因素分析——基于四川省农户的调查[J]. 北京理工大学学报：社会科学版，2013（3）：21-25.

- ☞ 假设 2.7: 其他农民对发展低碳农业积极性会影响农民参加低碳农业技术培训的意愿。

（3）假设 3，市场层面的因素会影响农民参加低碳农业技术培训意愿。笔者用 4 个指标来衡量市场层面的因素，即低碳农产品畅销程度、低碳农产品生产成本、低碳农产品质量、低碳农产品市场欢迎度。因此，假设 3 就有了以下 4 个分假设：

- ☞ 假设 3.1: 低碳农产品的畅销程度会影响农民参加低碳农业技术培训的意愿。
- ☞ 假设 3.2: 低碳农产品生产成本的高低认知会影响农民参加低碳农业技术培训的意愿。
- ☞ 假设 3.3: 低碳农产品的质量会影响农民参加低碳农业技术培训的意愿。
- ☞ 假设 3.4: 低碳农产品的市场欢迎度会影响农民参加低碳农业技术培训的意愿。

（4）假设 4，个人层面的因素会影响农民参加低碳农业技术培训意愿。笔者用 18 个指标来衡量个人层面的因素，即受教育程度、村干部、党员、耕地面积、农业收入比重、收入水平满意度、生活水平满意度、居住条件满意度、社会地位、关注农业信息频率、参加涉农技术培训情况、参加低碳农业技术培训情况、采用低碳农业技术意愿、低碳农业了解程度、农业污染关心度、关心农产品农药存留情况、使用农药化肥情况、低碳农业发展满意度。因此，假设 4 就有了以下 18 个分假设：

- ☞ 假设 4.1: 农民的受教育程度会影响其参加低碳农业技术培训的意愿。
- ☞ 假设 4.2: 农民的村干部身份会影响其参加低碳农业技术培训的意愿。
- ☞ 假设 4.3: 农民的党员身份会影响其参加低碳农业技术培训的意愿。
- ☞ 假设 4.4: 耕地面积会影响农民参加低碳农业技术培训的意愿。
- ☞ 假设 4.5: 农业收入比重会影响农民参加低碳农业技术培训的意愿。
- ☞ 假设 4.6: 农民对收入水平的满意度会影响其参加低碳农业技术培训的意愿。
- ☞ 假设 4.7: 农民对生活水平的满意度会影响其参加低碳农业技术培训的意愿。
- ☞ 假设 4.8: 农民对居住条件的满意度会影响其参加低碳农业技术培训的意愿。
- ☞ 假设 4.9: 农民的社会地位会影响其参加低碳农业技术培训的意愿。
- ☞ 假设 4.10: 关注农业信息的频率会影响农民参加低碳农业技术培训的意愿。
- ☞ 假设 4.11: 参加涉农技术培训情况会影响农民参加低碳农业技术培训的意愿。
- ☞ 假设 4.12: 参加低碳农业技术培训情况会影响农民参加低碳农业技术培训的意愿。

☞ 假设 4.13：采用低碳农业技术意愿会影响农民参加低碳农业技术培训的意愿。
☞ 假设 4.14：农民对低碳农业的了解程度会影响其参加低碳农业技术培训的意愿。
☞ 假设 4.15：农民对农业污染的关心度会影响其参加低碳农业技术培训的意愿。
☞ 假设 4.16：农民关心农产品农药存留的情况会影响其参加低碳农业技术培训的意愿。
☞ 假设 4.17：农民使用农药化肥情况会影响其参加低碳农业技术培训的意愿。
☞ 假设 4.18：农民对低碳农业发展的满意度会影响其参加低碳农业技术培训的意愿。

笔者使用的是Logistic回归分析方法，根据Logistic回归分析数据的处理要求，笔者对自变量和因变量进行了转换，其中对于农民参加低碳农业技术培训的意愿这个因变量，笔者将有意愿赋值为 1，没有意愿赋值为 0。自变量的赋值情况如表 5-7 所示。

表 5-7　自变量的定义

变量定义	变量定义
国家层面自变量	**个人层面自变量**
国家对低碳农业重视程度（以不重视为参照组）	受教育程度（以小学及以下为参照组）
一般=1，反之=0	初中=1，反之=0
很重视=1，反之=0	高中及以上=1，反之=0
社会层面自变量	耕地面积（以 2 亩及以下为参照组）
农业生产污染环境（以不会为参照组）	2～5 亩=1，反之=0
会=1，反之=0	5 亩以上=1，反之=0
不清楚=1，反之=0	农业收入比重（以高于一半为参照组）
农业生产污染可控性（以不可控为参照组）	差不多一半=1，反之=0
可控=1，反之=0	低于一半=1，反之=0
不清楚=1，反之=0	收入水平满意度（以不满意为参照组）
其他农民采用低碳农业技术（很多=1，很少=0）	一般=1，反之=0
发展低碳农业必要性（有=1，没有=0）	满意=1，反之=0
低碳农业中农业组织作用（以很小为参照组）	生活水平满意度（以不满意为参照组）
一般=1，反之=0	一般=1，反之=0
很大=1，反之=0	满意=1，反之=0
低碳农业可行性（以不可行为参照组）	居住条件满意度（以不满意为参照组）

变量定义	变量定义
可行=1，反之=0	一般=1，反之=0
说不清楚=1，反之=0	满意=1，反之=0
其他农民对低碳农业积极性（以很低为参照组）	村干部（是=1，不是=0）
一般=1，反之=0	党员（是=1，不是=0）
很高=1，反之=0	社会地位（较高=1，较低=0）
市场层面自变量	关注农业信息频率（经常=1，很少=0）
低碳农产品畅销程度（以不畅销为参照组）	涉农技术培训（参加过=1，没有参加过=0）
一般=1，反之=0	低碳农业技术培训（参加过=1，没有参加过=0）
很畅销=1，反之=0	采用低碳农业技术意愿（以很弱为参照组）
低碳农产品生产成本（以很低为参照组）	一般=1，反之=0
一般=1，反之=0	很强=1，反之=0
很高=1，反之=0	低碳农业了解程度（了解=1，不了解=0）
低碳农产品市场欢迎度（以很低为参照组）	对农业污染关心度（以不关心为参照组）
很高=1，反之=0	一般=1，反之=0
说不清楚=1，反之=0	很关心=1，反之=0
低碳农产品质量（以没有保证为参照组）	农产品中农药存留（关心=1，不关心=0）
有保证=1，反之=0	有注意少使用农药化肥（是=1，否=0）
说不清楚=1，反之=0	低碳农业发展满意度（满意=1，不满意=0）

5.3.2 自变量与因变量的描述性分析

通过对自变量与因变量基本情况表（表 5-8）的分析比较，笔者发现以下几方面的显著特征：从因变量来看，大部分调查对象表示愿意参加低碳农业技术培训，这一比例达到了 78.1%，这说明调查对象对低碳农业技术培训的意愿是比较强烈的。从自变量来看，可以分为以下 4 个方面：

（1）在国家层面自变量上，53.8%的调查对象认为国家对低碳农业的重视程度一般，认为很重视的只占 27.4%，说明国家对低碳农业的重视程度还是有待加强。

（2）在社会层面自变量上，调查对象对农业生产污染环境的认知呈现出多元化特征，其中 36.0%的调查对象表示不会污染环境，41.5%的调查对象表示会污染环境，还有 22.5%的调查对象表示不清楚；大部分调查对象认为农业生产污染是可控的，这一比例达到了 59.4%；54.2%的调查对象表示其他农民采用低碳农业技术的很多；大多数调查对象认为发展低碳农业是有必要的，这一比例达到了

77.8%；调查对象对低碳农业发展中农业组织的作用并不乐观，认为低碳农业发展中农业组织作用很大的只占 14.5%；虽然有 52.3%的调查对象表示发展低碳农业是可行的，但是有 21.8%的调查对象认为不可行，还有 25.8%的调查对象表示说不清楚，可见，调查对象对低碳农业的可行性还是持多元化观点的；55.4%的调查对象表示其他农民对发展低碳农业的积极性一般，表示积极性很高的比例也只有 13.8%，这说明调查对象认为其他农民对发展低碳农业的积极性整体不高。

（3）在市场层面自变量上，57.8%的调查对象表示低碳农产品的畅销程度一般；65.2%的调查对象认为低碳农产品的生产成本一般；虽然 48.6%的调查对象表示低碳农产品的质量是有保证的，但是有 18.5%的调查对象认为没有保证，还有 32.9%的调查对象表示说不清楚，可见，调查对象对低碳农产品的质量也是持多元化观点的；60.6%的调查对象表示低碳农产品的市场欢迎度很高，认为市场欢迎度很低的仅占 14.5%，这说明调查对象对低碳农产品的市场欢迎度还是比较有信心的。

（4）在个人层面自变量上，受教育程度以初中居多，占到了 60.3%，可见调查对象的受教育程度并不高；80.3%的调查对象没有当过村干部；大部分调查对象不是党员，其比例达到了 83.4%，不是党员的比例较高与党员数量在农村较少有很大的关系；多数调查对象的耕地面积都在 2 亩以上，这一比例达到了 76.4%；大部分调查对象农业收入的比重都不高，农业收入比重高于一半的比例只占调查对象的 14.2%；大部分调查对象对收入水平、生活水平和居住条件的满意度都不高，对收入水平满意度一般的比例占到了 63.7%，对生活水平满意度一般的比例占到了 65.5%，对居住条件满意度一般的比例占到了 58.5%；大部分调查对象认为自己的社会地位较高，这一比例占到了 77.8%；75.7%的调查对象表示经常关注农业信息，这说明调查对象对农业信息的关注频率是比较高的；大多数调查对象没有参加过涉农技术培训和低碳农业技术培训，其比例分别为 71.1%、85.8%；大多数调查对象对采用低碳农业技术还是有意愿的，表示意愿很弱的只占 9.5%；大多数调查对象还是了解低碳农业的，这一比例达到了 63.1%；有不少调查对象表示对农业污染的关心度一般，这一比例达到了 43.1%，表示关心的占到了 34.2%，表示不关心的比例为 22.8%；调查对象对农产品农药存留的关心度相差不大，表示关心的比例为 52.3%，表示不关心的比例为 47.7%；52.6%的调查对象有注意少用农药、化肥，但是优势并不明显，有高达 47.4%的调查对象没有注意少用农药、化肥；大多数调查对象对低碳农业的发展是满意的，这一比例达到了 63.1%，但是其比例并不算是很高。

表 5-8 自变量与因变量的基本情况

变量		选项	样本数/人	比例/%
因变量	参加低碳农业技术培训意愿	不愿意	71	21.9
		愿意	254	78.1
自变量	国家层面自变量			
	国家对低碳农业重视程度	不重视	61	18.8
		一般	175	53.8
		很重视	89	27.4
	社会层面自变量			
	农业生产污染环境	不会	117	36.0
		会	135	41.5
		不清楚	73	22.5
	农业生产污染可控性	不可控	46	14.2
		可控	193	59.4
		不清楚	86	26.4
	其他农民采用低碳农业技术	很少	149	45.8
		很多	176	54.2
	发展低碳农业必要性	没有必要	72	22.2
		有必要	253	77.8
	低碳农业中农业组织作用	很小	111	34.2
		一般	167	51.4
		很大	47	14.5
	低碳农业可行性	不可行	71	21.8
		可行	170	52.3
		说不清楚	84	25.8
	其他农民对低碳农业积极性	很低	100	30.8
		一般	180	55.4
		很高	45	13.8
	市场层面自变量			
	低碳农产品畅销程度	不畅销	36	11.1
		一般	188	57.8
		很畅销	101	31.1
	低碳农产品生产成本	很低	41	12.6
		一般	212	65.2
		很高	72	22.2
	低碳农产品质量	没有保证	60	18.5
		有保证	158	48.6
		说不清楚	107	32.9

变量		选项	样本数/人	比例/%
自变量	低碳农产品市场欢迎度	很低	47	14.5
		很高	197	60.6
		说不清楚	81	24.9
	个人层面自变量			
	受教育程度	小学及以下	57	17.5
		初中	196	60.3
		高中及以上	72	22.2
	村干部	没当过	261	80.3
		当过	64	19.7
	党员	不是	271	83.4
		是	54	16.6
	耕地面积	2 亩及以下	77	23.7
		2～5 亩	138	42.5
		5 亩以上	110	33.9
	农业收入比重	高于一半	46	14.2
		差不多一半	163	50.2
		低于一半	116	35.6
	收入水平满意度	不满意	84	25.8
		一般	207	63.7
		满意	34	10.5
	生活水平满意度	不满意	72	22.2
		一般	213	65.5
		满意	40	12.3
	居住条件满意度	不满意	63	19.4
		一般	190	58.5
		满意	72	22.2
	社会地位	较低	72	22.2
		较高	253	77.8
	关注农业信息频率	很少	79	24.4
		经常	246	75.7
	涉农技术培训	没有参加过	231	71.1
		参加过	94	28.9
	低碳农业技术培训	没有参加过	279	85.8
		参加过	46	14.2
	采用低碳农业技术意愿	很弱	31	9.5
		一般	150	46.2
		很强	144	44.3

<table>
<tr><th colspan="2">变量</th><th>选项</th><th>样本数/人</th><th>比例/%</th></tr>
<tr><td rowspan="11">自
变
量</td><td rowspan="2">低碳农业了解情况</td><td>不了解</td><td>120</td><td>36.9</td></tr>
<tr><td>了解</td><td>205</td><td>63.1</td></tr>
<tr><td rowspan="3">对农业污染关心度</td><td>不关心</td><td>74</td><td>22.8</td></tr>
<tr><td>一般</td><td>140</td><td>43.1</td></tr>
<tr><td>关心</td><td>111</td><td>34.2</td></tr>
<tr><td rowspan="2">对农产品农药存留的关心度</td><td>不关心</td><td>155</td><td>47.7</td></tr>
<tr><td>关心</td><td>170</td><td>52.3</td></tr>
<tr><td rowspan="2">使用农药、化肥情况</td><td>没有注意少用</td><td>154</td><td>47.4</td></tr>
<tr><td>有注意少用</td><td>171</td><td>52.6</td></tr>
<tr><td rowspan="2">对低碳农业发展满意度</td><td>不满意</td><td>120</td><td>36.9</td></tr>
<tr><td>满意</td><td>205</td><td>63.1</td></tr>
</table>

5.3.3 农民参加低碳农业技术培训意愿差异影响因素的模型分析

通过农民参加低碳农业技术培训意愿差异影响因素的 Logistic 回归分析（表 5-9），可以发现：整个模型的 Nagelkerke R^2 为 0.632，这说明所有的这些影响因素能够解释结果的 63.2%，应该说，其解释能力是非常强的。整个模型的卡方检验显著，从各个变量影响的显著性水平来看，假设 1.1、假设 2.1、假设 2.2、假设 2.5、假设 2.7、假设 3.2、假设 3.3、假设 3.4、假设 4.1、假设 4.4、假设 4.5、假设 4.7、假设 4.8、假设 4.15 得到了部分证实，假设 2.3、假设 2.4、假设 2.6、假设 3.1、假设 4.2、假设 4.3、假设 4.6、假设 4.9、假设 4.10、假设 4.11、假设 4.12、假设 4.13、假设 4.14、假设 4.16、假设 4.17、假设 4.18 得到了完全证实。通过对农民参加低碳农业技术培训意愿差异影响因素的 Logistic 回归模型的分析，笔者发现 4 个方面的规律。

表 5-9 农民参加低碳农业技术培训意愿差异影响因素的 Logistic 回归模型

<table>
<tr><th>影响因素（括号内为参照组）</th><th>回归系数（B）</th><th>标准误差（S.E）</th><th>Wald 统计量</th><th>自由度（df）</th><th>显著性水平（Sig.）</th><th>发生比 Exp（B）</th></tr>
<tr><td colspan="7">国家层面影响因素</td></tr>
<tr><td>国家对低碳农业重视程度：一般</td><td>0.616</td><td>0.550</td><td>1.255</td><td>1</td><td>0.263</td><td>1.852</td></tr>
<tr><td>（不重视） 很重视</td><td>3.107</td><td>1.037</td><td>8.976</td><td>1</td><td>0.003</td><td>22.355</td></tr>
<tr><td colspan="7">社会层面影响因素</td></tr>
<tr><td>农业生产污染环境： 会</td><td>−0.913</td><td>0.583</td><td>2.453</td><td>1</td><td>0.117</td><td>0.401</td></tr>
<tr><td>（不会） 不清楚</td><td>−1.414</td><td>0.717</td><td>3.888</td><td>1</td><td>0.049</td><td>0.243</td></tr>
</table>

影响因素（括号内为参照组）		回归系数（*B*）	标准误差（S.E）	Wald 统计量	自由度（df）	显著性水平（Sig.）	发生比 Exp（*B*）
农业生产污染可控性：	可控	0.082	0.651	0.016	1	0.900	1.085
（不可控）	不清楚	1.771	0.782	5.134	1	0.023	5.876
很多农民采用低碳农业技术（很少）		−2.257	0.642	12.365	1	0.000	0.105
有必要发展低碳农业	（没有）	−1.206	0.591	4.166	1	0.041	0.299
低碳农业中农业组织作用：	一般	−0.778	0.581	1.794	1	0.180	0.459
（很小）	很大	1.978	1.116	3.145	1	0.076	7.230
低碳农业可行性：	可行	2.314	0.731	10.017	1	0.002	10.117
（不可行）	说不清楚	1.776	0.959	3.429	1	0.064	5.906
其他农民低碳农业积极性：	一般	2.825	0.713	15.720	1	0.000	16.868
（很低）	很高	−1.122	1.153	0.947	1	0.330	0.326
市场层面影响因素							
低碳农产品畅销程度：	一般	−3.055	0.996	9.408	1	0.002	0.047
（不畅销）	很畅销	−2.856	1.057	7.297	1	0.007	0.057
低碳农产品生产成本：	一般	2.579	0.749	11.857	1	0.001	13.181
（很低）	很高	1.012	0.822	1.513	1	0.219	2.750
低碳农产品质量：	有保证	−1.573	0.617	6.499	1	0.011	0.208
（没有保证）	说不清楚	−0.790	0.975	0.656	1	0.418	0.454
低碳农产品市场欢迎度：	很高	−1.873	0.701	7.131	1	0.008	0.154
（很低）	说不清楚	−0.809	0.939	0.742	1	0.389	0.445
个人层面影响因素							
受教育程度：	初中	0.935	0.660	2.006	1	0.157	2.546
（小学及以下）	高中及以上	1.736	0.795	4.774	1	0.029	5.676
当过村干部	（没有）	1.237	0.676	3.347	1	0.067	3.445
是党员	（不是）	−3.364	0.864	15.147	1	0.000	0.035
耕地面积：	2～5 亩	1.208	0.580	4.340	1	0.037	3.347
（2 亩及以下）	5 亩以上	1.165	0.729	2.559	1	0.110	3.207
农业收入比重：	差不多一半	1.233	0.608	4.116	1	0.042	3.431
（高于一半）	低于一半	0.772	0.703	1.208	1	0.272	2.164
收入水平满意度：	一般	1.003	0.590	2.890	1	0.089	2.726
（不满意）	满意	4.208	1.530	7.568	1	0.006	67.211
生活水平满意度：	一般	−1.427	0.660	4.676	1	0.031	0.240
（不满意）	满意	0.542	1.353	0.161	1	0.689	1.720
居住条件满意度：	一般	−0.350	0.609	0.329	1	0.566	0.705
（不满意）	满意	−4.380	1.101	15.833	1	0.000	0.013
社会地位较高	（较低）	1.265	0.647	3.819	1	0.051	3.543

影响因素（括号内为参照组）	回归系数（B）	标准误差（S.E）	Wald 统计量	自由度（df）	显著性水平（Sig.）	发生比 Exp（B）
经常关注农业信息　（很少）	1.567	0.583	7.215	1	0.007	4.791
参加过涉农技术培训（没有）	2.051	0.681	9.063	1	0.003	7.777
参加过低碳农业技术培训（没有）	−1.340	0.661	4.106	1	0.043	0.262
采用低碳农业技术意愿：一般	2.538	0.712	12.725	1	0.000	12.656
（很弱）　很强	2.122	0.821	6.683	1	0.010	8.349
了解低碳农业　（不了解）	2.062	0.673	9.379	1	0.002	7.864
对农业污染关心度：　一般	−0.919	0.622	2.186	1	0.139	0.399
（不关心）　很关心	1.992	0.935	4.539	1	0.033	7.330
关心农产品农药存留（不关心）	2.205	0.644	11.716	1	0.001	9.070
有注意少用农药、化肥（没有）	−1.554	0.528	8.655	1	0.003	0.211
对低碳农业发展满意（不满意）	1.558	0.542	8.248	1	0.004	4.748
常数	−4.314	1.394	9.582	1	0.002	0.013
N	325					
Nagelkerke R^2	0.632					
−2 Log likelihood	169.217					
卡方值	172.003					

5.3.3.1　国家层面因素对农民参加低碳农业技术培训意愿差异的影响

从国家对低碳农业重视程度变量来看，很重视这个因素在 0.01 水平上显著，重视程度一般这个因素并不显著，因此，假设 1.1 得到部分证实。从分析结果可以发现：与认为国家对低碳农业不重视的农民比较而言，认为国家对低碳农业很重视的农民愿意参加低碳农业技术培训的可能性是其 22.355 倍。由此可以判断出：认为国家对低碳农业很重视的农民愿意参加低碳农业技术培训的可能性远远大于认为国家对低碳农业不重视的农民。虽然重视程度一般这个因素并不显著，但是从分析结果可以发现这一因素的作用方向也是正向的。由此我们可以认为：国家对低碳农业越重视，农民参加低碳农业技术培训的意愿也会越强烈。因此，我们可以通过加强国家对低碳农业的重视程度来提升农民参加低碳农业技术培训的意愿。

5.3.3.2　社会层面因素对农民参加低碳农业技术培训意愿差异的影响

（1）从农业生产污染环境变量来看，认为会污染环境这一因素并不显著，不清楚这一因素在 0.05 水平上显著，因此，假设 2.1 得到部分证实。从分析结果可以发现：与认为农业生产不会污染环境的农民比较而言，认为农业生产会污染环境的农民愿意参加低碳农业技术培训的可能性是其 40.1%，对农业生产是否污染环境不清楚的农民愿意参加低碳农业技术培训的可能性是其 24.3%。虽然认为会污染环境这一因素并不显著，但是由分析结果可以判断出：参加低碳农业技术培训意愿最强的是认为农业生产不会污染环境的农民，其次是认为农业生产会污染环境的农民，参加低碳农业技术培训意愿最弱的是对农业生产是否污染环境不清楚的农民。

（2）从农业生产污染可控性变量来看，认为可控这一因素并不显著，不清楚这一因素在 0.05 水平上显著，因此，假设 2.2 得到部分证实。从分析结果可以发现：与认为农业生产污染不可控的农民比较而言，认为农业生产污染可控的农民愿意参加低碳农业技术培训的可能性是其 1.085 倍，对农业生产污染是否可控不清楚的农民愿意参加低碳农业技术培训的可能性是其 5.876 倍。虽然认为可控这一因素并不显著，但是由分析结果可以判断出：对农业生产污染是否可控不清楚的农民愿意参加低碳农业技术培训的可能性远远大于认为农业生产污染可控的农民和认为农业生产污染不可控的农民。为什么认为农业生产污染不可控的农民和认为农业生产污染可控的农民愿意参加低碳农业技术培训的可能性比较小呢？认为农业生产污染不可控的农民，这一观念影响了农民对低碳农业技术的信心，从而降低了农民参加低碳农业技术培训的意愿。认为农业生产污染可控的农民，这一观念会使农民认为既然是可控的，就没有必要去参加低碳农业技术培训了，从而也降低了农民参加低碳农业技术培训的意愿。

（3）从其他农民采用低碳农业技术情况来看，这一变量在 0.01 水平上显著，因此，假设 2.3 得到完全证实。从分析结果可以发现：与认为其他农民采用低碳农业技术很少的农民比较而言，认为其他农民采用低碳农业技术很多的农民愿意参加低碳农业技术培训的可能性是其 10.5%。由此可以判断出：认为其他农民采用低碳农业技术很少的农民愿意参加低碳农业技术培训的可能性远远大于认为其他农民采用低碳农业技术很多的农民。那么如何来解释这一现象呢？人们既有从众的心理，也有不从众的心理。从众心理是说人们总喜欢随大流，不从众心理是说人们有的时候总喜欢另辟蹊径。这一分析结果就很好反映出了人们不从众的一面。认为其他农民采用低碳农业技术很多的农民往往认为自己再去参加低碳农业技术培训的优势已经不明显了，从而降低了这些农民参加低碳农业技术培训的意愿。

（4）从发展低碳农业必要性变量来看，这一变量在 0.05 水平上显著，因此，假设 2.4 得到完全证实。从分析结果可以发现：与认为没有必要发展低碳农业的农民比较而言，认为有必要发展低碳农业的农民愿意参加低碳农业技术培训的可能性是其 29.9%。由此可以判断出：认为没有必要发展低碳农业的农民愿意参加低碳农业技术培训的可能性明显大于认为有必要发展低碳农业的农民。也就是说，农民对发展低碳农业必要性的认知对其参加低碳农业技术培训意愿的作用方向是负向的。这与笔者的预期也是正好相反的，那么如何来解释这一现象呢？其原因在于：这一分析结果恰恰反映出了农民对低碳农业的矛盾心理，一方面，农民对低碳农业发展持一种悲观心理，认为没有必要发展低碳农业，对低碳农业的前景并不看好。另一方面，农民也清楚这是农业发展的大势所趋，自己又不想被历史发展的潮流所淘汰，所以又有参加低碳农业技术培训的意愿。从而在笔者的分析中出现了貌似矛盾的一面，可以说，这是农民对低碳农业矛盾心理的很好体现。

（5）从低碳农业中农业组织作用变量来看，作用一般这一因素并不显著，作用很大这一因素在 0.1 水平上显著，因此，假设 2.5 得到部分证实。从分析结果可以发现：与认为低碳农业中农业组织作用很小的农民比较而言，认为低碳农业中农业组织作用很大的农民愿意参加低碳农业技术培训的可能性是其 7.230 倍。由此可以判断出：认为低碳农业中农业组织作用很大的农民愿意参加低碳农业技术培训的可能性远远大于认为低碳农业中农业组织作用很小的农民。这说明农业组织在低碳农业发展中的作用大小会影响农民参加低碳农业技术培训的意愿。因此，在低碳农业发展过程中应该更好地发挥农业组织的作用。

（6）从低碳农业可行性变量来看，可行这一因素在 0.01 水平上显著，说不清楚这一因素在 0.1 水平上显著，因此，假设 2.6 得到完全证实。从分析结果可以发现：与认为低碳农业不可行的农民比较而言，认为低碳农业可行的农民愿意参加低碳农业技术培训的可能性是其 10.117 倍，对低碳农业是否可行说不清楚的农民愿意参加低碳农业技术培训的可能性是其 5.906 倍。由此可以判断出：参加低碳农业技术培训意愿最强的是认为低碳农业可行的农民，其次是对低碳农业是否可行说不清楚的农民，参加低碳农业技术培训意愿最弱的是认为低碳农业不可行的农民。说不清楚这一因素是介于不可行和可行两个因素之间的，也就是说，认为说不清楚的农民认为低碳农业既有可行的一面，也有不可行的一面。因此，从整个低碳农业可行性变量对参加低碳农业技术培训意愿的作用方向来说是正向的。也就是说，越是认为低碳农业具有可行性的农民愿意参加低碳农业技术培训的可能性越大。

（7）从其他农民对低碳农业积极性变量来看，积极性一般这一因素在 0.01 水平上显著，积极性很高这一因素并不显著，因此，假设 2.7 得到部分证实。从分析结果可以发现：与认为其他农民对低碳农业积极性很低的农民比较而言，认为其他农民积极性一般的农民愿意参加低碳农业技术培训的可能性是其 16.868 倍。由此可以判断出：认为其他农民对低碳农业积极性一般的农民愿意参加低碳农业技术培训的可能性远远大于认为其他农民对低碳农业积极性很低的农民。虽然积极性很高这一因素并不显著，但是从其作用方向来看是负向的，也就是说，认为其他农民对低碳农业积极性很高的农民愿意参加低碳农业技术培训的可能性明显小于认为其他农民对低碳农业积极性很低的农民。这也是一个非常值得探讨的现象，笔者认为其原因在于：还是农民的不从众心理在起作用，从而降低了农民参加低碳农业技术培训的意愿。

5.3.3.3　市场层面因素对农民参加低碳农业技术培训意愿差异的影响

（1）从低碳农产品畅销程度变量来看，畅销度一般和很畅销这两个因素都是在0.01水平上显著，因此，假设3.1得到完全证实。从分析结果可以发现：与认为低碳农产品不畅销的农民比较而言，认为低碳农产品畅销度一般的农民愿意参加低碳农业技术培训的可能性是其5.7%。由此可以判断出：认为低碳农产品畅销度一般和认为很畅销的农民愿意参加低碳农业技术培训的可能性远远小于认为低碳农产品不畅销的农民。这同样是一个非常值得探讨的现象，按照正常的市场逻辑我们会认为：出于“理性人”的考虑，低碳农产品越是畅销，农民参加低碳农业技术培训的意愿会越强烈。但是我们的分析结果表明：比较而言，认为低碳农产品不畅销的农民参加低碳农业技术培训的意愿反而要更加强烈。笔者认为其原因在于：认为低碳农产品不畅销的农民，往往会认为这是因为低碳农产品的市场还没有完全打开，但是低碳农业代表了未来农业的发展方向，他们对低碳农产品的市场前景充满信心，因此他们非常愿意参加低碳农业技术培训。

（2）从低碳农产品生产成本变量来看，成本一般这个因素在0.01水平上显著，成本很高这个因素并不显著，因此，假设3.2得到部分证实。从分析结果可以发现：与认为低碳农产品生产成本很低的农民比较而言，认为低碳农产品生产成本一般的农民愿意参加低碳农业技术培训的可能性是其13.181倍。由此可以判断出：认为低碳农产品生产成本一般的农民愿意参加低碳农业技术培训的可能性远远大于认为低碳农产品生产成本很低的农民。虽然成本很高这一因素的影响并不显著，但是从其作用方向来看也是正向的。

（3）从低碳农产品质量变量来看，质量有保证这个因素在0.05水平上显著，质量说不清楚这个因素并不显著，因此，假设3.3得到部分证实。从分析结果可以发现：与认为低碳农产品质量没有保证的农民比较而言，认为低碳农产品质量有保证的农民愿意参加低碳农业技术培训的可能性是其20.8%。由此可以判断出：认为低碳农产品质量有保证的农民愿意参加低碳农业技术培训的可能性明显要小于认为低碳农产品质量没有保证的农民。按照我们的正常逻辑来说，认为低碳农产品质量有保证的农民愿意参加低碳农业技术培训的可能性应该大于认为低碳农产品质量没有保证的农民，但是我们的分析结果却恰恰相反，因此这也是一个非常值得探讨的问题。笔者对这一分析结果的解释是：认为低碳农产品质量没有保证的农民希望通过参加低碳农业技术培训来进一步提升低碳农产品的质量。

（4）从低碳农产品市场欢迎度变量来看，欢迎度很高这个因素在 0.01 水平上显著，说不清楚这个因素并不显著，因此，假设 3.4 得到部分证实。从分析结果可以发现：与认为低碳农产品市场欢迎度很低的农民比较而言，认为低碳农产品市场欢迎度很高的农民愿意参加低碳农业技术培训的可能性是其 15.4%。由此可以判断出：认为低碳农产品市场欢迎度很高的农民愿意参加低碳农业技术培训的可能性明显要小于认为低碳农产品市场欢迎度很低的农民。同样，按照我们的正常逻辑来说，认为低碳农产品市场欢迎度很高的农民愿意参加低碳农业技术培训的可能性应该大于认为低碳农产品市场欢迎度很低的农民，但是我们的分析结果也是恰恰相反。笔者对这一分析结果的解释是：认为低碳农产品市场欢迎度低的农民希望通过参加低碳农业技术培训来提升低碳农产品的市场欢迎度。

5.3.3.4 个人层面因素对农民参加低碳农业技术培训意愿差异的影响

（1）从受教育程度变量来看，初中这个因素并不显著，高中及以上这个因素在 0.05 水平上显著，因此，假设 4.1 得到部分证实。笔者通过分析发现：与小学及以下受教育程度的农民比较而言，初中受教育程度的农民愿意参加低碳农业技术培训的可能性是其 2.546 倍，高中及以上受教育程度的农民愿意参加低碳农业技术培训的可能性是其 5.676 倍。由此可以判断出：受教育程度越高的农民愿意参加低碳农业技术培训的可能性越大。这说明受教育程度对农民参加低碳农业技术培训意愿是存在明显的正向影响的。

（2）从村干部变量来看，这一变量在 0.1 水平上显著，因此，假设 4.2 得到完全证实。与没有当过村干部的农民比较而言，当过村干部的农民愿意参加低碳农业技术培训的可能性是其 3.445 倍。由此可以判断出：当过村干部的农民愿意参加低碳农业技术培训的可能性要明显大于没有当过村干部的农民。这说明村干部变量对增强农民参加低碳农业技术培训的意愿是有帮助的。

（3）从党员变量来看，这一变量在 0.01 水平上显著，因此，假设 4.3 得到完全证实。与不是党员的农民比较而言，是党员的农民愿意参加低碳农业技术培训的可能性是其 3.5%。由此可以判断出：不是党员的农民愿意参加低碳农业技术培训的可能性要远远大于是党员的农民。为什么党员变量对参加低碳农业技术培训意愿的作用方向是负向的呢？这是一个非常值得探讨的问题。笔者认为其原因在于：在农村党员是非常稀缺的，党员身份大大降低了农民从事农业生产的可能性，从而间接降低了农民参加低碳农业技术培训的意愿。

（4）从耕地面积变量来看，2～5 亩这一因素在 0.05 水平上显著，5 亩以上这一因素并不显著，因此，假设 4.4 得到部分证实。从分析结果可以发现：与耕地面积在 2 亩及以下的农民比较而言，耕地面积在 2～5 亩的农民愿意参加低碳农业技术培训的可能性是其 3.347 倍，耕地面积在 5 亩以上的农民愿意参加低碳农业技术培训的可能性是其 3.207 倍。虽然 5 亩以上这一因素并不显著，但是由分析结果可以判断出：耕地面积在 2 亩以上的农民愿意参加低碳农业技术培训的可能性要远远大于耕地面积在 2 亩及以下的农民。因此，增加耕地面积对增强农民参加低碳农业技术培训的意愿是有帮助的。

（5）从农业收入比重变量来看，差不多一半这一因素在 0.05 水平上显著，低于一半这一因素并不显著，因此，假设 4.5 得到部分证实。从分析结果可以发现：与农业收入比重高于一半的农民比较而言，农业收入比重差不多一半的农民愿意参加低碳农业技术培训的可能性是其 3.431 倍，农业收入比重低于一半的农民愿意参加低碳农业技术培训的可能性是其 2.164 倍。虽然低于一半这一因素并不显著，但是由分析结果可以判断出：参加低碳农业技术培训意愿最强的是农业收入比重差不多一半的农民，其次是农业收入比重低于一半的农民，参加低碳农业技术培训意愿最弱的是农业收入比重高于一半的农民。

（6）从收入水平满意度变量来看，满意度一般这一因素在 0.1 水平上显著，满意这一因素在 0.01 水平上显著，因此，假设 4.6 得到完全证实。从分析结果可以发现：与对收入水平不满意的农民比较而言，满意度一般的农民愿意参加低碳农业技术培训的可能性是其 2.726 倍，满意的农民愿意参加低碳农业技术培训的可能性是其 67.211 倍。由此可以判断出：对收入水平满意度越高的农民愿意参加低碳农业技术培训的可能性越大。因此，通过提升农民对收入水平的满意度来增强农民参加低碳农业技术培训的意愿是有帮助的。

（7）从生活水平满意度变量来看，满意度一般这一因素在 0.05 水平上显著，满意这一因素并不显著，因此，假设 4.7 得到部分证实。从分析结果可以发现：与对生活水平不满意的农民比较而言，满意度一般的农民愿意参加低碳农业技术培训的可能性是其 24%，满意的农民愿意参加低碳农业技术培训的可能性是其 1.720 倍。虽然满意这一因素并不显著，但是由分析结果可以判断出：参加低碳农业技术培训意愿最强的是对生活水平满意的农民，其次是对生活水平不满意的农民，参加低碳农业技术培训意愿最弱的是对生活水平满意度一般的农民。

（8）从居住条件满意度变量来看，满意度一般这一因素并不显著，满意这一因素在 0.01 水平上显著，因此，假设 4.8 得到部分证实。从分析结果可以发现：与对居住条件不满意的农民比较而言，满意度一般的农民愿意参加低碳农业技术培训的可能性是其 70.5%，满意的农民愿意参加低碳农业技术培训的可能性是其 1.3%。虽然满意度一般这一因素并不显著，但是由分析结果可以判断出：对居住条件越满意的农民愿意参加低碳农业技术培训的可能性反而越小。这也是一个非常值得探讨的问题，其与笔者预期的作用方向是正好相反的。对于这一现象笔者的解释是：比较而言，对居住条件满意的农民往往更加愿意待在家里而不愿意出去参加低碳农业技术培训。

（9）从社会地位变量来看，这一变量在 0.1 水平上显著，因此，假设 4.9 得到完全证实。与社会地位较低的农民比较而言，社会地位较高的农民愿意参加低碳农业技术培训的可能性是其 3.543 倍。由此可以判断出：社会地位较高的农民愿意参加低碳农业技术培训的可能性要远远大于社会地位较低的农民。因此，通过提升农民的社会地位来增强农民参加低碳农业技术培训的意愿是一种有效的方式。

（10）从关注农业信息频率变量来看，这一变量在 0.01 水平上显著，因此，假设 4.10 得到完全证实。与很少关注农业信息的农民比较而言，经常关注农业信息的农民愿意参加低碳农业技术培训的可能性是其 4.791 倍。由此可以判断出：经常关注农业信息的农民愿意参加低碳农业技术培训的可能性要远远大于很少关注农业信息的农民。因此，通过提升农民关注农业信息的频率来增强农民参加低碳农业技术培训的意愿是一种有效的方式。

（11）从参加涉农技术培训变量来看，这一变量在 0.01 水平上显著，因此，假设 4.11 得到完全证实。与没有参加过涉农技术培训的农民比较而言，参加过涉农技术培训的农民愿意参加低碳农业技术培训的可能性是其 7.777 倍。由此可以判断出：参加过涉农技术培训的农民愿意参加低碳农业技术培训的可能性要远远大于没有参加过涉农技术培训的农民。这说明参加涉农技术培训对增强农民参加低碳农业技术培训的意愿是有帮助的。

（12）从参加低碳农业技术培训变量来看，这一变量在 0.05 水平上显著，因此，假设 4.12 得到完全证实。与没有参加过低碳农业技术培训的农民比较而言，参加过低碳农业技术培训的农民愿意参加低碳农业技术培训的可能性是其 26.2%。由此可以判断出：没有参加过低碳农业技术培训的农民愿意参加低碳农业技术培训的可能性要明显大于参加过低碳农业技术培训的农民。为什么参加低碳农业技术培训变量对农民参加低碳农业技术培训意愿的作用方向是负向的呢？这也是一个非常值得探讨的现象。其原因在于：对于已经参加过低碳农业技术培训的农民来说，再次参加低碳农业技术培训的边际效益已经递减了，从而降低了参加低碳农业技术培训的意愿；而对于没有参加过低碳农业技术培训的农民来说，参加低碳农业技术培训是非常有价值的，从而使得这些农民参加低碳农业技术培训的意愿比较强烈。

（13）从采用低碳农业技术意愿变量来看，意愿一般这一因素在 0.01 水平上显著，意愿很强这一因素也是在 0.01 水平上显著，因此，假设 4.13 得到完全证实。从分析结果可以发现：与采用低碳农业技术意愿很弱的农民比较而言，采用低碳农业技术意愿一般的农民愿意参加低碳农业技术培训的可能性是其 12.656 倍，采用低碳农业技术意愿很强的农民愿意参加低碳农业技术培训的可能性是其 8.349 倍。由此可以判断出：参加低碳农业技术培训意愿最强的是采用低碳农业技术意愿一般的农民，其次是采用低碳农业技术意愿很强的农民，参加低碳农业技术培训意愿最弱的是采用低碳农业技术意愿很弱的农民。

（14）从低碳农业了解程度变量来看，这一变量在 0.01 水平上显著，因此，假设 4.14 得到完全证实。从分析结果可以发现：与不了解低碳农业的农民比较而言，了解低碳农业的农民愿意参加低碳农业技术培训的可能性是其 7.864 倍。由此可以判断出：了解低碳农业的农民愿意参加低碳农业技术培训的可能性远远大于不了解低碳农业的农民。因此，政府应该通过各种途径增加农民对低碳农业的了解程度，从而更好地增强农民参加低碳农业技术培训的意愿。

（15）从对农业污染关心度变量来看，关心度一般这一因素并不显著，很关心这一因素在 0.05 水平上显著，因此，假设 4.15 得到部分证实。从分析结果可以发现：与不关心农业污染的农民比较而言，很关心农业污染的农民愿意参加低碳农业技术培训的可能性是其 7.330 倍。由此可以判断出：很关心农业污染的农民愿意参加低碳农业技术培训的可能性远远大于不关心农业污染的农民。这说明对农业污染的关心度会影响农民参加低碳农业技术培训的意愿。因此，可以通过增强农民对农业污染的关心度来增强农民参加低碳农业技术培训的意愿。

（16）从关心农产品农药存留变量来看，这一变量在 0.01 水平上显著，因此，假设 4.16 得到完全证实。从分析结果可以发现：与不关心农产品农药存留的农民比较而言，关心农产品农药存留的农民愿意参加低碳农业技术培训的可能性是其 9.070 倍。由此可以判断出：关心农产品农药存留的农民愿意参加低碳农业技术培训的可能性远远大于不关心农产品农药存留的农民。农民关心农产品农药存留反映出其已经认识到低碳农业发展的必要性和重要性，从而增强了其参加低碳农业技术培训的意愿。

（17）从农药、化肥的使用情况变量来看，这一变量在 0.01 水平上显著，因此，假设 4.17 得到完全证实。从分析结果可以发现：与没有注意少用农药、化肥的农民比较而言，有注意少用农药、化肥的农民愿意参加低碳农业技术培训的可能性是其 21.1%。由此可以判断出：没有注意少用农药、化肥的农民愿意参加低碳农业技术培训的可能性远远大于有注意少用农药、化肥的农民。其原因在于：没有注意少用农药、化肥的农民掌握低碳农业技术的可能性往往很小，因此这些农民对参加低碳农业技术培训表现出了较高的意愿。

（18）从对低碳农业发展满意度变量来看，这一变量在 0.01 水平上显著，因此，假设 4.18 得到完全证实。从分析结果可以发现：与对低碳农业发展不满意的农民比较而言，对低碳农业发展满意的农民愿意参加低碳农业技术培训的可能性是其 4.748 倍。由此可以判断出：对低碳农业发展满意的农民愿意参加低碳农业技术培训的可能性明显大于对低碳农业发展不满意的农民。由此可见，通过提升农民对低碳农业发展的满意度来增强农民参加低碳农业技术培训的意愿是有帮助的。

5.3.4 小结

本部分的研究主题是农民参加低碳农业技术培训意愿差异的影响因素分析。通过以上的分析笔者得出以下四方面结论：

（1）从国家层面因素对农民参加低碳农业技术培训意愿的影响来看：认为国家对低碳农业很重视的农民愿意参加低碳农业技术培训的可能性远远大于认为国家对低碳农业不重视的农民。

（2）从社会层面因素对农民参加低碳农业技术培训意愿的影响来看：参加低碳农业技术培训意愿最强的是认为农业生产不会污染环境的农民，其次是认为农业生产会污染环境的农民，参加低碳农业技术培训意愿最弱的是对农业生产是否污染环境不清楚的农民；对农业生产污染是否可控不清楚的农民愿意参加低碳农业技术培训的可能性远远大于认为农业生产污染可控的农民和认为农业生产污染不可控的农民；认为其他农民采用低碳农业技术很少的农民愿意参加低碳农业技术培训的可能性远远大于认为其他农民采用低碳农业技术很多的农民；认为没有必要发展低碳农业的农民愿意参加低碳农业技术培训的可能性明显大于认为有必要发展低碳农业的农民；认为低碳农业中农业组织作用很大的农民愿意参加低碳农业技术培训的可能性远远大于认为低碳农业中农业组织作用很小的农民；参加低碳农业技术培训意愿最强的是认为低碳农业可行的农民，其次是对低碳农业是否可行说不清楚的农民，参加低碳农业技术培训意愿最弱的是认为低碳农业不可行的农民；认为其他农民对低碳农业积极性一般的农民愿意参加低碳农业技术培训的可能性远远大于认为其他农民对低碳农业积极性很低的农民。

（3）从市场层面因素对农民参加低碳农业技术培训意愿的影响来看：认为低

碳农产品畅销度一般和认为很畅销的农民愿意参加低碳农业技术培训的可能性远远小于认为低碳农产品不畅销的农民；认为低碳农产品生产成本一般的农民愿意参加低碳农业技术培训的可能性远远大于认为低碳农产品生产成本很低的农民；认为低碳农产品质量有保证的农民愿意参加低碳农业技术培训的可能性明显要小于认为低碳农产品质量没有保证的农民；认为低碳农产品市场欢迎度很高的农民愿意参加低碳农业技术培训的可能性明显要小于认为低碳农产品市场欢迎度很低的农民。

（4）从个人层面因素对农民参加低碳农业技术培训意愿的影响来看：受教育程度越高的农民愿意参加低碳农业技术培训的可能性越大；当过村干部的农民愿意参加低碳农业技术培训的可能性要明显大于没有当过村干部的农民；不是党员的农民愿意参加低碳农业技术培训的可能性要远远大于是党员的农民；耕地面积在 2 亩以上的农民愿意参加低碳农业技术培训的可能性要远远大于耕地面积在 2 亩及以下的农民；参加低碳农业技术培训意愿最强的是农业收入比重差不多一半的农民，其次是农业收入比重低于一半的农民，参加低碳农业技术培训意愿最弱的是农业收入比重高于一半的农民；对收入水平满意度越高的农民愿意参加低碳农业技术培训的可能性越大；参加低碳农业技术培训意愿最强的是对生活水平满意的农民，其次是对生活水平不满意的农民，参加低碳农业技术培训意愿最弱的是对生活水平满意度一般的农民；对居住条件越满意的农民愿意参加低碳农业技术培训的可能性反而越小；社会地位较高的农民愿意参加低碳农业技术培训的可能性要远远大于社会地位较低的农民；经常关注农业信息的农民愿意参加低碳农业技术培训的可能性要远远大于很少关注农业信息的农民；参加过涉农技术培训的农民愿意参加低碳农业技术培训的可能性要远远大于没有参加过涉农技术培训的农民；没有参加过低碳农业技术培训的农民愿意参加低碳农业技术培训的可能性要明显大于参加过低碳农业技术培训的农民；参加低碳农业技术培训意愿最强的是采用低碳农业技术意愿一般的农民，其次是采用低碳农业技术意愿很强的农民，参加低碳农业技术培训意愿最弱的是采用低碳农业技术意愿很弱的农民；了解低碳农业的农民愿意参加低碳农业技术培训的可能性远远大于不了解低碳农业的农民；很关心农业污染的农民愿意参加低碳农业技术培训的可能性远远大于不关心农业污染的农民；关心农产品农药存留的农民愿意参加低碳农业技术培训的可能性远远大于不关心农产品农药存留的农民；没有注意少用农药、化肥的农民愿意参加低碳农业技术培训的可能性远远大于有注意少用农药、化肥的农民；对低碳农业发展满意的农民愿意参加低碳农业技术培训的可能性明显大于对低碳农业发展不满意的农民。

5.4 农民采用低碳农业技术行动差异的影响因素研究

5.4.1 研究假设及变量的选择

本部分的研究主题是农民采用低碳农业技术行动差异的影响因素分析。国内有些学者也对农民低碳农业行动差异的影响因素进行了相关研究，王芳以河南为例分析了小农户实施农业标准化生产行为的主要影响因素和程度，认为小农户受政府支持的影响最大，生产品种的决策方式、销售难度等因素对小农户有较大的影响。[①]黄文华通过福建省茶农的调查，分析小农户实施农业标准化生产行为的主要影响因素，认为农民素质的高低直接影响着农业标准化的推广与实施。[②]笔者在借鉴以往研究的基础上，提出了本部分的研究假设：国家、社会、市场和个人“四维度”因素对农民采用低碳农业技术的行动存在显著影响。国家、社会、市场和个人“四维度”因素是研究当中的自变量，而农民采用低碳农业技术的行动则是研究中的因变量。笔者由该研究假设衍生出了以下 4 个更加具体的研究假设。

（1）假设 1，国家层面的因素会影响农民采用低碳农业技术的行动。笔者用两个指标来衡量国家层面的因素，即国家对低碳农业支持力度、国家对低碳农业激励措施。因此，假设 1 就有了以下两个分假设：

☞ 假设 1.1：国家对低碳农业的支持力度会影响农民采用低碳农业技术的行动。

☞ 假设 1.2：国家对低碳农业的激励措施会影响农民采用低碳农业技术的行动。

（2）假设 2，社会层面的因素会影响农民采用低碳农业技术的行动。笔者用 4 个指标来衡量社会层面的因素，即其他农民采用低碳农业技术情况、发展低碳农业必要性、参加农业组织情况、其他农民对低碳农业积极性。因此，假设 2 就有了以下 4 个分假设：

☞ 假设 2.1：其他农民采用低碳农业技术情况会影响农民采用低碳农业技术的行动。

☞ 假设 2.2：对发展低碳农业必要性的认知会影响农民采用低碳农业技术的

① 王芳，陈松．农户实施农业标准化生产行为的理论和实证分析——以河南为例[J]．农业经济问题，2007（12）：75-79.

② 黄文华，林燕金．农业标准化实施中农户行为实证分析——基于茶农采标行为的研究[J]．江西农业大学学报：社会科学版，2008（4）：67-70.

行动。

- ☞ 假设 2.3：参加农业组织情况会影响农民采用低碳农业技术的行动。
- ☞ 假设 2.4：其他农民对低碳农业的积极性会影响农民采用低碳农业技术的行动。

（3）假设 3，市场层面的因素会影响农民采用低碳农业技术的行动。笔者用两个指标来衡量市场层面的因素，即低碳农产品畅销程度、低碳农产品市场欢迎度。因此，假设 3 就有了以下两个分假设：

- ☞ 假设 3.1：低碳农产品的畅销程度会影响农民采用低碳农业技术的行动。
- ☞ 假设 3.2：低碳农产品的市场欢迎度会影响农民采用低碳农业技术的行动。

（4）假设 4，个人层面的因素会影响农民采用低碳农业技术的行动。笔者用 12 个指标来衡量个人层面的因素，即年龄、受教育程度、村干部、党员、耕地面积、参加低碳农业技术培训情况、采用低碳农业技术意愿、低碳农业了解程度、农业污染关心度、环境保护意识、使用农药、化肥情况、低碳农业发展满意度。因此，假设 4 就有了以下 12 个分假设：

- ☞ 假设 4.1：年龄会影响农民采用低碳农业技术的行动。
- ☞ 假设 4.2：受教育程度会影响农民采用低碳农业技术的行动。
- ☞ 假设 4.3：村干部身份会影响农民采用低碳农业技术的行动。
- ☞ 假设 4.4：党员身份会影响农民采用低碳农业技术的行动。
- ☞ 假设 4.5：耕地面积会影响农民采用低碳农业技术的行动。
- ☞ 假设 4.6：参加低碳农业技术培训情况会影响农民采用低碳农业技术的行动。
- ☞ 假设 4.7：采用低碳农业技术的意愿会影响农民采用低碳农业技术的行动。
- ☞ 假设 4.8：对低碳农业的了解程度会影响农民采用低碳农业技术的行动。
- ☞ 假设 4.9：对农业污染的关心度会影响农民采用低碳农业技术的行动。
- ☞ 假设 4.10：环境保护意识会影响农民采用低碳农业技术的行动。
- ☞ 假设 4.11：使用农药、化肥情况会影响农民采用低碳农业技术的行动。
- ☞ 假设 4.12：对低碳农业发展的满意度会影响农民采用低碳农业技术的行动。

笔者使用的是 Logistic 回归分析方法，根据 Logistic 回归分析数据的处理要求，笔者对自变量和因变量进行了转换，其中对于农民采用低碳农业技术的行动这个因变量，笔者将采用过低碳农业技术赋值为 1，没有采用过低碳农业技术赋值为 0。自变量的赋值情况如表 5-10 所示。

表 5-10　自变量的定义

变量定义	变量定义
国家层面自变量	党员（是=1，不是=0）
国家对低碳农业支持力度（以很小为参照组）	参加过低碳农业技术培训（是=1，否=0）
一般=1，反之=0	年龄（以 30 岁及以下为参照组）
很大=1，反之=0	31～40 岁=1，反之=0
国家对低碳农业激励措施（以很少为参照组）	40 岁以上=1，反之=0
一般=1，反之=0	受教育程度（以小学及以下为参照组）
很多=1，反之=0	初中=1，反之=0
社会层面自变量	高中及以上=1，反之=0
其他农民采用低碳农业技术（很多=1，很少=0）	采用低碳农业技术意愿（以很弱为参照组）
发展低碳农业必要性（有=1，没有=0）	一般=1，反之=0
参加农业组织（有=1，没有=0）	很强=1，反之=0
其他农民对低碳农业积极性（以很低为参照组）	对农业污染关心度（以不关心为参照组）
一般=1，反之=0	一般=1，反之=0
很高=1，反之=0	很关心=1，反之=0
市场层面自变量	环境保护意识（以不强为参照组）
低碳农产品畅销程度（以不畅销为参照组）	一般=1，反之=0
一般=1，反之=0	很强=1，反之=0
很畅销=1，反之=0	耕地面积（以 2 亩及以下为参照组）
低碳农产品市场欢迎度（以很低为参照组）	2～5 亩=1，反之=0
很高=1，反之=0	5 亩以上=1，反之=0
说不清楚=1，反之=0	低碳农业了解程度（了解=1，不了解=0）
个人层面自变量	有注意少使用农药、化肥（是=1，否=0）
村干部（是=1，不是=0）	低碳农业发展满意度（满意=1，不满意=0）

5.4.2　自变量与因变量的描述性分析

通过对自变量与因变量基本情况表（表 5-11）的分析比较，笔者发现以下几方面的显著特征：从因变量来看，大部分调查对象没有采用过低碳农业技术，这一比例达到了 67.1%。从自变量来看，可以分为以下 4 个方面。

（1）在国家层面自变量上，51.7%的调查对象认为国家对低碳农业支持力度一般，认为支持力度很大的仅占 24.3%，这说明国家对低碳农业的支持力度还是有待进一步加强；55.1%的调查对象认为国家对低碳农业的激励措施一般，认为激励措施很多的仅占 12.6%，这同样说明国家对低碳农业的激励措施也是有待于进一步加强。

（2）在社会层面自变量上，54.2%的调查对象表示有很多其他农民采用低碳农业技术；大多数调查对象认为发展低碳农业是有必要的，这一比例达到了77.8%；参加农业组织的调查对象相对而言较少，78.8%的调查对象没有参加农业组织；55.4%的调查对象认为其他农民对低碳农业的积极性一般，认为其他农民对低碳农业积极性很高的比例也只有 13.8%，这说明调查对象认为其他农民对低碳农业的积极性整体不高。

（3）在市场层面自变量上，57.8%的调查对象表示低碳农产品的畅销程度一般；60.6%的调查对象表示低碳农产品的市场欢迎度很高，认为市场欢迎度很低的仅占 14.5%，这说明调查对象对低碳农产品的市场欢迎度还是比较有信心的。

（4）在个人层面自变量上，年龄以 31～40 岁最多，占到了 51.7%，这说明调查对象的整体年龄不大；受教育程度以初中居多，占到了 60.3%，可见调查对象的受教育程度并不高；80.3%的调查对象没有当过村干部；大部分调查对象不是党员，其比例达到了 83.4%，不是党员的比例较高与党员数量在农村较少有很大的关系；多数调查对象的耕地面积都在 2 亩以上，这一比例达到了 76.4%；71.1%的调查对象表示没有参加过低碳农业技术培训；大多数调查对象对采用低碳农业技术还是有意愿的，表示意愿很弱的只占 9.5%；大多数调查对象还是了解低碳农业的，这一比例达到了 63.1%；有不少调查对象表示对农业污染的关心度一般，这一比例达到了 43.1%，表示关心的占到了 34.2%，表示不关心的比例为 22.8%；63.4%的调查对象表示自己的环境保护意识一般，当然认为自己环境保护意识很弱的比例也不高，只有 9.2%；52.6%的调查对象有注意少用农药、化肥，但是优势并不明显，有高达 47.4%的调查对象没有注意少用农药、化肥；大多数调查对象对低碳农业的发展是满意的，这一比例达到了 63.1%，但是其比例并不算是很高。

表 5-11　　自变量与因变量的基本情况

变量		选项	样本数/人	比例/%
因变量	采用低碳农业技术行动	没有采用过	218	67.1
		采用过	107	32.9
自变量	国家层面自变量			
	国家对低碳农业支持力度	很小	78	24.0
		一般	168	51.7
		很大	79	24.3

变量		选项	样本数/人	比例/%
自变量	国家对低碳农业激励措施	很少	105	32.3
		一般	179	55.1
		很多	41	12.6
	社会层面自变量			
	其他农民采用低碳农业技术	很少	149	45.8
		很多	176	54.2
	发展低碳农业必要性	没有必要	72	22.2
		有必要	253	77.8
	参加农业组织	没有参加	256	78.8
		有参加	69	21.2
	其他农民对低碳农业积极性	很低	100	30.8
		一般	180	55.4
		很高	45	13.8
	市场层面自变量			
	低碳农产品畅销程度	不畅销	36	11.1
		一般	188	57.8
		很畅销	101	31.1
	低碳农产品市场欢迎度	很低	47	14.5
		很高	197	60.6
		说不清楚	81	24.9
	个人层面自变量			
	年龄	30 岁及以下	40	12.3
		31～40 岁	168	51.7
		40 岁以上	117	36.0
	受教育程度	小学及以下	57	17.5
		初中	196	60.3
		高中及以上	72	22.2
	村干部	没当过	261	80.3
		当过	64	19.7
	党员	不是	271	83.4
		是	54	16.6
	耕地面积	2 亩及以下	77	23.7
		2～5 亩	138	42.5
		5 亩以上	110	33.9
	参加低碳农业技术培训	没有参加过	231	71.1
		参加过	94	28.9

变量		选项	样本数/人	比例/%
自变量	采用低碳农业技术意愿	很弱	31	9.5
		一般	150	46.2
		很强	144	44.3
	低碳农业了解情况	不了解	120	36.9
		了解	205	63.1
	对农业污染关心度	不关心	74	22.8
		一般	140	43.1
		关心	111	34.2
	环境保护意识	很弱	30	9.2
		一般	206	63.4
		很强	89	27.4
	使用农药、化肥情况	没有注意少用	154	47.4
		有注意少用	171	52.6
	对低碳农业发展满意度	不满意	120	36.9
		满意	205	63.1

5.4.3 农民采用低碳农业技术行动差异影响因素的模型分析

通过农民对采用低碳农业技术行动差异影响因素的 Logistic 回归分析（表 5-12），可以发现：整个模型的 Nagelkerke R^2 为 0.461，这说明所有的这些影响因素能够解释结果的 46.1%。整个模型的卡方检验显著，从各个变量影响的显著性水平来看，假设 2.4、假设 3.2、假设 4.9 得到了部分证实，假设 2.1、假设 2.2、假设 4.1、假设 4.4、假设 4.5、假设 4.6、假设 4.7、假设 4.8、假设 4.10、假设 4.11、假设 4.12 得到了完全证实，而剩下的假设并没有得到证实。通过对农民采用低碳农业技术行动差异影响因素的 Logistic 回归模型的分析，笔者发现 4 个方面的规律。

表 5-12　农民采用低碳农业技术行动差异影响因素的 Logistic 回归模型

影响因素（括号内为参照组）	回归系数（*B*）	标准误差（S.E）	Wald 统计量	自由度（df）	显著性水平（Sig.）	发生比 Exp（*B*）
国家层面影响因素						
国家对低碳农业支持力度：一般	−0.592	0.445	1.771	1	0.183	0.553
（很小）　很大	0.227	0.595	0.145	1	0.703	1.255
国家对低碳农业激励措施：一般	−0.251	0.411	0.374	1	0.541	0.778
（很少）　很多	−0.732	0.654	1.255	1	0.263	0.481

影响因素（括号内为参照组）		回归系数（*B*）	标准误差（S.E）	Wald 统计量	自由度（df）	显著性水平（Sig.）	发生比 Exp（*B*）
社会层面影响因素							
很多农民采用低碳农业技术（很少）		0.929	0.346	7.190	1	0.007	2.531
有必要发展低碳农业	（没有）	0.778	0.467	2.776	1	0.096	2.176
有参加农业组织	（没有）	−0.579	0.377	2.364	1	0.124	0.560
其他农民低碳农业积极性：	一般	0.200	0.390	0.263	1	0.608	1.221
（很低）	很高	1.205	0.616	3.828	1	0.050	3.336
市场层面影响因素							
低碳农产品畅销程度：	一般	0.891	0.640	1.936	1	0.164	2.437
（不畅销）	很畅销	0.090	0.684	0.017	1	0.896	1.094
低碳农产品市场欢迎度：	很高	−0.542	0.465	1.361	1	0.243	0.581
（很低）	说不清楚	−1.545	0.616	6.294	1	0.012	0.213
个人层面影响因素							
年龄：	31～40 岁	−0.965	0.491	3.868	1	0.049	0.381
（30 岁及以下）	40 岁以上	−0.970	0.543	3.195	1	0.074	0.379
受教育程度：	初中	−0.018	0.453	0.002	1	0.969	0.982
（小学及以下）	高中及以上	0.691	0.519	1.773	1	0.183	1.995
当过村干部	（没有）	0.644	0.434	2.197	1	0.138	1.904
是党员	（不是）	−1.021	0.476	4.599	1	0.032	0.360
耕地面积：	2～5 亩	1.139	0.433	6.909	1	0.009	3.124
（2 亩及以下）	5 亩以上	1.341	0.458	8.560	1	0.003	3.824
参加过低碳农业技术培训（没有）		1.348	0.456	8.757	1	0.003	3.851
采用低碳农业技术意愿：	一般	1.289	0.636	4.114	1	0.043	3.629
（很弱）	很强	1.491	0.707	4.443	1	0.035	4.441
了解低碳农业	（不了解）	1.535	0.424	13.135	1	0.000	4.642
对农业污染关心度：	一般	−0.996	0.444	5.039	1	0.025	0.369
（不关心）	很关心	−0.745	0.589	1.598	1	0.206	0.475
环境保护意识：	一般	−1.319	0.637	4.286	1	0.038	0.267
（很弱）	很强	−1.453	0.715	4.128	1	0.042	0.234
有注意少用农药、化肥	（没有）	0.974	0.342	8.126	1	0.004	2.649
对低碳农业发展满意	（不满意）	0.645	0.353	3.325	1	0.068	1.905
常数		−3.420	1.131	9.139	1	0.003	0.033
N		325					
Nagelkerke R^2		0.461					
−2 Log likelihood		281.292					
卡方值		130.569					

5.4.3.1　国家层面因素对农民采用低碳农业技术行动差异的影响

虽然国家对低碳农业激励措施这一变量的影响并不显著，但是通过分析结果也能看出这一变量的影响。与认为国家对低碳农业激励措施很少的农民比较而言，认为国家对低碳农业激励措施一般的农民采用低碳农业技术的可能性是其77.8%，认为国家对低碳农业激励措施很多的农民采用低碳农业技术的可能性是其48.1%。由此可以判断出：越是认为国家对低碳农业激励措施多的农民采用低碳农业技术的可能性反而越小。这是一个非常值得探讨的现象，按照正常的逻辑，我们会认为：国家对低碳农业激励措施越多，那么农民采用低碳农业技术的可能性也会越大。但是实际情况却正好相反，那么是什么原因导致这样的结果呢？笔者认为其原因在于：国家对低碳农业的激励措施并没有真正影响到农民的低碳农业行动，对于农民来说，国家的这些激励措施吸引力并不大。

5.4.3.2　社会层面因素对农民采用低碳农业技术行动差异的影响

（1）从其他农民采用低碳农业技术变量来看，这一变量在 0.01 水平上显著，显著性水平非常高，因此，假设 2.1 得到完全证实。从分析结果可以发现：与认为其他农民很少采用低碳农业技术的农民比较而言，认为其他农民很多采用低碳农业技术的农民采用低碳农业技术的可能性是其 2.531 倍。由此可以判断出：认为其他农民很多采用低碳农业技术的农民采用低碳农业技术的可能性要明显大于认为其他农民很少采用低碳农业技术的农民。由此可以发现：农民的行为经常会受到其他农民的影响，特别是对于新生事物来说更是如此。如果其他农民采用低碳农业技术的比较多，自然也会影响农民采用低碳农业技术。

（2）从发展低碳农业必要性变量来看，这一变量在 0.1 水平上显著，因此，假设 2.2 得到完全证实。从分析结果可以发现：与认为没有必要发展低碳农业的农民比较而言，认为有必要发展低碳农业的农民采用低碳农业技术的可能性是其2.176 倍。由此可以判断出：认为有必要发展低碳农业的农民采用低碳农业技术的可能性要明显大于认为没有必要发展低碳农业的农民。由此可以发现：农民采用低碳农业技术的行动受其是否支持发展低碳农业的态度影响。如果农民支持低碳农业的发展，认为发展低碳农业很有必要，其就更有可能采用低碳农业技术。因此，国家在大力推进低碳农业的发展过程中，势必要让农民对低碳农业有一个正确的认识，使其认识到低碳农业发展的必要性和重要性，只有这样才能更好地促进低碳农业的发展。

（3）从其他农民对低碳农业积极性变量来看，积极性一般这个因素并不显著，积极性很高这个因素在 0.05 水平上显著，因此，假设 2.4 得到部分证实。从分析结果可以发现：与认为其他农民对低碳农业积极性很低的农民比较而言，认为其他农民对低碳农业积极性一般的农民采用低碳农业技术的可能性是其 1.221 倍，认为其他农民对低碳农业积极性很高的农民采用低碳农业技术的可能性是其 3.336 倍。虽然积极性一般这个因素并不显著，但是从分析结果可以判断出：越是认为其他农民对低碳农业积极性高的农民采用低碳农业技术的可能性也越大。由此可见，其他农民对低碳农业的积极性会直接影响到农民采用低碳农业技术的行动。

5.4.3.3 市场层面因素对农民采用低碳农业技术行动差异的影响

从低碳农产品市场欢迎度变量来看，欢迎度很高这个因素并不显著，说不清楚这个因素在 0.05 水平上显著，因此，假设 3.2 得到部分证实。从分析结果可以发现：与认为低碳农产品市场欢迎度很低的农民比较而言，认为欢迎度很高的农民采用低碳农业技术的可能性是其 58.1%，认为说不清楚的农民采用低碳农业技术的可能性是其 21.3%。虽然欢迎度很高这个因素并不显著，但是从分析结果可以判断出：采用低碳农业技术的可能性最大的是认为低碳农产品市场欢迎度很低的农民，其次是认为市场欢迎度很高的农民，采用低碳农业技术的可能性最小的是认为市场欢迎度说不清楚的农民。从这一分析结果笔者也发现了非常有意思的现象：认为低碳农产品市场欢迎度很低的农民采用低碳农业技术的可能性大于认为市场欢迎度很高的农民。其作用方向与笔者的预期也是正好相反的，笔者认为其原因在于：低碳农产品市场欢迎度低往往与低碳技术不到位等原因有关，因此，这一因素反而促进了农民采用低碳农业技术的行动。

5.4.3.4 个人层面因素对农民采用低碳农业技术行动差异的影响

（1）从农民的年龄变量来看，31～40 岁这个因素在 0.05 水平上显著，40 岁以上这个因素在 0.1 水平上显著，因此，假设 4.1 得到完全证实。从分析结果可以发现：与 30 岁及以下的农民比较而言，31～40 岁的农民采用低碳农业技术的可能性是其 38.1%，40 岁以上的农民采用低碳农业技术的可能性是其 37.9%。由此可以判断出：30 岁及以下的农民采用低碳农业技术的可能性明显大于 30 岁以上的农民。低碳农业对于很多农民来说是近几年才有的新生事物，有不少农民甚至是没有听说过低碳农业这一说法。比较而言，往往是年轻人更容易接受新生事物，因此，也就很好理解为什么年轻农民采用低碳农业技术的可能性更大了。

（2）从农民的党员身份变量来看，这一变量在 0.05 水平上显著，因此，假设 4.4 得到完全证实。从分析结果可以发现：与不是党员的农民比较而言，是党员的农民采用低碳农业技术的可能性是其 36%。由此可以判断出：是党员的农民采用低碳农业技术的可能性反而要小于不是党员的农民。这是一个值得探讨的现象，为什么党员身份对农民采用低碳农业技术起到了负向作用呢？笔者的解释是：党员在农村中是非常稀缺的，因此，有党员身份的农民往往很少专门从事农业生产，有的在村里当村干部，有的在村里或者在外面办企业。可以说，党员身份在很大程度上降低了农民从事农业生产的可能性，即使从事农业生产往往也是兼业性质的，也就大大降低了采用低碳农业技术的可能性。

（3）从耕地面积变量来看，2～5 亩这个因素在 0.01 水平上显著，5 亩以上这个因素也是在 0.01 水平上显著，因此，假设 4.5 得到完全证实。从分析结果可以发现：与耕地面积在 2 亩及以下的农民比较而言，耕地面积在 2～5 亩的农民采用低碳农业技术的可能性是其 3.124 倍，耕地面积在 5 亩以上的农民采用低碳农业技术的可能性是其 3.824 倍。由此可以判断出：耕地面积越大的农民采用低碳农业技术的可能性也越大。对于农业的发展来说，是特别需要有规模效应的，为什么我国的农业生产很难实现机械化，其中一个重要原因是不具有规模效应，农户的土地规模非常小。对于低碳农业技术的采用来说也是一样，土地规模小在很大程度上会增加低碳农产品的生产成本。因此，土地规模越大的农民越是有可能采用低碳农业技术。

（4）从参加低碳农业技术培训变量来看，这一变量在 0.01 水平上显著，显著性水平非常高，因此，假设 4.6 得到完全证实。从分析结果可以发现：与没有参加过低碳农业技术培训的农民比较而言，参加过低碳农业技术培训的农民采用低碳农业技术的可能性是其 3.851 倍。由此可以判断出：参加过低碳农业技术培训的农民采用低碳农业技术的可能性要明显大于没有参加过低碳农业技术培训的农民。对于这一分析结果也是比较好理解的，参加过低碳农业技术培训的农民自然会更有可能采用低碳农业技术。

（5）从采用低碳农业技术意愿变量来看，意愿一般这个因素在 0.05 水平上显著，意愿很强这个因素也是在 0.05 水平上显著，因此，假设 4.7 得到完全证实。从分析结果可以发现：与采用低碳农业技术意愿很弱的农民比较而言，采用低碳农业技术意愿一般的农民采用低碳农业技术的可能性是其 3.629 倍，采用低碳农业技术意愿很强的农民采用低碳农业技术的可能性是其 4.441 倍。由此可以判断出：采用低碳农业技术意愿越强的农民采用低碳农业技术的可能性也越大。对于这一分析结果同样也是比较好理解的，人们的意愿与行动之间往往有着非常紧密的联系，意愿会直接作用于行动。因此，采用低碳农业技术的意愿对采用低碳农业技术的行动的作用方向是正向的。

（6）从低碳农业了解程度变量来看，这一变量在 0.01 水平上显著，其显著性水平非常高，因此，假设 4.8 得到完全证实。从分析结果可以发现：与不了解低碳农业的农民比较而言，了解低碳农业的农民采用低碳农业技术的可能性是其

4.642 倍。由此可以判断出：了解低碳农业的农民采用低碳农业技术的可能性要明显大于不了解低碳农业的农民。采用低碳农业技术是建立在一定的前提条件基础上的，首要的前提条件就是必须要了解低碳农业，如果根本不了解低碳农业，就更别说采用低碳农业技术了。因此，低碳农业了解程度变量对采用低碳农业技术行动的作用方向是正向的也就比较好理解了。

（7）从对农业污染关心度变量来看，关心度一般这个因素在 0.05 水平上显著，很关心这个因素并不显著，因此，假设 4.9 得到部分证实。从分析结果可以发现：与不关心农业污染的农民比较而言，对农业污染关心度一般的农民采用低碳农业技术的可能性是其 36.9%，很关心农业污染的农民采用低碳农业技术的可能性是其 47.5%。虽然很关心这个因素并不显著，但是从分析结果可以判断出：不关心农业污染的农民采用低碳农业技术的可能性要明显大于对农业污染关心度一般和很关心农业污染的农民。为什么比较而言不关心农业污染的农民采用低碳农业技术的可能性反而大呢？这也是一个非常值得探讨的现象。在分析结果出来之前，笔者的预期是农业污染的关心度对农民采用低碳农业技术的行动起正向作用，也就是说，对农业污染关心度越强的农民采用低碳农业技术的可能性也会越大，但是分析结果却恰好相反。那么是什么因素在起作用呢？笔者认为其原因在于：对农业污染关心度越强的人往往素质越高，这大大降低了他们从事农业生产的可能性，因此也就降低了这些农民采用低碳农业技术的可能性。

（8）从环境保护意识变量来看，一般这个因素在 0.05 水平上显著，很强这个因素也是在 0.05 水平上显著，因此，假设 4.10 得到完全证实。从分析结果可以发现：与环境保护意识很弱的农民比较而言，环境保护意识一般的农民采用低碳农业技术的可能性是其 26.7%，环境保护意识很强的农民采用低碳农业技术的可能性是其 23.4%。从分析结果可以判断出：环境保护意识越强的农民采用低碳农业技术的可能性反而越小。为什么环境保护意识变量对采用低碳农业技术行动的作用方向是负向的，这同样也是一个非常值得探讨的问题，与笔者的预期也是恰恰相反的。笔者认为其原因与农业污染关心度对农民采用低碳农业技术行动起负向作用的原因是一致的，也就是说：环境保护越强的人往往素质越高，这大大降低了他们从事农业生产的可能性，因此也就降低了这些农民采用低碳农业技术的可能性。

（9）从农药、化肥的使用变量来看，这一变量在 0.01 水平上显著，其显著性水平非常高，因此，假设 4.11 得到完全证实。从分析结果可以发现：与没有注意少用农药、化肥的农民比较而言，有注意少用农药、化肥的农民采用低碳农业技术的可能性是其 2.649 倍。由此可以判断出：有注意少用农药、化肥的农民采用低碳农业技术的可能性要明显大于没有注意少用农药、化肥的农民。

（10）从低碳农业发展满意度变量来看，这一变量在 0.1 水平上显著，因此，假设 4.12 得到完全证实。从分析结果可以发现：与对低碳农业发展不满意的农民比较而言，对低碳农业发展满意的农民采用低碳农业技术的可能性是其 1.905 倍。由此可以判断出：对低碳农业发展满意的农民采用低碳农业技术的可能性要明显大于对低碳农业发展不满意的农民。因此，可以通过提升农民对低碳农业发展的满意度来促进农民采用低碳农业技术的行动。

5.4.4　小结

本部分的研究主题是农民采用低碳农业技术行动差异的影响因素分析。通过以上的分析笔者得出以下四方面结论：

（1）从国家层面因素对农民低碳农业技术行动的影响来看：越是认为国家对低碳农业激励措施多的农民采用低碳农业技术的可能性反而越小。

（2）从社会层面因素对农民低碳农业技术需求的影响来看：认为其他农民采用低碳农业技术很多的农民采用低碳农业技术的可能性要明显大于认为其他农民采用低碳农业技术很少的农民；认为有必要发展低碳农业的农民采用低碳农业技术的可能性要明显大于认为没有必要发展低碳农业的农民；越是认为其他农民对低碳农业积极性高的农民采用低碳农业技术的可能性也越大。

（3）从市场层面因素对农民低碳农业技术行动的影响来看：采用低碳农业技术的可能性最大的是认为低碳农产品市场欢迎度很低的农民，其次是认为市场欢迎度很高的农民，采用低碳农业技术的可能性最小的是认为市场欢迎度说不清楚的农民。

（4）从个人层面因素对农民低碳农业技术行动的影响来看：30 岁及以下的农民采用低碳农业技术的可能性明显大于 30 岁以上的农民；党员的农民采用低碳农业技术的可能性反而要小于不是党员的农民；耕地面积越大的农民采用低碳农业技术的可能性也越大；参加过低碳农业技术培训的农民采用低碳农业技术的可能性要明显大于没有参加过低碳农业技术培训的农民；采用低碳农业技术意愿越强的农民采用低碳农业技术的可能性也越大；了解低碳农业的农民采用低碳农业技术的可能性要明显大于不了解低碳农业的农民；不关心农业污染的农民采用低碳农业技术的可能性要明显大于对农业污染关心度一般和很关心农业污染的农民；环境保护意识越强的农民采用低碳农业技术的可能性反而越小；有注意少用农药、化肥的农民采用低碳农业技术的可能性要明显大于没有注意少用农药、化肥的农民；对低碳农业发展满意的农民采用低碳农业技术的可能性要明显大于对低碳农业发展不满意的农民。

5.5 农民低碳农业满意度差异的影响因素研究

5.5.1 研究假设及变量的选择

本部分的研究主题是农民对低碳农业发展状况满意度差异的影响因素分析。国内有些学者也对农民低碳农业满意度差异的影响因素进行了相关研究，李燕凌运用 CSI-Probit 回归模型对湖南省 126 个乡（镇）农户对农村公共品供给“满意度”及其影响因素进行了实证分析。[①]王良健等通过建立政策满意度评价指标体系，测算了农民对我国当前惠农政策的满意度水平，并进一步利用四分图模型分析了我国惠农政策实施中出现的重要问题。[②]杨宜婷等以江西省种稻大户为例，实证分析了农户对农技推广政策满意度的影响因素，发现作为中间变量的农业部门技术指导服务评价、农机补贴评价、种稻大户应用技术奖励和扶持评价直接影响农业技术推广政策满意度；初始变量中除农户身体状况、是否科技示范户、家庭人口数、是否丘陵地区、所在地农业基础设施条件会直接影响农业技术推广政策满意度之外，年龄、教育水平、生产规模、是否为村组干部、外出务工人数、是否平原地区等因素都是通过影响中间变量来影响满意度。[③]笔者在借鉴以往研究的基础上，提出了本部分的研究假设：国家、社会、市场和个人“四维度”因素对农民低碳农业发展状况满意度存在显著影响。国家、社会、市场和个人“四维度”因素是研究当中的自变量，而农民对低碳农业发展状况的满意度则是研究中的因变量。笔者由该研究假设衍生出了以下 4 个更加具体的研究假设。

（1）假设 1，国家层面的因素会影响农民对低碳农业发展状况的满意度。笔者用 4 个指标来衡量国家层面的因素，即国家对低碳农业重视程度、国家对低碳农业支持力度、国家对低碳农业宣传力度、国家对低碳农业激励措施。因此，假设 1 就有了以下 4 个分假设：

☞ 假设 1.1：国家对低碳农业重视程度的高低会影响农民对低碳农业发展状

① 李燕凌，曾福生. 农村公共品供给农民满意度及其影响因素分析[J]. 数量经济技术经济研究，2008（8）：3-18.

② 王良健，罗凤. 基于农民满意度的我国惠农政策实施绩效评估——以湖南、湖北、江西、四川、河南省为例[J]. 农业技术经济，2010（1）：56-63.

③ 杨宜婷，陈昭玖，钟菁. 农业技术推广政策满意度影响因素分析——以江西省种稻大户为例[J]. 江西农业大学学报：社会科学版，2012（3）：23-29.

况的满意度。

- ☞ 假设 1.2：国家对低碳农业支持力度的大小会影响农民对低碳农业发展状况的满意度。
- ☞ 假设 1.3：国家对低碳农业宣传力度的大小会影响农民对低碳农业发展状况的满意度。
- ☞ 假设 1.4：国家对低碳农业激励措施的多少会影响农民对低碳农业发展状况的满意度。

（2）假设 2，社会层面的因素会影响农民对低碳农业发展状况的满意度。笔者用两个指标来衡量社会层面的因素，即其他农民对低碳农业积极性、低碳农业可行性。因此，假设 2 就有了以下两个分假设：

- ☞ 假设 2.1：其他农民对低碳农业的积极性高低会影响农民对低碳农业发展状况的满意度。
- ☞ 假设 2.2：低碳农业的可行性会影响农民对低碳农业发展状况的满意度。

（3）假设 3，市场层面的因素会影响农民对低碳农业发展状况的满意度。笔者用 3 个指标来衡量市场层面的因素，即低碳农产品畅销程度、低碳农产品生产成本、低碳农产品市场欢迎度。因此，假设 3 就有了以下 3 个分假设：

- ☞ 假设 3.1：低碳农产品的畅销程度会影响农民对低碳农业发展状况的满意度。
- ☞ 假设 3.2：低碳农产品生产成本的高低会影响农民对低碳农业发展状况的满意度。
- ☞ 假设 3.3：低碳农产品市场欢迎度的高低会影响农民对低碳农业发展状况的满意度。

（4）假设 4，个人层面的因素会影响农民对低碳农业发展状况的满意度。笔者用 9 个指标来衡量个人层面的因素，即性别、年龄、受教育程度、是否是村干部、是否党员、参加低碳农业技术培训情况、采用低碳农业技术意愿;、采用低碳农业技术情况、对低碳农业了解程度。因此，假设 4 就有了以下 9 个分假设：

- ☞ 假设 4.1：农民的性别会影响其对低碳农业发展状况的满意度。
- ☞ 假设 4.2：农民的年龄会影响其对低碳农业发展状况的满意度。
- ☞ 假设 4.3：农民的受教育程度会影响其对低碳农业发展状况的满意度。
- ☞ 假设 4.4：农民是否当过村干部会影响其对低碳农业发展状况的满意度。
- ☞ 假设 4.5：农民是否是党员会影响其对低碳农业发展状况的满意度。
- ☞ 假设 4.6：农民是否参加过低碳农业技术培训会影响其对低碳农业发展状况的满意度。
- ☞ 假设 4.7：农民采用低碳农业技术的意愿会影响其对低碳农业发展状况的

满意度。

☞ 假设 4.8：农民是否采用过低碳农业技术会影响其对低碳农业发展状况的满意度。

☞ 假设 4.9：农民对低碳农业的了解程度会影响其对低碳农业发展状况的满意度。

笔者使用的是 Logistic 回归分析方法，根据 Logistic 回归分析数据的处理要求，笔者对自变量和因变量进行了转换，其中对于农民低碳农业发展状况满意度这个因变量，笔者将满意赋值为 1，不满意赋值为 0。自变量的赋值情况如表 5-13 所示。

表 5-13 自变量的定义

变量定义	变量定义
国家层面自变量	很高=1，反之=0
国家对低碳农业支持力度（以很小为参照组）	低碳农产品市场欢迎度（以很低为参照组）
一般=1，反之=0	很高=1，反之=0
很大=1，反之=0	说不清楚=1，反之=0
国家对低碳农业重视程度（以不重视为参照组）	低碳农产品畅销程度（以不畅销为参照组）
一般=1，反之=0	一般=1，反之=0
很重视=1，反之=0	很畅销=1，反之=0
国家对低碳农业宣传力度（以很小为参照组）	**个人层面自变量**
一般=1，反之=0	性别（男性=1，女性=0）
很大=1，反之=0	党员（是=1，不是=0）
国家对低碳农业激励措施（以很少为参照组）	采用低碳农业技术（采用过=1，没有=0）
一般=1，反之=0	年龄（以 30 岁及以下为参照组）
很多=1，反之=0	31～40 岁=1，反之=0
社会层面自变量	40 岁以上=1，反之=0
其他农民对低碳农业积极性（以很低为参照组）	受教育程度（以小学及以下为参照组）
一般=1，反之=0	初中=1，反之=0
很高=1，反之=0	高中及以上=1，反之=0
低碳农业可行性（以不可行为参照组）	采用低碳农业技术意愿（以很弱为参照组）
可行=1，反之=0	一般=1，反之=0
说不清楚=1，反之=0	很强=1，反之=0
市场层面自变量	村干部（是=1，不是=0）
低碳农产品生产成本（以很低为参照组）	参加低碳农业技术培训（参加过=1，没有参加过=0）
一般=1，反之=0	低碳农业了解程度（了解=1，不了解=0）

5.5.2　自变量与因变量的描述性分析

通过对自变量与因变量基本情况表（表 5-14）的分析比较，笔者发现以下几方面的显著特征：从因变量来看，大部分调查对象对低碳农业的发展表示满意，这一比例达到了 63.1%，可见，调查对象对低碳农业的发展状况还是比较满意的。从自变量来看，可以分为以下 4 个方面。

（1）在国家层面自变量上，53.8%的调查对象认为国家对低碳农业的重视程度一般，认为很重视的只占 27.4%，说明国家对低碳农业的重视程度还是有待加强；51.7%的调查对象认为国家对低碳农业支持力度一般，认为支持力度很大的仅占 24.3%，这说明国家对低碳农业的支持力度还是有待进一步加强；57.5%的调查对象认为国家对低碳农业宣传力度一般，认为宣传力度很大的只占 15.4%，这说明国家对低碳农业的宣传力度还是有待进一步加强；55.1%的调查对象认为国家对低碳农业的激励措施一般，认为激励措施很多的仅占 12.6%，这同样说明国家对低碳农业的激励措施也是有待进一步加强。

（2）在社会层面自变量上，55.4%的调查对象认为其他农民对低碳农业的积极性一般，认为其他农民对低碳农业积极性很高的比例也只有 13.8%，这说明其他农民对低碳农业的积极性整体不高；虽然有 52.3%的调查对象表示发展低碳农业是可行的，但是有 21.8%的调查对象认为不可行，还有 25.8%的调查对象表示说不清楚，可见，调查对象对低碳农业的可行性还是持多元化观点的。

（3）在市场层面自变量上，57.8%的调查对象表示低碳农产品的畅销程度一般；65.2%的调查对象认为低碳农产品的生产成本一般；60.6%的调查对象表示低碳农产品的市场欢迎度很高，认为市场欢迎度很低的仅占 14.5%，这说明调查对象对低碳农产品的市场欢迎度还是比较有信心的。

（4）在个人层面自变量上，在性别上女性略多一些，占到了 53.2%的比例；年龄以 31～40 岁最多，占到了 51.7%，这说明调查对象的整体年龄不大；受教育程度以初中居多，占到了 60.3%，可见调查对象的受教育程度并不高；80.3%的调查对象没有当过村干部；大部分调查对象不是党员，其比例达到了 83.4%，不是党员的比例较高与党员数量在农村较少有很大的关系；大多数调查对象没有参加过低碳农业技术培训，这一比例达到了 71.1%；大多数调查对象对采用低碳农业技术还是有意愿的，表示意愿很弱的只占 9.5%；大多数调查对象表示没有采用过低碳农业技术，这一比例达到了 67.1%；大多数调查对象还是了解低碳农业的，这一比例达到了 63.1%。

表 5-14　自变量与因变量的基本情况

变量		选项	样本数/人	比例/%
因变量	低碳农业满意度	不满意	120	36.9
		满意	205	63.1
自变量	国家层面自变量			
	国家对低碳农业重视程度	不重视	61	18.8
		一般	175	53.8
		很重视	89	27.4
	国家对低碳农业支持力度	很小	78	24.0
		一般	168	51.7
		很大	79	24.3
	国家对低碳农业宣传力度	很小	88	27.1
		一般	187	57.5
		很大	50	15.4
	国家对低碳农业激励措施	很少	105	32.3
		一般	179	55.1
		很多	41	12.6
	社会层面自变量			
	其他农民对低碳农业积极性	很低	100	30.8
		一般	180	55.4
		很高	45	13.8
	低碳农业可行性	不可行	71	21.8
		可行	170	52.3
		说不清楚	84	25.8
	市场层面自变量			
	低碳农产品畅销程度	不畅销	36	11.1
		一般	188	57.8
		很畅销	101	31.1
	低碳农产品生产成本	很低	41	12.6
		一般	212	65.2
		很高	72	22.2
	低碳农产品市场欢迎度	很低	47	14.5
		很高	197	60.6
		说不清楚	81	24.9
	个人层面自变量			
	性别	男	152	46.8
		女	173	53.2

变量		选项	样本数/人	比例/%
自变量	年龄	30 岁及以下	40	12.3
		31～40 岁	168	51.7
		40 岁以上	117	36.0
	受教育程度	小学及以下	57	17.5
		初中	196	60.3
		高中及以上	72	22.2
	村干部	没当过	261	80.3
		当过	64	19.7
	党员	不是	271	83.4
		是	54	16.6
	参加低碳农业技术培训	没有参加过	231	71.1
		参加过	94	28.9
	采用低碳农业技术意愿	很弱	31	9.5
		一般	150	46.2
		很强	144	44.3
	采用低碳农业技术	没有采用过	218	67.1
		采用过	107	32.9
	低碳农业了解情况	不了解	120	36.9
		了解	205	63.1

5.5.3 农民低碳农业满意度差异影响因素的模型分析

通过农民对低碳农业发展状况满意度差异影响因素的 Logistic 回归分析（表 5-15），可以发现：整个模型的 Nagelkerke R^2 为 0.298，这说明所有的这些影响因素能够解释结果的 29.8%。整个模型的卡方检验显著，从各个变量影响的显著性水平来看，假设 1.2、假设 4.3、假设 4.7 得到了部分证实，假设 1.3、假设 2.2、假设 3.1、假设 3.2、假设 3.3、假设 4.8 得到了完全证实，而剩下的假设并没有得到证实。通过对农民低碳农业满意度差异影响因素的 Logistic 回归模型的分析，笔者发现 4 个方面的规律。

表 5-15　农民低碳农业发展状况满意度差异影响因素的 Logistic 回归模型

影响因素（括号内为参照组）	回归系数（*B*）	标准误差（S.E）	Wald 统计量	自由度（df）	显著性水平（Sig.）	发生比 Exp（*B*）
国家层面影响因素						
国家对低碳农业重视程度：一般	0.443	0.390	1.290	1	0.256	1.557
（不重视）　很重视	−0.099	0.627	0.025	1	0.874	0.906
国家对低碳农业支持力度：一般	0.642	0.381	2.831	1	0.092	1.900
（很小）　很大	0.734	0.623	1.388	1	0.239	2.083
国家对低碳农业宣传力度：一般	0.659	0.347	3.602	1	0.058	1.934
（很小）　很大	1.363	0.652	4.374	1	0.036	3.907
国家对低碳农业激励措施：一般	−0.013	0.330	0.002	1	0.969	0.987
（很少）　很多	0.288	0.652	0.195	1	0.659	1.333
社会层面影响因素						
其他农民对低碳农业积极性：一般	0.299	0.323	0.856	1	0.355	1.348
（很低）　很高	0.512	0.553	0.857	1	0.355	1.669
低碳农业可行性：　可行	0.718	0.400	3.229	1	0.072	2.050
（不可行）　说不清楚	1.046	0.514	4.142	1	0.042	2.846
市场层面影响因素						
低碳农产品畅销程度：一般	0.977	0.498	3.857	1	0.050	2.658
（不畅销）　很畅销	0.980	0.541	3.287	1	0.070	2.664
低碳农产品生产成本：一般	−1.066	0.488	4.768	1	0.029	0.344
（很低）　很高	−1.474	0.546	7.279	1	0.007	0.229
低碳农产品市场欢迎度：很高	0.701	0.420	2.782	1	0.095	2.016
（很低）　说不清楚	1.560	0.536	8.488	1	0.004	4.761
个人层面影响因素						
男　（女）	−0.202	0.285	0.503	1	0.478	0.817
年龄：　31～40 岁	0.092	0.453	0.041	1	0.839	1.096
（30 岁及以下）　40 岁以上	0.249	0.492	0.256	1	0.613	1.283
受教育程度：　初中	−0.756	0.438	2.980	1	0.084	0.469
（小学及以下）　高中及以上	−0.649	0.486	1.782	1	0.182	0.523
是村干部　（不是）	0.158	0.400	0.156	1	0.693	1.171
是党员　（不是）	−0.216	0.399	0.292	1	0.589	0.806
参加过低碳农业技术培训（没有）	0.294	0.439	0.449	1	0.503	1.342
采用低碳农业技术意愿：一般	−0.562	0.514	1.196	1	0.274	0.570
（很弱）　很强	−1.307	0.569	5.269	1	0.022	0.271
采用过低碳农业技术　（没有）	0.605	0.324	3.485	1	0.062	1.832

影响因素（括号内为参照组）		回归系数（B）	标准误差（S.E）	Wald 统计量	自由度（df）	显著性水平（Sig.）	发生比 Exp（B）
了解低碳农业	（不了解）	0.364	0.354	1.061	1	0.303	1.440
常数		−1.263	0.808	2.442	1	0.118	0.283
N		325					
Nagelkerke R^2		0.298					
−2 Log likelihood		347.945					
卡方值		80.109					

5.5.3.1　国家层面因素对农民低碳农业满意度差异的影响

（1）从国家对低碳农业支持力度变量来看，支持力度一般这个因素在 0.1 水平上显著，支持力度很大这个因素并不显著，因此，假设 1.2 得到部分证实。与认为国家对低碳农业支持力度很小的农民比较而言，认为国家对低碳农业支持力度一般的农民对低碳农业发展状况满意的可能性是其 1.900 倍，认为国家对低碳农业支持力度很大的农民对低碳农业发展状况满意的可能性是其 2.083 倍。虽然支持力度很大这个因素并不显著，但是从分析结果可以发现：认为国家对低碳农业支持力度一般和很大的农民对低碳农业发展状况满意的可能性要明显大于认为国家对低碳农业支持力度很小的农民。这恰恰说明：国家对低碳农业的支持力度会直接影响到农民对低碳农业发展状况的满意度。

（2）从国家对低碳农业宣传力度变量来看，宣传力度一般这个因素在 0.1 水平上显著，宣传力度很大这个因素在 0.05 水平上显著，因此，假设 1.3 得到完全证实。与认为国家对低碳农业宣传力度很小的农民比较而言，认为国家对低碳农业宣传力度一般的农民对低碳农业发展状况满意的可能性是其 1.934 倍，认为国家对低碳农业宣传力度很大的农民对低碳农业发展状况满意的可能性是其 3.907 倍。从分析结果可以判断出：认为国家对低碳农业宣传力度越大的农民，其对低碳农业发展状况满意的可能性也越大。这同样恰恰说明：国家对低碳农业的宣传力度会直接影响到农民对低碳农业发展状况的满意度。

5.5.3.2　社会层面因素对农民低碳农业满意度差异的影响

（1）虽然其他农民对低碳农业的积极性这个变量对农民低碳农业发展状况满意度的影响并不显著，但是从分析结果可以发现：与认为其他农民对低碳农业积极性很低的农民比较而言，认为其他农民对低碳农业积极性一般的农民对低碳农业发展状况满意的可能性是其 1.348 倍，认为其他农民对低碳农业积极性很高的农民对低碳农业发展状况满意的可能性是其 1.669 倍。由此可以判断出：越是认为其他农民对低碳农业积极性高的农民对低碳农业发展状况满意的可能性也越大。

（2）从低碳农业可行性变量来看，可行这个因素在 0.1 水平上显著，说不清楚这个因素在 0.05 水平上显著，因此，假设 2.2 得到完全证实。与认为低碳农业不可行的农民比较而言，认为低碳农业可行的农民对低碳农业发展状况满意的可能性是其 2.050 倍，认为低碳农业是否可行说不清楚的农民对低碳农业发展状况满意的可能性是其 2.846 倍。由此可以判断出：对低碳农业发展状况满意的可能性最大的是认为低碳农业是否可行说不清楚的农民，其次是认为低碳农业可行的农民，对低碳农业发展状况满意的可能性最小的是认为低碳农业不可行的农民。认为低碳农业可行的农民对低碳农业发展状况满意的可能性大于认为低碳农业不可行的农民，对于这一现象是比较好理解的。认为低碳农业可行的农民往往说明这些农民认为低碳农业发展的各方面条件是具备的，从而表现出了对低碳农业发展状况更高的满意度。但是为什么认为低碳农业是否可行说不清楚的农民对低碳农业发展状况满意的可能性反而是最大呢？这是一个非常有意思的现象。对于这其中的原因，笔者认为：认为低碳农业是否可行说不清楚的农民，恰恰说明这部分农民对低碳农业的了解程度不高，更多的只是知道政府正在大力倡导低碳农业的发展，是一种新生事物，从而表现出了对低碳农业发展状况较高的满意度。

5.5.3.3 市场层面因素对农民低碳农业满意度差异的影响

（1）从低碳农产品畅销程度变量来看，畅销程度一般这个因素在 0.05 水平上显著，很畅销这个因素在 0.1 水平上显著，因此，假设 3.1 得到完全证实。与认为低碳农产品不畅销的农民比较而言，认为低碳农产品畅销程度一般的农民对低碳农业发展状况满意的可能性是其 2.658 倍，认为低碳农产品很畅销的农民对低碳农业发展状况满意的可能性是其 2.664 倍。从分析结果可以判断出：认为低碳农产品畅销程度一般和很畅销的农民对低碳农业发展状况满意的可能性要明显大于认为低碳农产品不畅销的农民。对于认为低碳农产品不畅销的农民来说，其对低碳农业发展状况满意度较低也是比较好理解的。

（2）从低碳农产品生产成本变量来看，生产成本一般这个因素在 0.05 水平上显著，生产成本很高这个因素在 0.01 水平上显著，因此，假设 3.2 得到完全证实。与认为低碳农产品生产成本很低的农民比较而言，认为低碳农产品生产成本一般的农民对低碳农业发展状况满意的可能性是其 34.4%，认为低碳农产品生产成本很高的农民对低碳农业发展状况满意的可能性是其 22.9%。从分析结果可以判断出：认为低碳农产品生产成本越高的农民，其对低碳农业发展状况满意的可能性反而越小。对于低碳农业这样的新生事物的推广来说，往往面临着成本较高的问题，而成本较高也就直接影响到了低碳农业的推广，降低了农民对低碳农业发展状况的满意度。

（3）从低碳农产品市场欢迎度变量来看，市场欢迎度很高这个因素在 0.1 水平上显著，说不清楚这个因素在 0.01 水平上显著，因此，假设 3.3 得到完全证实。与认为低碳农产品市场欢迎度很低的农民比较而言，认为低碳农产品市场欢迎度很高的农民对低碳农业发展状况满意的可能性是其 2.016 倍，认为低碳农产品市场欢迎度说不清楚的农民对低碳农业发展状况满意的可能性是其 4.761 倍。由此可以判断出：对低碳农业发展状况满意的可能性最大的是认为低碳农产品市场欢迎度说不清楚的农民，其次是认为低碳农产品市场欢迎度很高的农民，对低碳农业发展状况满意的可能性最小的是认为低碳农产品市场欢迎度很低的农民。认为低碳农产品市场欢迎度很高的农民对低碳农业发展状况满意的可能性大于认为低碳农产品市场欢迎度很低的农民，对于这一现象也是比较好理解的。低碳农产品市场欢迎度高说明低碳农业发展状况是比较好的，会直接影响农民对低碳农业发展状况的满意度。但是为什么认为低碳农产品市场欢迎度说不清楚的农民对低碳农业发展状况满意的可能性反而是最大呢？对于这其中的原因，笔者也同样认为是由于这部分农民对低碳农业的了解程度不高，更多的只是知道政府正在大力倡导低碳农业的发展，是一种新生事物，从而表现出了对低碳农业发展状况较高的满意度。

5.5.3.4　个人层面因素对农民低碳农业满意度差异的影响

（1）从农民的受教育程度变量来看，初中受教育程度这个因素在 0.1 水平上显著，高中及以上受教育程度这个因素并不显著，因此，假设 4.3 得到部分证实。与小学及以下受教育程度的农民比较而言，初中受教育程度的农民对低碳农业发展状况满意的可能性是其 46.9%。虽然高中及以上受教育程度这个因素并不显著，但是从分析结果可以判断出：小学及以下受教育程度的农民对低碳农业发展状况满意的可能性明显大于小学以上受教育程度的农民。为什么比较而言受教育程度高的农民反而对低碳农业发展状况的满意度要低呢？这是一个非常有意思的现象，笔者认为，这与受教育程度高的农民对低碳农业满意度的要求更高有很大的关系。

（2）从农民采用低碳农业技术意愿变量来看，意愿很强这个因素在 0.05 水平上显著，意愿一般这个因素并不显著，因此，假设 4.7 得到部分证实。与意愿很弱的农民比较而言，意愿很强的农民对低碳农业发展状况满意的可能性是其 27.1%。虽然意愿一般这个因素并不显著，但是从分析结果可以发现：与意愿很弱的农民比较而言，意愿一般的农民对低碳农业发展状况满意的可能性是其 57%。由此可以判断出：采用低碳农业技术意愿越强的农民，其对低碳农业发展状况满意的可能性反而越小。这同样也是一个非常有意思的现象，究其原因，笔者认为：采用低碳农业技术意愿越强的农民，其对低碳农业发展状况的要求往往也会更高，由此导致农民对低碳农业的满意度越低。

（3）从农民采用低碳农业技术行为变量来看，这一变量在 0.1 水平上显著，因此，假设 4.8 得到完全证实。与没有采用过低碳农业技术的农民比较而言，采用过低碳农业技术的农民对低碳农业发展状况满意的可能性是其 1.832 倍。由此可以判断出：采用过低碳农业技术的农民对低碳农业发展状况满意的可能性要大于没有采用过低碳农业技术的农民。究其原因，笔者认为：采用过低碳农业技术的农民，其对低碳农业有着更为直接的体会，能够切身感受到低碳农业的益处所在，因此也会对低碳农民发展状况的满意度更高一些。

5.5.4 小结

本部分的研究主题是农民对低碳农业发展状况满意度差异的影响因素分析，通过以上的分析笔者得出以下四方面结论：

（1）从国家层面因素对农民低碳农业发展状况满意度的影响来看：认为国家对低碳农业支持力度一般和很大的农民对低碳农业发展状况满意的可能性要明显大于认为国家对低碳农业支持力度很小的农民；认为国家对低碳农业宣传力度越大的农民，其对低碳农业发展状况满意的可能性也越大。

（2）从社会层面因素对农民低碳农业发展状况满意度的影响来看：越是认为其他农民对低碳农业积极性高的农民对低碳农业发展状况满意的可能性也越大；对低碳农业发展状况满意的可能性最大的是认为低碳农业是否可行说不清楚的农民，其次是认为低碳农业可行的农民，对低碳农业发展状况满意的可能性最小的是认为低碳农业不可行的农民。

（3）从市场层面因素对农民低碳农业发展状况满意度的影响来看：认为低碳农产品畅销程度一般和很畅销的农民对低碳农业发展状况满意的可能性要明显大于认为低碳农产品不畅销的农民；认为低碳农产品生产成本越高的农民，其对低碳农业发展状况满意的可能性反而越小；对低碳农业发展状况满意的可能性最大的是认为低碳农产品市场欢迎度说不清楚的农民，其次是认为低碳农产品市场欢迎度很高的农民，对低碳农业发展状况满意的可能性最小的是认为低碳农产品市场欢迎度很低的农民。

（4）从个人层面因素对农民低碳农业发展状况满意度的影响来看：小学及以下受教育程度的农民对低碳农业发展状况满意的可能性明显大于小学以上受教育程度的农民；采用低碳农业技术意愿越强的农民，其对低碳农业发展状况满意的可能性反而越小；采用过低碳农业技术的农民对低碳农业发展状况满意的可能性要大于没有采用过低碳农业技术的农民。

第 6 章 国外低碳农业发展的经验与启示

低碳农业代表了未来农业的发展方向，当前，中国低碳农业的发展面临众多的困境。通过本书的研究我们可以发现：低碳农业发展的困境来自于国家、社会、市场、个人等各个层面。那么低碳农业的发展如何才能走出困境呢？我们知道，低碳农业是近几年才开始流行的概念，我国低碳农业发展也是比较滞后的，在这方面，国外的很多先进经验是非常值得我们学习和借鉴的。因此，本章的工作主要是探讨国外低碳农业发展的先进经验与启示。笔者主要将其概括为 4 个方面：完善低碳农业的法律法规体系；加大政府对低碳农业扶持力度；建立发达的低碳农业市场体系；实现低碳农业产学研有效结合。

6.1 完善低碳农业的法律法规体系

发达国家低碳农业的良性健康发展与完善的法律法规是有着非常紧密联系的。以美国为例，美国关于低碳农业生产的相关法律法规是比较完善的，这是美国低碳农业能够顺利推进的重要保证。美国在这方面的起步是比较早的，早在 1947 年美国国会就颁布了《联邦杀虫剂、杀菌剂和杀鼠剂法》（简称《农药法》，英文缩写为 FIFRA），是科学合理地使用农业投入品，防止农业污染、控制农药过度使用的重要保障。除了《农药法》这部有关农药管理的综合性法律外，美国《联邦食品、药品和化妆品法》中的有关规定也涉及农药管理的部分内容。根据《农药法》和《联邦食品、药品和化妆品法》的规定，美国环境保护署（EPA）颁布了《农药登记和分类程序》《农药登记标准》《农药和农药器具标志条例》《农产品农药残留量条例》等一系列农药管理法规，作为农药管理的依据。可以说，美国具体而健全的农药管理法规、条例为低碳农业“低排放、低污染”的目标奠定了基础。此外，美国政府通过立法制定能源政策，从而引导农村新能源的使用。2007 年美国参议院提出了《低碳经济法案》，2009 年美国再次出台《美国复苏与再投资法案》，其中列出了未来可再生能源利用计划，即到 2025 年美国人所用电能的

10%来自可再生能源。2009 年美国众议院通过了《美国清洁能源和安全法案》，设定了温室气体减排的时间表。这一系列低碳方面法律法规的完善为低碳农业的发展提供了强有力的法律保障。①

除了美国之外，英国、德国、日本在这方面也有许多值得我们借鉴的地方。“低碳经济”的概念首现于英国政府 2003 年的《我们的能源未来——建设低碳经济》，该能源白皮书英国从这开始也就成为了全球低碳经济的理论先行者。2008 年，英国的《气候变化法案》对低碳减排的总体目标进行了具体的、可行的量化，这成为了世界上首次专门为气候变化而立法的标杆性法案。2009 年的“碳预算”为低碳提供了财税支持，2009 年《英国低碳转型计划》将减排 CO_2 的总体目标细分为阶段性的任务，并从新能源发电、天然气进口、小轿车废弃排放等方面进行分解。《英国气候变化战略框架》等配套方案使低碳立法有了一个更加完善的政策法规。②德国政府创立了三大农业政策体系，以支撑低碳农村的发展，即扶持传统农业，保持蓬勃生机的政策体系；促进生态农业发展、村镇建设和农村非农产业发展的区域政策体系；保证食品安全和食品产业发展的政策体系。具体措施包括：加强立法，为低碳农业的发展提供法律保证；大力推行土地休耕；扶持建立生态农场和生产有机农产品；建立食品安全风险预警机制。③

同样作为亚洲国家，日本在低碳方面的立法也是比较完善的。1993 年日本制定的《环境保护基本法》提出了“地球环境保全”的理念，1994 年的《环境基本计划》将全球气候的温室效应作为环保法应对对象，1997 年的《促进新能源利用特别措施法》对破坏环境小、消耗资源少的新能源产业从法律上进行促进和鼓励，1998 年《全球气候变暖对策推进法》出台了，这成为了世界上首次应对全球气候变暖的法律，对森林保全、温室气体减排等都设置了相应的制度，这大大完善了日本的环保型法律体系。2002 年日本制定了《能源政策基本法》，从而形成了以《全球气候变暖对策推进法》为主，《环境保护基本法》《环境基本计划》等为辅的低碳经济法律体系。日本设置的环境省还为这些政策法规保驾护航。日本在追求低碳经济的发展战略中，实现能源经济与绿色低碳的密切结合，形成了环境保护型的低碳立法模式。④从具体的低碳农业的法律法规体系建设来看，日本从 2009 年 4 月也开始试行碳标签制度，要求企业自愿对商品及服务的生命周期中排放的温室气体换算成 CO_2，并加贴标签标志。在农产品上，日本政府 2011 年 4 月开始

① 朱丽娟，刘青. 气候变化背景下美国发展低碳农业的经验借鉴[J]. 世界农业，2012（8）：1-3.

② 张梦，罗元庆. 浅议发达国家低碳立法的亮点及对我国的启示[J]. 法制博览，2014（1）：81.

③ 张蕾，贾凤伶. 国内外低碳农业发展经验及对天津的启示[J]. 江苏农业科学，2013（6）：8-11.

④ 张梦，罗元庆. 浅议发达国家低碳立法的亮点及对我国的启示[J]. 法制博览，2014（1）：81.

实施农产品碳标签制度，对本国和进口的农产品要求自带环保标签，鼓励本国农场主和进口商在生产和销售过程中减少 CO_2 的排放。[①]

完善的法律法规为各个发达国家低碳农业的顺利推进提供了非常好的保障。而从我国当前低碳农业发展的现状来看，往往存在着法律法规不完善、政策多变、随意性明显等特点，这已经严重制约了我国低碳农业进程的顺利推进。虽然我国也有《农业法》《草原法》《土地管理法》《森林法》等法律，但是这些法律内容涉及面太广，并不能在微观层面上对农业生产生活起到规范作用，不能在法律层面上为低碳农业的发展提供坚强的保障。因此，低碳农业的良性健康发展离不开完善的法律法规。通过借鉴美国、德国、日本等发达国家低碳农业的成功经验，在我国的低碳农业发展过程中，也亟须建立完善的法律法规，从而能够为我国低碳农业的良性健康发展提供坚强的法律保障。

6.2　加大政府对低碳农业扶持力度

2002 年美国颁布的《农场法案》包括一项“保护安全计划”（Conservation Security Program，CSP），并于 2008 年将该项计划改名为“保护管理计划”（Conservation Stewardship Program）。其主要内容是政府对美国农民的一系列环境友好行为都采取分摊成本的资助或现金奖励等政策，这些环境友好行为包括保护土地和其他资源，如修建蓄水池、修建渠道、栽种防护林等有利于环境的设施和结构，为野生动物（如蚯蚓）创造好的生活条件，同时也包括保护性耕作的技术和管理。这些奖励措施起到了很好的激励和示范带动作用，而且各项政策均有充足的资金支持。在该政策的引导下，素质较高的农民主动采取一些先进的技术措施如测土、绘地图、查病害等，同时大量采用抗虫害和适应除草剂的作物品种及其他有利于环境的保护性耕作措施等。[②]密苏里州正在执行一项美国能源部资助，密苏里农业厅、密苏里大学和 Ensave 公司具体实施名为 MAESTRO 项目（Missouri Agricultural Energy Saving Team-A Revolutionary Opportunity），该项目通过补贴和低息贷款的办法，刺激农场主改造老旧的电机、泵等高能耗设备，从而达到提高能源效率 15%以上的目标。具体内容包括：提供免费的技术援助，在评估农场和家庭能源消耗和编制更新改造规划时，农场主将有可能获得高达 75%的项目评估费用补贴（评估总额不超过 5 000 美元）和 5 万美元以下的 3%低息贷款。密苏里

---

① 唐若菲. 低碳农业的国际经验研究[J]. 世界农业，2013（1）：102-104.

② 郭鸿鹏，马成林，杨印生. 美国低碳农业实践之借鉴[J]. 环境保护，2011（21）：71-73.

州政府在商品销售环节一般都要征收 7.5%左右的消费税，但对农业机械销售环节实施免税的优惠政策，此举大大鼓励了农场主购买新型的农业机械。同时，州政府还允许农场主根据当年农作物的收成情况，自主确定农业机械的折旧率，以减少收入所得税的支出。[①]

美国政府对新能源战略非常重视。奥巴马政府的主要施政纲领之一就是将生物燃料扩展到整个清洁能源领域，并将新能源战略提升到“向清洁能源经济转型”的国家战略高度。在财政预算上，美国政府也尽量向新能源领域倾斜，如 2010 财年的能源预算就达到了 264 亿美元，主要用于大规模扩大使用再生性能源，同时不断完善能源传输基础设施。在新能源的使用上，美国政府采取了一系列的补贴和激励政策，如税收抵扣、减税、免税和特殊融资等。其中，美国农业部每年有 2 300 万美元用于补贴农民提高能源效率，主要资助风动机、化粪池、太阳能热水系统等能源项目的补贴（补贴额度不超过项目成本的 25%），平均下来每个项目的补贴可达 1 500～25 万美元，贷款可得 5 000～1 000 万美元。[②]由此可见，美国对低碳农业发展的扶持力度是很大的。

很多欧盟国家重点支持低碳农业的发展，减少温室气体的排放。比如英国规定到 2020 年农业和废弃物方面的温室气体排放量比 2008 年同比减少 6%。法国于 1997 年制订并实施了“有机农业发展中期计划”，计划到 2020 年生态农业占农业总产值的比重超过 20%。为此，欧盟各国出台了一系列低碳农业的扶持政策，包括科技、资金、立法和农产品管理制度等方面，都制定了非常详细的政策。① 推动低碳农业技术的研发，保护生态环境。在这方面比较先进的国家是德国，德国的工业比较发达，在作物种植业上也非常先进，用农作物替代化工原料，加强生物质能源的开发和应用，每年投入巨额资金负责相关技术的开发和推广。② 提供财政补贴。欧盟一直对农业进行巨额补贴，正是对农业的补贴才提高了欧盟农业的国际竞争力，低碳农业的发展让欧盟的财政补贴也是不遗余力。主要表现在对农业的补贴与环保标准挂钩，对有机农业和降低农业肥料的使用补贴的比重相对较高，有利于环境保护和生态发展的技术也给予一定程度的补贴。③ 严格的农产品安全保障机制和规范。欧盟制定了良好的农业规范（Good Agricultural Practice，GAP），保证了农产品生产过程和产后环境，这些规定的目的是为了获得安全健康的食物和非食物农产品。欧盟要求 GAP 符合可追溯性、食品安全、环境保护与劳工福利 4 个方面。为了符合这个规定，农场必须对综合虫害管理、综合作物管理

---

① 刘恒新，李斯华，何进. 美国低碳农业机械化技术发展及对中国的启示[J]. 世界农业，2012（6）：7-11.

② 郭鸿鹏，马成林，杨印生. 美国低碳农业实践之借鉴[J]. 环境保护，2011（21）：71-73.

和综合养分管理 3 个方面严格要求。[①]发达国家的先进经验告诉我们：在低碳农业发展中，必须要加强政府的扶持力度。同时，笔者认为，政府对低碳农业发展的重要影响是毋庸置疑的，这种影响不仅可以通过发挥主导功能体现出来，也可以通过发挥引导功能体现出来。关键是政府要把自己的角色定位好，在需要发挥主导功能的领域扮演好主导角色，在需要发挥引导功能的领域扮演好引导角色。

6.3　建立发达的低碳农业市场体系

美国低碳农业能够顺利推进并良性运转，与美国建立了高度发达的农业市场体系有很大的关系。美国农业市场体系高度发达且有序运转，一方面，美国农业市场体系横向涵盖面非常广，已经建立了包括农产品交易期货市场、批发市场、共同出售市场、农产品集散中心、集体零售市场等市场在内的市场体系；另一方面，美国市场体系纵向涵盖面也非常广，已经建立了包括农产品生产、销售、交易的多层次全方位的农村市场体系。美国高度发达的市场体系大大降低了低碳农产品生产和销售的风险，促进了农户收入的大幅度提高。美国以相对完善的技术体系、服务体系为支撑，构建标准的碳交易市场，用市场机制作为基础性力量来推动美国低碳农业的发展。美国于 2003 年成立了芝加哥气候交易所（Chicago Climate Exchange，CCX），这是全球第一个具有法律约束力、基于国际规则的温室气体排放登记、减排和交易的平台。它试图用市场机制来解决温室效应这一日益严重的社会问题。美国农户参与芝加哥碳交易市场的途径有两种：一种是作为碳排放者加入，另一种是作为碳抵消额提供者加入。通过建立芝加哥气候交易所这一平台，就能把企业（或公司）和农户联系起来。实际上是一种“企业—碳交易所—农户”的低碳农业发展模式。[②]

在具体操作中，芝加哥气候交易所根据一个 4 年的先导计划，经认定已达到减排 $CO_2$10%的大企业就有资格去 CCX 登记，购买减排指标抵消自己的温室气体排放。由于从事碳指标交易的 CCX 是一个无政府资助的私营实体，农民想参与出售自己的碳贮存指标需要经过农场局或农民协会登记并审查其土地及所种作物，按照规定推荐的保护性耕作方法和农具（以保证碳的贮存含量）进入汇总的数据库，由农场局与 CCX 接洽，管理碳交易，并分配收益给参加者。2003 年，爱荷华州农场局就登记了约 3 万 hm^2（8 万英亩）这样的土地，随后该项业务又向邻

① 唐若菲. 低碳农业的国际经验研究[J]. 世界农业，2013（1）：102-104.

② 鄢小兵. 从经济学的角度看美国低碳农业及对我国的启示[J]. 科技创业月刊，2011（17）：23-25.

州开放，到2007年全美登记认证的土地达约36万hm^2（90万英亩）。[①]2007年，美国环保协会和杜克大学联合发布了名为“杜克标准”的《农业林业低碳经济应用》文件，这是全球第一部关于农业碳排放交易的核定标准和操作手册，该标准也很可能成为全球关于农林业碳排放交易的首部强制性标准。

经过多年发展，芝加哥气候交易所与欧盟排放权交易制（European Union Greenhouse Gas Emission Trading Scheme，EU ETS）、英国排放权交易制（UK Emissions Trading Group，ETG）和澳洲国家信托（National Trust of Australia，NSW）一起成为世界三大碳交易所，在推动温室气体减排、保护环境方面作出了重要贡献。日本从2009年4月也开始试行碳标签制度，要求企业自愿对商品及服务的生命周期中排放的温室气体换算成CO_2，并加贴标签标志。在农产品上，日本政府2011年4月开始实施农产品碳标签制度，对本国和进口的农产品要求自带环保标签，鼓励本国农场主和进口商在生产和销售过程中减少CO_2的排放。虽然这项规定在国际上引起很大争议，具有变相的贸易保护主义的倾向，但日本消费者普遍支持这个政策。[②]由此可见，市场机制在低碳农业发展中的作用空间是非常大的。

我国虽然在北京等几个主要城市进行着碳排放权交易的初步探索，但还没有形成一个全面的、统一的市场交易体系。探索建立农业碳汇交易机制对于帮助农民增收是非常有帮助的。这样农民就可以通过两种途径来实现增收：①农民通过实施保护性耕作等措施减少碳排放，并把碳排放量通过碳交易平台向国内外企业销售，从而获得收益。这也是低碳农业金融功能的实现过程。②低碳农业产业化，即低碳化生产、加工、销售农产品，并实施品牌战略，创建区域低碳农业品牌，将获得“绿色通行证”的低碳农产品推向国际市场，使农民获益。[③]农业碳汇的开发与交易被国际社会认为是今后发展的重点。在我国，仅仅进行农业碳信用的开发是不够的，必须有相关的交易场所。目前，我国有三大环境权益交易机构——北京环境交易所、上海环境能源交易所、天津排放权交易所，交易标的各有侧重。但针对农业碳汇的交易场所没能明确。正如美国芝加哥气候交易所是承担农业碳汇交易的功能一样，我国也需要对农业碳汇的购买与交易设立明确的场所。从长远战略上，为低碳农业的发展寻求设施上的完善，促进低碳农业在我国的快速发展。[④]通过借鉴发达国家的经验和做法可以发现：我国对建立发达的低碳农业市场体系的需求日益迫切。

---

① 郭鸿鹏，马成林，杨印生. 美国低碳农业实践之借鉴[J]. 环境保护，2011（21）：71-73.

② 唐若菲. 低碳农业的国际经验研究[J]. 世界农业，2013（1）：102-104.

③ 朱丽娟，刘青. 气候变化背景下美国发展低碳农业的经验借鉴[J]. 世界农业，2012（8）：1-3.

④ 陈胜涛，周艳兰. 低碳农业发展的国际碳信用支持机制及启示[J]. 农村经济与科技，2012（4）：5-7.

6.4　实现低碳农业产学研有效结合

美国政府十分重视现代科技对农业的推动作用，科技对美国农业增长的贡献率达到了 80%，为世界最高水平。目前，美国的遗传工程、生物技术、计算机技术、遥感监测等高新技术都已经广泛应用于农业生产，高新技术的应用不仅极大提升了农业经济效益，也极大提高了美国农产品在全球农产品市场中的竞争优势。目前美国的农业在应用先进的科学技术方面一直走在世界前列，伴随着美国农业科技创新体系建设的不断发展，美国逐渐形成了以大学为基础的，农业科研、教育、推广“三位一体”的农业科研推广体系。近年来，随着气候变暖和能源短缺问题的日益严峻，美国在碳减排和清洁能源供应方面面临的压力日益加大，生物能源开发成为美国政府农业科技的重点领域，具体包括燃料酒精的开发利用、生物柴油的开发利用、农村替代能源的开发利用、能源作物的开发利用等。此外，美国政府还高度重视水、土壤等自然资源的管理，农业对环境的影响等方面的科学技术研究，以降低农业对环境的影响程度。在技术推广方面，各州的赠地学院发挥了关键性作用。当前，美国各州有 100 多所赠地学院。赠地学院教授拥有教学、科研和推广 3 大职责，50%的时间从事教学和科研，另外 50%的时间从事农业技术推广或实验，以保证科研、教学和实际生产的有效结合。因此，每年都有大量的先进技术成果应用于农业，而其中部分成果就是节能减碳技术成果，如碳减量和碳吸收技术等。这些成果的快速应用和转化为美国低碳农业的发展奠定了雄厚的技术支撑。[①]

日本低碳农业的顺利发展得益于其非常重视对农民的教育培训。在农民教育的发展过程中，日本逐渐认识到单纯依靠政府的力量是不够的，于是支持、鼓励其他力量的参与，使日本农民教育的供给呈现出主体多元化特征。从总体上看，① 各级农业科技教育培训中心；② 中高等农业院校；③ 企业与民间的各类培训服务机构；④ 各级农民协会；⑤ 各级农业技术推广服务体系和农业改良普及系统。这种由政府、学校和民间力量共同构成的多主体参与，相互交流、相互补充的全方位供给系统，能够有计划、分层次、有重点地开展农民职业技术教育。[②]日本全方位、多层次的农民教育培训体系为低碳农业发展提供了完备的智力支持，也为低碳农业技术的产学研结合打下了非常好的前提基础。

---

① 朱丽娟，刘青. 气候变化背景下美国发展低碳农业的经验借鉴[J]. 世界农业，2012（8）：1-3.

② 张永强，郭翔宇，秦智伟. 日本“一村一品”运动及其对我国新农村建设的启示[J]. 东北农业大学学报：社会科学版，2007（6）：11-14.

在发达国家的低碳农业发展中，科技之所以能够有如此高的贡献率，一方面与政府对科技在低碳农业发展中作用的高度重视有关，另一方面还与产学研有效结合有很大的关系。在我国的低碳农业发展中，一方面对科技的重要性认识还是不够到位，没有真正认识到农业科技的重要性；另一方面在农业科技的产学研结合上做的尤其不足，产学研相互脱钩的困境非常突出，诸如教育内容与农业生产的关联度不大、科研成果不能直接应用于农业生产等。其造成的结果是我国科技对低碳农业的贡献率依然有待提高，严重制约了我国低碳农业的顺利推进。通过借鉴发达国家在低碳农业发展中的经验可以发现：在我国的低碳农业发展中，必须高度重视科技的作用，实现低碳农业科技产学研的有效结合。建立切实有效的低碳农业产学研体系包括两方面的核心内容：① 低碳农业相关技术的研究与开发，这是低碳农业技术创新的前提条件，没有低碳农业技术的研究与开发，低碳农业就是空谈；② 低碳农业技术的推广，有了低碳农业技术，如果不能很好地推广应用，低碳农业技术也只能是一个摆设，只有转化为现实生产力的低碳农业技术才是真正有效的。因此，不仅要重视低碳农业技术的研究与开发工作，也要重视低碳农业技术的推广工作，两者是缺一不可的。

第7章 低碳农业发展的未来路径

低碳农业发展的具体途径是因时、因地、因人而异的。因时而异体现在：在不同的历史时期，由于农业发展阶段的不同，低碳农业发展的具体途径是存在差异的。因地而异体现在：由于各个地区自然条件和经济社会发展水平的不同，在不同的区域低碳农业发展的具体途径是存在差异的。因人而异体现在：由于不同类型的农民对低碳农业发展的意愿和能力是不同的，对于不同类型的农民来说低碳农业发展的具体途径也是存在差异的。低碳农业发展的具体途径因时、因地、因人而异决定了没有统一的、一成不变的模式，而是要本着“分类指导、分别实施、分批推进”原则提出对策建议。对于低碳农业发展具体途径的对策建议，笔者认为以下四个方面的总体性思路是需要把握好的。

7.1 农业制度：从强制性向诱致性转变

我国的低碳农业制度设计并没有很好体现出其因时而异、因地而异和因人而异。因此，我国的低碳农业制度设计并不能很好适应不同历史时期、不同区域、不同农民对低碳农业发展的需求。国家层面的制度性因素对低碳农业发展的影响是显而易见的，没有现代化的制度是很难有现代化的农业的，必须要用制度现代化来助推农业现代化。从制度经济学的视角来说，一种制度及其演变过程，可以用“制度变迁”的视角来进行审视。制度变迁可以分为“强制性制度变迁”和“诱致性制度变迁”两种类型。“强制性制度变迁”是一种由政府主导、自上而下的制度变迁，而“诱致性制度变迁”则是一种由社会自身主导、自下而上的制度变迁。[①]从我国低碳农业制度的演变过程来看，我国的低碳农业制度更多的是表现为“强制性制度变迁”，是一种由政府主导、自上而下的制度变迁。制度设计是要

① 顾自安. 制度与理性——对哈耶克命题的讨论//姚中秋. 自发秩序与理性：奥地利学派研究. 杭州：浙江大学出版社，2008：111-157.

与环境相适应的，制度设计与环境的适应性可以分为两个方面：第一个方面是制度要与外在环境相适应，这就是制度的外在适应性，表现为制度与经济社会发展状况是相适应的。这主要体现在两个方面：① 不同历史阶段的经济社会发展状况；② 不同地区经济社会发展状况。可以说，不同历史时期和不同地区经济社会发展状况决定了低碳农业制度的内容，如果背离了这一外在依据，低碳农业发展是很难成功的。第二个方面是制度要与内在环境相适应，也就是制度的内在适应性，表现为制度与制度作用对象是相适应的，这是低碳农业制度设计的内在依据。只有遵循这一内在依据，设计出来的低碳农业制度才是科学、合理、有效、人性化的。如果背离了这一内在依据，设计出来的制度是很难符合低碳农业发展需求的，那么低碳农业的发展也是很难成功的。

强制性制度的特征决定了其不能充分考虑到制度与外在环境和内在环境的适应性，而诱致性制度的特征决定了其能够充分考虑到制度与外在环境和内在环境的适应性。同时，强制性制度的特征决定了其并不利于低碳农业发展的因时而异、因地而异和因人而异，而诱致性制度的特征决定了其有利于低碳农业发展的因时而异、因地而异和因人而异。我国的低碳农业制度主要是由政府以自上而下的方式“设计”出来的，不能很好地实现制度与外在环境和内在环境的适应，这样的制度对于低碳农业发展是极为不利的。因此，为了更好地设计低碳农业制度，必须要充分考虑到制度与外在环境和内在环境的适应性，以自下而上的方式，也就是以诱致性方式来设计低碳农业制度，从而使国家层面的低碳农业制度更好的“落地”，更好的“落地”主要体现在以下 3 个方面：① 低碳农业制度更好地适应不同历史时期低碳农业发展的要求；② 低碳农业制度更好地适应不同地区经济社会发展状况；③ 低碳农业制度更好地适应农民对低碳农业的需求状况。只有在这 3 个方面真正实现了“落地”，才能最终真正实现我国低碳农业朝着健康、可持续的方向发展。做到这 3 个方面也就做到了低碳农业制度的因时而异、因地而异和因人而异。

7.2 社会参与：从弱社会向强社会转变

国家—社会关系的 4 种模式呈现出一种阶段性和层次性关系，弱国家—弱社会模式属于国家—社会关系发展的初级阶段，强国家—弱社会模式是国家—社会关系发展的中级阶段，弱国家—强社会模式是国家—社会关系更高层次的发展阶段，而强国家—强社会则是国家—社会关系发展的最高阶段。国家—社会关系对低碳农业发展的影响是显而易见的，这主要表现在以下 4 个阶段：① 在弱国家—

弱社会模式下，由于国家和社会的力量都不足以支撑起低碳农业的发展，因此，低碳农业的发展是异常困难的；② 在强国家—弱社会模式下，低碳农业发展主要是依靠国家的力量在推动，在特定的发展阶段，强国家—弱社会模式是能够有效推进低碳农业发展的；③ 在弱国家—强社会模式下，随着社会力量的增强，国家力量逐渐从低碳农业中退出来，这在一定的发展阶段也是能够有效推进低碳农业发展的；④ 在强国家—强社会模式下，国家和社会力量都在低碳农业发展中发挥了积极作用，因此，对于低碳农业发展来说是最为有利的。可以说，在这四种依次递进的国家—社会关系模式下，越是到更高层次的发展阶段，越是有利于低碳农业发展。从当前所处的阶段来说，我国的国家—社会关系处于强国家—弱社会模式，属于国家—社会关系发展的第二个阶段。因此，为了更好地推进低碳农业发展，就必须要实现国家—社会关系从强国家—弱社会关系模式向强国家—强社会关系模式转变。

在低碳农业发展中，国家和社会要扮演好各自的角色。国家和社会扮演角色的差异主要体现在两个方面：① 单一化服务与多样化服务的差异。国家在低碳农业发展中往往只能提供单一化的服务，也就是满足低碳农业发展的基本需要。而社会在低碳农业发展中往往能够提供多样化的服务，也就是满足低碳农业高水平发展的需要。当前，国家、社会、市场和个人对低碳农业发展的需求越来越强烈，这主要体现在两个方面：a. 对低碳农业发展需求的内容越来越广泛，涉及低碳农业的方方面面；b. 对低碳农业发展需求的层次越来越高，其目标不是实现低水平的低碳农业发展，而是实现高水平的低碳农业发展。低碳农业发展的这两个特征无疑大大加重了国家负担，国家在低碳农业发展中也日益表现出“力不从心”。因此，可以说，必须要充分发挥社会力量在低碳农业发展中的作用，有效弥补国家在低碳农业发展中力量不足的困境，有效推进我国的低碳农业发展。② 主导角色与引导角色的差异。当前，国家在低碳农业发展中往往占据着主导地位。为了更好地推进低碳农业发展，国家更多的是应该扮演引导作用，也就是引导社会力量进入到低碳农业发展中来。而社会更多的是应该扮演主导角色，也就是要积极发挥社会力量在低碳农业发展中的主导作用。当前，我国低碳农业发展的任务越来越艰巨，单靠国家的力量是很难实现低碳农业快速、健康发展的。因此，国家除了在一部分涉及低碳农业的公共领域必须要发挥主导作用之外，更多的是要发挥国家的引导作用，积极培育社会力量，让社会力量来主导低碳农业发展。

7.3 市场机制：从控制型向自治型转变

低碳农业的发展离不开市场机制的健全和完善，而要健全和完善市场机制又必须要创新政府对市场的管理理念，就是要正确认识管与不管这一问题。一直以来，政府对市场持一种控制理念，认为市场必须要在政府的完全掌控之下，如果政府对市场不加以管理，市场肯定会乱套，从而影响社会的稳定。这就在政府与市场之间形成一种依附关系，这种依附关系使得政府与市场之间形成了一种不对等的交换关系。美国社会学家霍曼斯认为："在不对等的交换关系中，双方对交换关系的依赖程度及从中获得的利益是不同的，那些在交换关系中获得利益较少的一方于是获得了权力，而获益较大但又无力回报的一方只能以服从对方、改变自己原有的行动作为补充性回报手段。"[①]可见，在依附关系中，对于依附的一方来说，只能服从被依附一方、改变自己原有的行动，按照被依附一方的行动准则来开展行动。可以说，在我国，政府与市场之间是一种依附关系，两者在地位上是不对等的，市场没有办法跟政府进行"讨价还价"。对于处于依附地位的市场来说，是没有行动自由可言的，在低碳农业发展中也很难发挥自己的"创造性"。

近些年来，政府加大了对市场的扶持力度，其原因在于政府已经意识到建立和完善市场机制的重要性。但是，政府在扶持过程中控制的特征较为明显，政府忽略了3个方面的问题：①随着市场规模越来越大，市场类型越来越细化、专业化，政府对市场的管理将变得越来越力不从心；②当前政府对市场的管理在很大程度上是一种束缚，这种束缚限制了市场主观能动性的发挥，从而进一步限制了市场机制服务功能的发挥；③政府对市场的控制使得市场对政府产生了一种依附关系，这种依附关系使得市场成为了政府的衍生物，这一特性注定了市场不能很好地发挥其服务功能。因此，在对市场的管理问题上，政府应该持一种"不管"的理念，其实"不管也是管"，让市场在一定的制度框架中实现自治。这不仅可以让政府从纷繁复杂的管理事务中抽身出来，还可以进一步调动市场的主观能动性，更好地发挥其社会服务功能。

从我国低碳农业市场机制的发展现状来看，低碳农业市场机制的社会服务功能并没有充分发挥，这与我国当前对市场机制控制型的管理体制有很大的关系。应该说，对市场机制控制型的管理体制是不利于低碳农业发展的。我国对低碳农业市场机制的管理体制应该由控制型向自治型转变，从管理体制上对低碳农业市

---

① 贾春增. 外国社会学史[M]. 北京：中国人民大学出版社，2000：298.

场机制进行“松绑”，让市场机制有充分的独立自主权。当然，所谓低碳农业市场机制的自治必然是在一定制度框架下的自治，如果自治成为了“放任自流”那就适得其反了。中国的社会管理，往往容易出现“一放就乱，一管就死”的现象，其核心原因就在于没有处理好“管与不管、管多管少”的问题，这一点在政府对市场机制的管理中表现得尤为明显。一方面，政府不能对市场一直持一种管的思路，政府要信任市场，给市场放权，增强市场发展的主观能动性，把一些政府不该管、管不了也管不好的事交给市场来管理。另一方面，市场的自身特性也容易使市场偏离正确的轨道，因此，在放手的同时还是需要政府对市场的监管的。笔者认为，这种监管应该是一种适度的监管，这种适度性体现在两个方面：① 监管横向领域的适度，政府不需要对所有领域的市场都进行严格监管，只需要对几个主要的、有重要影响的市场领域进行严格监管；② 监管对象的适度，笔者认为，市场跟生态系统一样，具有一定的自我调节能力，市场是能够解决自身产生的一些小问题的。因此，政府不需要对市场发展中存在的一些微不足道的、自身能够调节的问题进行监管、干涉，而只需要对那些有一定严重性、危害性的问题进行监管。只有这样，才能使市场机制在低碳农业发展中更好地发挥作用，才能真正实现低碳农业的快速健康发展。

7.4　农民地位：从外局群体向内局群体转变

农民作为低碳农业发展的参与主体，对低碳农业能否顺利推进发挥着举足轻重的作用。根据马斯洛的需求层次理论，人的需求是分层次的，马斯洛将人的需求分为生理的需要、安全的需要、归属或爱的需要、自尊的需要和自我实现的需要五大类。[①]从大类来说可以简单的分为物质需求和精神需求两个层次。浙江“两富”战略，也就是“物质富裕、精神富有”战略的提出，使人们对物质需求和精神需求有了全新的理解。根据农民需求的满足情况，可以将农民分为 3 种类型：① 只能解决基本的温饱问题，还没有实现物质富裕，更谈不上实现精神富有，可以将这一类型的农民称为“生存型农民”；② 只能实现物质富裕，但是还不能实现精神富有目标，可以将这一类型的农民称为“物质富裕型农民”；③ 不仅能实现物质富裕目标，同时也能够实现精神富有目标，可以将这一类型的农民称为“精神富有型农民”。这 3 种类型的农民是具有一定的层次性和阶段性的，从“生存型农民”到“物质富裕型农民”，再到“精神富有型农民”，越往后面层次和阶段越

---

① 王思斌. 社会学教程[M]. 2 版. 北京：北京大学出版社，2006：33.

高。农民群体这3种类型的划分反映出来的是农民社会经济地位的差异，“生存型农民”的社会经济地位是最低的，“精神富有型农民”的社会经济地位是最高的，而“物质富裕型农民”的社会经济地位介于前两种类型的农民之间。

社会学家埃利亚斯提出的“内局群体”与“外局群体”概念不仅为从微观层面解释农民群体在社会经济地位上的差异，也为从微观层面解释低碳农业处于发展困境的原因提供了非常好的理论视角。埃利亚斯认为，所谓“内局群体”是居于内核、把持文化表达的群体，而“外局群体”是处于边缘、接受并巩固文化表达所体现出来的权力关系的群体。[①]当前中国乡村社会发展面临诸多困境。乡村社区出现发展困境的主要原因在于城乡差距的拉大而造成的20世纪90年代以来城乡关系的严重失衡。这表现在3个方面：① 从产业看，工农差距扩大。农业的弱质地位未能改变，国家以“剪刀差”形式挤压农业、索取农业剩余以加快工业化进程和城市发展的做法仍然存在。② 从经济发展现状看，城乡经济差距扩大。农民仍是弱势群体，农民增收困难成为制约乡村发展的重要因素。③ 从社会福利看，城乡社会差距扩大。农村在社会保障、教育、医疗、环境等方面所享有的发展机会和政府福利，被严重边缘化。[②]城乡差距的拉大使得乡村社会变得越来越边缘化。乡村社会面临的诸多困境使得农民往往处于“外局群体”地位，对整个社会的文化氛围、价值取向、公共舆论并不具有主导作用，因此也无法触及和影响整个社会的核心体系，他们只能处于边缘、接受并巩固文化表达所体现出来的权力关系，根据“内局群体”的取向行动。

农民的“外局群体”地位表现在经济、社会和文化三重维度上。从经济维度来看，农业与工业的剪刀差依然存在，使得农民的收入水平、生活水平等都要明显低于城市居民，对国家经济的贡献度也明显要低。从社会维度上来说，农民的社会参与意愿不强，社会参与的行动也较少，对于国家政策导向的影响非常小。虽然村民自治的实施很大程度上提高了农民的政治参与热情，但是城市化进程中很多农民离开了乡村社会，使得村民自治中的民主权利并不能落到实处。从文化维度来说，当前社会的主导文化是城市文化，乡村文化处于亚文化地位，没有“话语权”。特别是随着城市化进程的不断推进，使得很多地方的乡村文化正在逐渐消失。农民是低碳农业发展的重要主体，农民的“外局群体”地位对于低碳农业的发展是极为不利的。因此，为了更好推进低碳农业发展，必须要将农民的地位由

---

① 杨善华：当代西方社会学理论[M]. 北京：北京大学出版社，1999：334.

② 农业部产业政策法规司课题组. 统筹城乡和统筹经济社会协调发展研究[J]. 农业经济问题，2004（1）：27-31.

"外局群体"转变为"内局群体"。那么如何来有效实现这种转变呢？还是要从布迪厄的资本理论视角出发，从经济资本、社会资本和文化资本这三重维度来切实提高农民的地位，实现由"外局群体"向"内局群体"的转变。

7.5　目标导向：从外生型向内生型转变

现代化的诸种发展模式，根据动力因素的不同可以分为"内生型现代化"和"外生型现代化"。"内生型现代化"是指现代化的最初启动力量和现代性因素的最初源泉都来自自身内部，是一种主动的现代化；而"外生型现代化"是指现代化的最初启动力量和现代性因素的最初源泉都来自自身外部，是一种被动的现代化。[①]发展低碳农业是现代化农业的必然要求，对于低碳农业的发展来说，也可以分为"外生型低碳农业"和"内生型低碳农业"两种类型。"外生型低碳农业"是一种被动的低碳农业发展方式，是指低碳农业发展的最初启动力量和最初源泉都来自自身外部。"内生型低碳农业"则是一种主动的低碳农业发展方式，是指低碳农业发展的最初启动力量和最初源泉都来自自身内部。对于整个中国社会来说，其现代化的类型属于"外生型现代化"。但是，在中国农村社会的现代化进程中发生了"畸变"现象。"畸变现象是指在现代化过程中出现的一些表面上与现代性因素很相似但实质上却与现代化要求背道而驰的现象。换句话说，对于现代性因素来说，这种畸变现象具有一种'貌合神离'的性质。"[①]从整个发展的大环境来说，我国农业的现代化走的是一条外生型的现代化之路，这使得我们对于低碳农业的认知和发展都是非常被动的，从而产生了各种各样的"畸变"现象。这些"畸变"现象表现在：在低碳农业发展过程中出现了很多与低碳农业发展理念背道而驰的现象，这对于我国低碳农业的发展是非常有害的。那么，"畸变"现象的根源在哪里呢？笔者认为，"畸变"现象的存在与我国外生型的低碳农业发展之路存在很大的关联性。

从特定发展阶段来说，"外生型低碳农业"是有利于低碳农业发展的，特别是在低碳农业发展的起步阶段，毕竟低碳农业的发展理念是一个"舶来品"，并不是我们自觉自愿接受的。但是，随着农村经济社会的不断发展和农民需求的不断提升，"外生型低碳农业"的弊端也会越来越凸显，我们永远只能被动地跟在别人后面"照猫画虎"。可以说，"外生型低碳农业"是在特定阶段发展的选择，对于农村社会来说，并没有内生型的现代性因素可以促进低碳农业发展，所以只能借助

① 张琢，马福云. 发展社会学[M]. 北京：中国社会科学出版社，2001：231.

外力来实现“原始资本”的积累。如果说在特定发展阶段选择“外生型低碳农业”是正确的无奈之举，那么在发展到一定程度之后，就要实现低碳农业发展道路的转变。从本质上来说，“外生型低碳农业”是一种“输血式”的低碳农业发展模式，而“内生型低碳农业”才是一种“造血式”的低碳农业发展模式。实践证明：“造血式”的低碳农业发展之路才是一条健康的、可持续的低碳农业发展之路。因此，只有不断培育内生型的发展因素，走“内生型低碳农业”发展之路，才能真正促进我国低碳农业的发展。

参考文献

[1] EPA. Inventory of U. S. Greenhouse Gas Emissions and Sinks：1990-2007 [R]. 2009，26-35.

[2] Freibauer A，Rounsevell M D A，Smith P，et al. Jan. Carbon sequestration in the agricultural soils of Europe[J]. Geoderma，2004，122（1）：1-23.

[3] Hutchinson J J，Campbell C A，Desardins R L. Some perspectives on carbon sequestration in agriculture[J]. Agricultural and Forest Meteorology，2007（142）：288-302.

[4] Antle J M，Stoorvogel J J. Predicting the Supply of Ecosystem Services from Agriculture [J]. American Journal of Agricultural Economics，2006，88（5）：1174-1180.

[5] Kroodsma D A，Field C B. Carbon Sequestration in California Agriculrure 1980-2000 [J]. Ecotogical Applications，2006（5）：1975-1985.

[6] Norse D. Low Carbon Agriculture：Objectives and Policy Pathways [J]. Environmental Development，2012（1）：25-39.

[7] NOTANI A S. Moderators of perceived behavioral control's predictiveness in the theory of planned behavior：A meta analysis[J]. Journal of Consumer Psychology，1998，7（3）：247-271.

[8] Patrick Asante，Glen W. Armstrong，Wiktor L. Adamowicz. Carbon Sequestration and the Optimal Forest Harvestdecision：A Dynamic Programming Approach Considering Biomass and Dead Organic Matter [J]. Journal of Forest Economics，2011（17）：3-17.

[9] Smith P，et al. Agriculture[C]//Climate Change 2007：Mitigation. Contribution of Working Group III to the Fourth Assessment Report of the Intergovernmental Panel on Climate Change. Cambridge and New York，Cambridge University Press，2007.

[10] Johnson T M，Claudia Alatorre，Zayra Romo，Feng Liu. Low Carbon Development for Mexico[J]. World Bank Press，2009：179-183.

[11] Warrick R A. Carbon Dioxide，Climatic Change and Agriculture[J]. Geographical Journal，1988，154（2）.

[12] Cramer W P，Solomon A M. Climatic Classification and Future Global Redistribution of Agriculture land [J]. Climate Research，1993（3）：97-110.

[13] 包亚明. 文化资本与社会炼金术[M]. 上海：上海人民出版社，1997.

[14] 毕天云. 布迪厄的“场域-惯习”论[J]. 学术探索，2004（1）：32-35.

[15] 陈彬. 关于理性选择理论的思考[J]. 东南学术，2006（1）：119-124.
[16] 陈昌洪. 农户选择低碳农业标准化的意愿及影响因素分析——基于四川省农户的调查[J]. 北京理工大学学报：社会科学版，2013（3）：21-25.
[17] 陈胜涛，周艳兰. 低碳农业发展的国际碳信用支持机制及启示[J]. 农村经济与科技，2012（4）：5-7.
[18] 陈卫洪，漆雁斌. 土地利用形式对发展低碳农业的影响分析[J]. 农业技术经济，2012（5）：86-96.
[19] 陈文晴. 低碳农业发展的金融政策探析[J]. 科技进步与对策，2011（10）：62-64.
[20] 程克群，马友华，栾敬东. 低碳经济背景下循环农业发展模式的创新应用——以安徽为例[J]. 科技进步与对策，2010（22）：52-54.
[21] 代明慧，张红丽. 山东省低碳农业发展影响因素的回归分析[J]. 武汉商业服务学院学报，2012（3）：10-13.
[22] 丁玉洁. 社会学理性选择理论述评[J]. 辽宁行政学院学报，2006（12）：93-94.
[23] 杜受祜. 低碳农业：潜力巨大的低碳经济领域[J]. 农村经济，2010（4）：3-5.
[24] 杜婷婷. 农户采用节水、节能、节肥低碳技术的影响因素分析——基于 1077 户种稻大户的调查[J]. 商，2012（21）：188-189.
[25] 范纯增，顾海英，许源. 低碳农业园区建设研究——以东滩低碳农业示范园区为例[J]. 生态经济，2013（3）：117-121.
[26] 高文玲. 低碳农业的概念及其价值体现[C]//农业部科技教育司，中国农业学会，农业部环境保护科研监测所. 发展低碳农业应对气候变化——低碳农业研讨会论文集. 北京：中国农业出版社，2010：50-53.
[27] 顾自安. 制度与理性——对哈耶克命题的讨论//姚中秋. 自发秩序与理性：奥地利学派研究. 杭州：浙江大学出版社，2008：111-157.
[28] 郭鸿鹏，马成林，杨印生. 美国低碳农业实践之借鉴[J]. 环境保护，2011（21）：71-73.
[29] 何蒲明. 我国发展低碳农业的必要性、前景与对策分析[J]. 农业经济，2012（1）：52-54.
[30] 黄文华，林燕金. 农业标准化实施中农户行为实证分析——基于茶农采标行为的研究[J]. 江西农业大学学报：社会科学版，2008（4）：67-70.
[31] 黄贤贵，柯瑞清，翁伯琦. 低碳农业发展模式探讨[J]. 福建农业学报，2011（6）：1086-1090.
[32] 贾春增. 外国社会学史[M]. 北京：中国人民大学出版社，2000.
[33] 景跃进. 党、国家与社会：三者维度的关系——从基层实践看中国政治的特点[J]. 华中师范大学学报：人文社会科学版，2005（2）：9-13，29.
[34] 柯福艳. 浙江低碳农业发展的现状、路径选择与政策建议[J]. 浙江农业科学，2013（2）：117-120.

[35] 李晓燕，何晓玲. 四川发展低碳农业的基本思路——基于国内外经验借鉴与启示[J]. 农村经济，2012（11）：48-52.

[36] 李晓燕，王彬彬. 低碳农业：应对气候变化下的农业发展之路[J]. 农村经济，2003（3）：10-12.

[37] 李晓燕. 低碳农业发展研究——以四川为例[M]. 北京：经济科学出版社，2010.

[38] 李燕凌，曾福生. 农村公共品供给农民满意度及其影响因素分析[J]. 数量经济技术经济研究，2008（8）：3-18.

[39] 梁龙，杜章留，吴文良，孟凡乔. 北京现代都市低碳农业的前景与策略[J]. 中国人口·资源与环境，2011（2）：130-136.

[40] 廖媛红. 低碳农业的发展模式研究[J]. 作物研究，2010（4）：228-231.

[41] 林克雷，李全生. 广义资本和社会分层——布迪厄的资本理论解读[J]. 烟台大学学报：哲学社会科学版，2007（4）：63-68.

[42] 林梅，蔡素星，陈奇榕. 低碳农业区域循环发展模式探讨[J]. 农学学报，2012（12）：26-30.

[43] 刘恒新，李斯华，何进. 美国低碳农业机械化技术发展及对中国的启示[J]. 世界农业，2012（6）：7-11.

[44] 刘静暖，刘宇，孙媛媛，杨扬. 吉林省低碳农业发展理论与模式[J]. 经济视角，2013（3）：1-3.

[45] 刘静暖，于畅，孙亚南. 低碳农业经济理论与实现模式探索[J]. 经济纵横，2012（6）：64-67.

[46] 刘玉琼，艾大宾，姜世中，吴艳波. 低碳农业发展实证研究——以四川省内江市为例[J]. 农业经济，2012（1）：118-121.

[47] 骆旭添. 低碳农业发展理论与模式研究——以福建省为例[D]. 福州：福建农林大学，2011：71-86.

[48] 吕亚荣，陈淑芬. 农民对气候变化的认知及适应性行为分析[J]. 中国农村经济，2010（7）：75-86.

[49] 马晓旭. 我国低碳农业发展的困境及出路选择[J]. 经济体制改革，2011（5）：71-74.

[50] 穆玲芝. 低碳农业的法律推进探索[J]. 农业经济，2012（1）：47-49.

[51] 农业部产业政策法规司课题组. 统筹城乡和统筹经济社会协调发展研究[J]. 农业经济问题，2004（1）：27-31.

[52] 皮埃尔·布迪厄，华康德. 实践与反思——反思社会学导引[M]. 李猛，李康，译. 北京：中央编译出版社，1998.

[53] 秦静，贾凤伶. 天津低碳农业发展路径与对策研究[J]. 天津农业科学，2013（1）：55-58.

[54] 屈振辉. 论以低碳为导向的我国农业立法[J]. 作物研究，2010（4）：241-243.

[55] 冉光和，鲁钊阳，王建洪. 中国低碳农业发展的基本理论与可行路径[J]. 科技进步与对策，

2011（20）.

[56] 单宝. 解读低碳经济[J]. 内蒙古社会科学，2009（6）：75-78.

[57] 师帅，陈红. 东北三省发展低碳农业影响因素研究[J]. 商业研究，2013（5）：159-165.

[58] 孙桂娟，殷晓彦，孙相云. 低碳经济概论[M]. 济南：山东出版集团，2010.

[59] 孙立平. 转型与断裂——改革以来中国社会结构的变迁[M]. 北京：清华大学出版社，2004.

[60] 唐若菲. 低碳农业的国际经验研究[J]. 世界农业，2013（1）：102-104.

[61] 陶正芳，邵永恩. 低碳农业：金融支农的新视角[N]. 金融时报，2010-06-07.

[62] 田云，张俊飚，李 波. 中国农业低碳竞争力区域差异与影响因素研究[J]. 干旱区资源与环境，2013（6）：1-6.

[63] 汪翔，陆五一，周力. 基于结构方程模型的农户低碳养殖认知分析[J]. 江苏农业学报，2013（1）：189-194.

[64] 王芳，陈松. 农户实施农业标准化生产行为的理论和实证分析——以河南为例[J]. 农业经济问题，2007（12）：75-79.

[65] 王良健，罗凤. 基于农民满意度的我国惠农政策实施绩效评估——以湖南、湖北、江西、四川、河南省为例[J]. 农业技术经济，2010（1）：56-63.

[66] 王青，郑红勇，聂桢祯. 低碳农业理论分析与中国低碳农业发展思路[J]. 西北农林科技大学学报：社会科学版，2012（3）：1-7.

[67] 王思斌. 社会学教程[M]. 2 版. 北京：北京大学出版社，2006.

[68] 王晓辉，刘楠楠，张永. 居民低碳消费行为影响因素模型的建构[J]. 生态经济，2012（8）：16-19.

[69] 王耀兴，安炜姣. 中国发展低碳农业的法律构建研究[J]. 中国农村小康科技，2010（6）：15-17.

[70] 王昀. 低碳农业经济概论[J]. 中国农业信息，2008（8）：34-38.

[71] 王志刚，汪超，许晓源. 农户认知和采纳创意农业的机制：基于北京城郊四区果树产业的问卷调查[J]. 中国农村观察，2010（4）：33-43.

[72] 韦宁卫，冯小倩. 发展低碳农业的政府扶持路径选择[J]. 中国财政，2012（8）：57-58.

[73] 魏博洋，张严冰，王朝. 中国低碳农业的制约因素与发展策略研究[J]. 世界农业，2013（4）：129-132.

[74] 文再坤. 发展湖南低碳农业科技创新体系建设的思考[J]. 作物研究，2010（4）：244-245.

[75] 吴从环. 改革后的中国国家社会关系[J]. 安徽行政学院学报，2010（1）：72-76.

[76] 吴志华. 巴西：低碳农业助推可持续发展[J]. 农村·农业·农民（A 版），2012（9）：51-52.

[77] 谢方. "场域—惯习"论下的个体行动与社会结构[J]. 理论观察，2009（1）：48-49.

[78] 谢舜，周鸿. 科尔曼理性选择理论评述[J]. 思想战线，2005（2）：70-73.

[79] 许广月. 中国低碳农业发展研究[J]. 经济学家，2010（10）：72-78.
[80] 许肇刚. 略论需求对历史发展的影响——人类社会发展的另一种阐释[J]. 南平师专学报，2004（1）：20-23.
[81] 薛小荣，王静. 陕西省发展低碳农业的路径选择[J]. 再生资源与循环经济，2012（11）：16-19.
[82] 鄢小兵. 从经济学的角度看美国低碳农业及对我国的启示[J]. 科技创业月刊，2011（17）：23-25.
[83] 杨启智. 产业链视角下的低碳农业发展研究[J]. 学术论坛，2012（6）：119-122.
[84] 杨善华. 当代西方社会学理论[M]. 北京：北京大学出版社，1999.
[85] 杨宜婷，陈昭玖，钟菁. 农业技术推广政策满意度影响因素分析——以江西省种稻大户为例[J]. 江西农业大学学报：社会科学版，2012（3）：23-29.
[86] 虞洪. 低碳农业的利益驱动机制[J]. 农村经济，2012（6）：33-36.
[87] 袁方，王汉生. 社会研究方法教程[M]. 北京：北京大学出版社，1997.
[88] 袁平红. 低碳农业发展的国际经验及对中国的启示[J]. 经济问题探索，2012（8）：158-164.
[89] 曾大林，纪凡荣，李山峰. 中国省际低碳农业发展的实证分析[J]. 中国人口·资源与环境，2013（11）：30-35.
[90] 曾以禹，陈卫洪，李小军. 国外发展低碳农业的做法及其启示[J]. 世界农业，2010（10）：59-63.
[91] 张开华，陈胜涛. 试论低碳农业发展的支持机制[J]. 中南财经政法大学学报，2012（1）：110-114.
[92] 张蕾，贾凤伶. 国内外低碳农业发展经验及对天津的启示[J]. 江苏农业科学，2013（6）：8-11.
[93] 张梦，罗元庆. 浅议发达国家低碳立法的亮点及对我国的启示[J]. 法制博览，2014（1）：81.
[94] 张永强，郭翔宇，秦智伟. 日本“一村一品”运动及其对我国新农村建设的启示[J]. 东北农业大学学报：社会科学版，2007（6）：11-14.
[95] 张琢，马福云. 发展社会学[M]. 北京：中国社会科学出版社，2001.
[96] 赵其国，钱海燕. 低碳经济与农业发展思考[J]. 生态环境学报，2009（5）：1609-1614.
[97] 朱丽娟，刘青. 气候变化背景下美国发展低碳农业的经验借鉴[J]. 世界农业，2012（8）：1-3.

附　录

低碳农业发展状况调查问卷

尊敬的农民朋友:

您好!非常感谢您能够参加这次调查活动,本次调查主要目的是通过调查了解关于低碳农业发展状况的一些基本情况。回答不涉及是非对错,请在符合自己情况的选项上打√,所有题目均为单选题,每题只可选一项,多选无效。谢谢您的合作和支持!

《低碳农业研究》课题组

2014 年 1 月

01 您的性别:　①男　②女　□

02 您的年龄:　①30 岁及以下　②31 ~ 40 岁　③41 ~ 50 岁　④50 岁以上　□

03 您的受教育程度　①小学及以下　②初中　③高中　④大专　⑤本科及以上　□

04 您当过村干部吗?①没有当过　②当过　□

05 您是党员吗?　①不是　②是　□

06 您家耕地面积　①2 亩及以下　②2 ~ 5 亩　③5 ~ 10 亩　④10 亩以上　□

07 您有将土地流转给他人耕种吗?　①没有流转　②部分流转　③全部流转　□

08 您的年收入中农业收入占的比例:①高于一半　②差不多一半　③低于一半　□

09 您将来是否会继续务农?　①不会　②会　③看情况　□

10 您目前是否有外出打工?　①没有打工　②在本地打工　③在外地打工　□

11 您对目前收入水平的满意程度:　①不满意　②一般　③满意　□

12 您对生活消费水平的满意程度:　①不满意　②一般　③满意　□

13 您对目前居住条件的满意程度:　①不满意　②一般　③满意　□

14 您认为您在当地的社会地位属于:①较低　②一般　③较高　□

15 您认为农业生产是否会污染环境?　①不会　②会　③不清楚　□

16 您认为农业生产的污染是否可控?　①不可控　②可控　③不清楚　□

17 您关注农业信息的频率如何?　①很低　②一般　③很高　□

18 您参加过涉农技术培训吗？　　①没有参加过　②参加过　□

19 您参加过低碳农业技术培训吗？　　①没有参加过　②参加过　□

20 您是否愿意参加低碳农业生产技术培训？　　①不愿意　②意愿一般　③愿意　□

21 您是否愿意在农业生产过程中运用低碳技术？　　①不愿意　②意愿一般　③愿意　□

22 其他农户在农业生产过程中运用低碳技术多吗？　①很少　②一般　③很多　□

23 您认为发展低碳农业有必要吗？　　①没有必要　②有必要　③说不清楚　□

24 您认为发展低碳农业最主要障碍是：①缺少资金　②缺少技术　③缺少市场④缺少规模　□

25 您是否有参加一些农业组织（如农业合作社）？　　①没有　②有　□

26 农业组织在推动低碳农业发展中的作用如何？　　①很小　②一般　③很大　□

27 您对低碳农业的了解程度？　　①不了解　②一般　③很了解　□

28 您是否关心农业生产对环境造成的污染和破坏？　①不关心　②一般　③很关心　□

29 您是否关心农产品中的农药存留？　　①不关心　②一般　③很关心　□

30 您认为自己的环境保护意识强吗？　　①不强　②一般　③很强　□

31 您认为低碳农业在农业生产中是否具有可行性？　①没有　②有　③说不清楚　□

32 您认为低碳农产品好卖吗？　　①不好卖　②一般　③很好卖　□

33 您认为低碳农产品生产成本高吗？　　①不高　②一般　③很高　□

34 您认为低碳农产品售卖时价格有保证吗？　　①没有　②有　③说不清楚　□

35 您认为低碳农产品生产质量有保证吗？　　①没有　②有　③说不清楚　□

36 您认为低碳农产品在市场上是否会更受欢迎？　　①不会　②会　③说不清楚　□

37 您认为国家对发展低碳农业重视吗？　　①不重视　②一般　③很重视　□

38 您认为国家对低碳农业的支持力度如何？　　①很小　②一般　③很大　□

39 您认为国家对发展低碳农业宣传力度如何？　　①很小　②一般　③很大　□

40 您认为国家对发展低碳农业的激励措施如何？　　①很少　②一般　③很多　□

41 您在农业生产中有采用低碳农业技术的需求吗？　①没有　②有　□

42 您认为农民对发展低碳农业的积极性如何？　　①很低　②一般　③很高　□

43 您在农业生产中有采用过低碳农业技术吗？　　①没有　②有　□

44 您在农业生产中有注意尽量少用农药、化肥吗？　①没有　②有　□

45 您对当前的低碳农业发展现状满意吗？　　①不满意　②一般　③很满意　□

本次调查全部结束，非常感谢您的参与！

后　记

本书能够顺利出版，首先感谢宁波大学校长沈满洪教授，本书是沈校长主编的《低碳发展论丛》中的著作之一，沈校长的谦逊、治学严谨、提携后学精神为我们树立了很好的学习榜样。感谢浙江理工大学浙江省生态文明研究中心对我的信任，让我来完成《低碳农业论》这本著作的撰写工作，并为我提供了研究经费和出版经费。感谢中国环境出版社的陈金华、宾银平编辑，他们在编审本书过程中的认真、细致令我感动；也正是因为他们的辛勤劳动和细致缜密的工作，本书的出版减少了不少纰漏。感谢山东兖州区委办的路宝义主任为本书实地调查工作提供的帮助，使本研究有了夯实的实证研究基础。

非常感谢妻子智群，特别是在女儿筱醇出生之后，在繁忙的工作和照顾女儿之余还能给予我最大的理解、支持与帮助！非常感谢岳父岳母对筱醇精心的照顾！让我可以安心于工作。非常感谢父母一直以来的关心与爱护！没有你们的理解与支持，我是很难专注于学术研究的，也是很难完成《低碳农业论》这本著作的撰写工作的，所以这本书也是献给你们的一份礼物。

至今我清晰地记得2009年参加完博士入学面试后，导师钱民辉教授对面试结果给我的回复是“过了，要珍惜！还要努力！”在喜悦的同时，我感到的更多的是压力，也正是这种压力一直激励着我在学术道路上砥砺前行、勇攀高峰。一路走来，有辛酸，也有喜悦，喜悦是值得铭记的，同样辛酸也是值得铭记的。我希望能在社会学的学术之路上走得更快、更远，能够有所作为。虽然说前行路上布满了荆棘，但我还是愿意勉力一试。“一切皆有可能”——北大五四运动场上的这句标语让我深有感悟，表面上这是一句激人奋发向上的语句，但仔细品位，你会发现它既包括了成功的可能，同时也包括了失败的可能，所以选择是需要勇气的。虽然说很难做到韦伯所说的“将学术作为一种志业”，但我将为我的选择而付出努力。对于一个人来说，能做自己喜欢做的事，是一件莫大的幸事！

陈旭峰

2015年5月于杭州